宗教 人物

釋迦牟尼與原始佛教

于凌波　著

東大圖書公司

國家圖書館出版品預行編目資料

釋迦牟尼與原始佛教／于凌波著.－－二版三刷.－－
臺北市: 東大, 2015
　　面;　公分.
含索引

ISBN 978－957－19－2771－8　（平裝）

1.釋迦牟尼(Gautama Buddha, 560–480 B.C.)
－傳記
2.佛教

229.1　　　　　　　　　　　　　93008175

© 　釋迦牟尼與原始佛教

著 作 人	于凌波
發 行 人	劉仲文
著作財產權人	東大圖書股份有限公司
發 行 所	東大圖書股份有限公司
	地址　臺北市復興北路386號
	電話　(02)25006600
	郵撥帳號　0107175-0
門 市 部	(復北店)臺北市復興北路386號
	(重南店)臺北市重慶南路一段61號
出版日期	初版一刷　1993年7月
	二版一刷　2005年1月
	二版三刷　2015年9月修正
編　　號	E 220260

行政院新聞局登記證局版臺業字第○一九七號

ISBN　978-957-19-2771-8　（平裝）

http://www.sanmin.com.tw　三民網路書店

代序　人間天上兩佛陀
——歷史上的佛陀與信仰上的佛陀

　　佛陀，是世界上三大宗教之一的佛教教主，是百千萬億人崇敬的、信仰的對象，這是任人皆知的事實。然而，我們何以於此說「人間天上兩佛陀」呢？不錯，如果我們細心觀察，我們會發覺佛陀不是一位，而是兩位。一位是人間的、歷史上的佛陀，釋迦牟尼；一位是天上的、信仰上的佛陀——一位神聖玄妙不可思議的佛陀，大乘佛教所塑造的理想化的佛陀。

　　人間的佛陀，是兩千五百餘年前，出生在印度北境雪山南麓，迦毘羅衛國的瞿曇・悉達多太子。他有感於人生生老病死的苦惱，棄王儲之位，二十九歲出家修道。他曾歷訪各派宗教哲學人士，不得要領，最後在苦行林中自行參究，終於證悟了真理，成了佛陀——人間的覺者、智者。他後來被尊為「釋迦牟尼」，即是釋迦族的聖者。

　　成道後的佛陀，遊化四十五年，宣揚他理性的、平等的、和平共存的、圓融無礙的教法——緣起、三法印、四聖諦。無數的人皈依了他，隨他修道，也隨他傳道。他所領導的傳道團體，在當時稱為「僧伽」，也就是後來的佛教。

　　天上的佛陀，是人間佛陀被後世弟子聖化和神化，發展、塑造成為大乘佛教中的理想化的佛陀。這位理想化的佛陀，具有不可思議的、玄妙莫測的神通與法力，他超越了人間，上升到天上。

他不是人間的覺者、智者，他被塑造成了天上的神——成為有如造物主似的上帝。

被塑造成有如造物主似的佛陀，有著無比的威力，是眾神之上最高的神。有些經典中誇張為：佛陀居則金剛寶座，行則地湧蓮花，外出則帝釋前導，梵天執傘，講經則天龍八部護持左右，於特殊事故，則大地震動，天雨香花。這種超乎常情的渲染，絕不是釋迦牟尼生前的真實面目。

歷史上的佛陀，生前是什麼樣子呢？他有如中國的孔子，是一代聖哲，是人間偉大的教化師。他成道之後，四十五年遊化傳道，有教無類，汲汲於宣示真理。他遊化期間，身著壞色之衣，手持乞食之缽，千里遠行，赤腳徒步，直到八十歲最後一次遊化仍是如此。他沒有權勢，沒有武力，沒有錢財。但在當時諸國林立的印度社會中，上至國王大臣，中至工商人士，下至賤民奴隸，都對他有著至高無上的崇敬與信仰。

佛陀所宣示的真理，稱之為「法」。這包括著萬物生起存在的理則——緣起，即所謂「此有故彼有，此生故彼生；此無故彼無，此滅故彼滅」。以及以緣起為基礎的三法印，四聖諦。這法，是宇宙本然的理則，是人生之實相，而為佛陀所證悟，並不是佛陀所創造或制定的。所以原始經典中常說：「若佛出世，若未出世，此法常住。」

釋迦牟尼是人間的聖哲。人間的聖哲被聖化、塑造成為天上的神的時候，這就模糊了他本來的面目。以指示月，若以為手指就是月亮，不惟失去了月亮，且亦失去了手指。聖化為神的釋迦牟尼，不惟天上的神不是釋迦牟尼，且亦失去了人間的釋迦牟尼。這就是西洋學者為什麼懷疑釋迦牟尼不是歷史上實有的人物，甚至於以為釋迦牟尼是太陽神神話的化身。

由於佛陀被聖化和神化，連帶著佛教也變了質，變成了神佛不分的宗教。所以號稱大乘之國的中國佛教，歷來給人的印象，是燒香、膜拜、求庇佑、求福報，以至於求子、求壽、求官、求財。這就與佛陀的本懷，要人依正法而求智慧、求解脫的精神完全背道而馳了。

民初學人梁啟超，曾撰〈論佛教與群治之關係〉一文，其中有兩個子曰， 曰：「佛教之信仰、乃智信而非迷信」；一曰：「佛教之信仰、乃自力而非他力」。佛陀教法之真實義量，本來如此，梁氏可謂深得佛法要旨。然而我們中國社會上的情形，適與此反，芸芸善男信女，信佛的目的，無非是求佛保佑；念佛的目的，自然是藉佛力往生西方（忽略了善根福德因緣諸條件）。這種現象，自然是佛陀被塑造成神的後果。

佛陀一生徒步托缽，四方遊化，說法無量，但從不曾說過：「皈依了我，我能賜你福報。」或者說：「皈依了我，我能佑你平安。」阿難尊者是佛的侍者，侍佛二十七年，佛陀並沒有「幫助」他開悟。直到佛滅度後，大迦葉主持結集，聲稱未證聖果者不得參與，阿難於此壓力下終於開悟了。這正告訴我們：「佛教之信仰，乃自力而非他力」——如果你不努力修行，縱然你隨侍在佛陀身邊，佛陀也不能「賜」你開悟。

佛陀一生，屢屢的告誡弟子：「以己為洲，以法為洲。」佛陀最後一次遊化，途中在毘舍離城的大林精舍渡雨安居時，生了一場病。病癒之後，阿難對佛陀說：「在世尊病重那些日子裡，我有天地昏暗無光的徬徨感覺。」佛陀訓誡他說：

> 阿難呀！你們應該以自己為洲，依靠自己，不要依靠他人；
> 以法為洲，依靠法，切勿依靠其他。阿難呀！現在或者當

> 我去世後，能夠以自己為洲，依靠自己，不依靠他人；以
> 法為洲，依靠法，不依靠其他的人，此人即是僧伽中的最
> 高者。

沒有多久以後，佛陀繼續遊化，途中走到拘尸那城郊外，在
牛角沙羅林的沙羅雙樹下進入涅槃。佛陀最後的遺言是這麼說的：

> 阿難白言：云何名為供養如來？
> 佛語阿難：人能受法，能行法者，斯乃名曰供養如來。

基於對以上種種的理解，我以最虔敬的心情，來寫這本《釋
迦牟尼與原始佛教》——來寫歷史上的、人間的、由人成佛的佛
陀。而不是經過渲染、塑造後神格化的佛陀。可惜由於資料欠缺，
加以我文筆拙劣，刻劃不出佛陀偉大莊嚴的法相，與慈悲喜捨的
行誼。這一點，只好向讀者說抱歉了。

本書最後一章，我大膽的提出了一些個人的見解——就是「正
法永住，但已受到扭曲」。這些見解，也許會有爭議和非難，但是
以我對佛陀住世時一生言行的體會，我覺得現在這種徒留軀殼的
佛教，不是佛陀所樂於見到的——受到扭曲的正法，也不是佛陀
的本懷。我忠實的寫出來，知我罪我，就無從顧及了。

　　　佛陀入滅後二四七九年四月　于凌波敬撰於臺中太平書齋

釋迦牟尼與原始佛教

第一章　緒　論

在當代流行的三大世界性宗教——佛教、基督教、和伊斯蘭教中，要以佛教的歷史最為悠久。可以說，佛教，是最古老的世界性宗教。

以基督教來說，由耶穌基督出生之日起——《大英百科全書》載：耶穌出生於西元前六年，卒於西元二十八年。迄今一千九百九十二年，而基督教的歷史，當然尚不足一千九百九十二年。創立伊斯蘭教的穆罕默德，出生於西元五七〇年，伊斯蘭教創立於穆罕默德四十歲之後，亦即第七世紀初葉，迄今一千三百餘年。而佛教，釋迦牟尼出生於西元前五六五年，他二十九歲出家，三十五歲成道，創立了佛教，迄今已歷時兩千五百餘年。

為世人所公認的，自有人類迄今，世界有四大聖哲，這四大聖哲，若以時代先後來排列，則是：

釋迦牟尼：出生於西元前五六五年，卒於四八六年。

孔子：出生於西元前五五三年，卒於四七九年。

蘇格拉底：出生於西元前四七〇年，卒於三九九年。

耶穌：出生於西元前六年，卒於西元二十八年。

世人皆知，釋迦牟尼是印度人，蘇格拉底是希臘人，孔子是中國人，耶穌是猶太人。在這四位聖哲中，蘇格拉底、孔子、耶穌三位的生平事跡，都有較為詳實的記錄，唯有釋迦牟尼的生平事跡，有頗多異說和爭議，其原因何在呢？

㈠釋迦牟尼住世時，印度尚沒有書寫的工具，因此沒有留下

文字記錄。包括著古老的婆羅門教的《四吠陀》、《奧義書》，以及釋迦牟尼一生遊化所說的教法，都是以口傳口的傳下來。這種口耳相傳的方式，年代久遠之後，難免會傳得走了樣。

㈡印度的國民性，素不重視歷史，許多互相矛盾的傳說，均任其同為流傳而不以為怪，在其國的史實記錄中，信而有徵的真實記錄難得一見，而矛盾相異之說同時並存，這就增加了後人研究上的困難。

㈢釋迦牟尼世尊入滅後，後世弟子為了對釋尊的崇敬與懷念，在經典的記述中，把釋尊處處加以聖化——不僅是聖化，還加上了許多古印度的神話，尤其後出的大乘經典為然，這就使釋迦牟尼的生平充滿了神奇的色彩。這種聖化和神話，掩蓋了釋迦牟尼的真面目，使他成為一個無所不知、無所不能的神——甚至於是超越一切的眾神之神。

印度本來就是一個神話與巫術盛行的國家，在兩千多年前尤其如此。自早期佛教經典中來看，釋迦牟尼生前已有被聖化的事實，而後世弟子對此尤其誇張與渲染。但這種聖化與誇張渲染的後果，致使一部分西洋學者認為歷史上沒有釋迦牟尼的存在，而是出之於後來信徒構想的人物。亦有人以為釋迦牟尼是出之於太陽神神話的衍變，而不是歷史上存在的人物。

事實上，釋迦牟尼是由人成道——由人而經過修持，證悟真理，成為佛陀——覺者。我們若自許多原始佛經資料中，過濾去聖化、神話和誇張渲染的部分，仍可看出釋迦牟尼的真面目。不過在我國傳統佛教中，接受傳統思想的佛教信徒，沒有人敢這麼做，甚至於沒有人敢這麼想。因為傳統的佛教思想，在觀念上認為「經」是佛金口所說，信徒只能信奉，不能懷疑。歷來講經大德諄諄告誡：「離經一字，即成魔說。」這就使中國傳統的佛教，

一切墨守成規，不敢向前邁步。這也使現代社會人士，認為佛教是落伍的、保守的、迷信的宗教。

如何使現代社會人士對釋迦牟尼、及對佛教有正確的識認，我想莫如有一本釋迦牟尼的傳記——過濾去聖化和神話的傳記，純淨的、樸實的介紹釋迦牟尼由人成佛的經過，和他所證悟、所弘傳的教法。使世人知道，釋迦牟尼是歷史上實有的人物。他有國邦氏族，他有父母妻子。他以感於人生生老病死的苦惱，捨親割愛，出家學道。經過四方遊學、林中苦修，最後證悟得宇宙真理，成為佛陀——覺者。

其實，說到釋迦牟尼的傳記，在漢譯的《大藏經》中並不少見。印度撰述而漢譯的，如《佛所行讚》、《佛說普曜經》、《中本起經》、《十二遊經》、《過去現在因果經》、《大涅槃經》；中國古德撰述的，如《釋迦譜》、《歷代三寶記》、《佛祖統記》、《釋氏通鑑》等，都是佛傳的資料，又何必另行撰寫？其實不然。第一，所有的佛傳，都是佛入滅數百年後撰述的。其中經過數百年的聖化、神話與誇張渲染後，已模糊了釋迦牟尼的本來面目。第二，古代「經典文學」的筆法，敘事繁瑣重複，為現代人所不願讀；第三，古代經典中文字深奧，所謂「言含萬象，字包千訓」。其中名相特多，辭意艱深，為現代人所不能讀——讀不通。

基於上述的原因，我想在釋迦牟尼是由人成佛的觀點上，以現代的語言文字，樸實的、淺顯的來敘述釋迦牟尼的生平，以還其「本來面目」——在其被聖化以前的本來面目。因此，我以原始佛教的經典——「四阿含經」：《長阿含》、《中阿含》、《增一阿含》和《雜阿含》；及小乘律部的《四分律》、《五分律》、《十誦律》、《根本說一切有部毘奈耶雜事》等為基本資料，來撰述《釋迦牟尼與原始佛教》。

　　同時，一個人的思想觀念，必受到傳統思想和歷史環境的影響。一個宗教的創立和發展，也離不開上述的原則。因此，我們要了解佛教，必自原始佛教探討起；要探討原始佛教，必先由釋迦牟尼的生平和思想了解起；而要了解釋迦牟尼的思想，又應先對古印度的文化和宗教背景有所認識。因此，在下一章，我們就先自古代印度的文化與宗教背景說起。

第二章　印度——古老神祕的國家

一、古老的哈拉帕文化

　　印度，我國古譯為天竺、身毒、或身篤、賢豆，新譯稱印度。唐玄奘三藏《大唐西域記》有曰：「天竺之稱，異議糾紛，舊云身毒，或云賢豆，今從正音，宜云印度。」印度是一個古老而又神祕的國家，它和中國一樣，與埃及、巴比倫，同被稱為世界上的四大文明古國。

　　印度的文化相當悠久，它可以追溯到西元前三千年以上。在最早時期，印度原住民過著狩獵採集的生活，從西元前三千五百年到西元前兩千三百年的一千二百年之間，印度原住民的活動可分三個階段。第一階段是半游牧生活，居民活動在現今阿富汗東部和俾支東路。第二階段為畜牧業發達的生活，居民活動區域主要在俾路支。第三階段為地域性的村社生活，在印度河流域出現了一系列的農業定居點——後來稱為「聚落」的，其中較為主要的地點是姆里、考特特吉、克利班汗。近代考古學者發掘的證明，在現今巴基斯坦和印度西北部都存在這種史稱為「前哈拉帕文化」。一般認為，這一文化的創造者是荼盧毗族人。

　　在西元前二三〇〇年前後，「前哈拉帕文化」結束，印度河文明開始。在印度河流域廣大的地區——面積不下於五十萬平方公里，在當地居民努力的開發下，農業和畜牧業相當發達，手工業

的銅器、陶器、和棉織業也有所發展，那時已經有了車、船等運輸工具，並且和美索不達米亞及波斯灣都發生了商業貿易。這一段時間史稱「哈拉帕文化」。

到了西元前一七五〇年前後，印度河文明開始衰落。以後由於雅利安人的入侵，「哈拉帕文化」由雅利安式的文明所取代。

雅利安 Aryan 人，原是和古代波斯人為同一民族。Aryan 一詞，本為「高貴的」、「神聖的」意思。雅利安民族早先住在中亞細亞，在西元前兩千年的時候，由於受到世界人口移動的影響，一部分雅利安人，從中亞細亞移居到印度的西北角。到了西元前一五〇〇年前後，雅利安人發動戰爭，自印度的西北方南下，侵入印度。

雅利安人本是逐水草而居的游牧民族，族人強悍好戰，他們有馬為動力，有鐵製作的武器，所以入侵印度後，征服了印度信度河上游五河地方的土著荼盧毗族，就在五河地區安居下來。而原來的荼盧毗人，則一部分東遷到閻牟拉河及恆河上游，一部分仍居留在原地。

信度河平原，土地肥沃，生產豐富，所以雅利安人選擇這一地區安居下來，他們視此處如天國，所以稱之為「閻浮提」——神聖之國。視此一美好的大自然環境為神所顯現，所以由此而產生了吠陀神話。

二、雅利安人的入侵

從現代地理上來看印度，它位於亞洲南部的印度半島上，有三百多萬平方公里的土地，有七、八億的人口，它北部有世界第一高山的喜馬拉雅山，南面以三角形伸入印度洋，它的地勢西北

部較高，中部為平原，南面的下端，還有一個翡翠墜子似的海島──錫蘭島。

在現代的世界地圖上，錫蘭、阿富汗、巴基斯坦、尼泊爾等都是獨立的國家。但自歷史觀點來看，這些地方早期都概括在古印度的範圍以內。甚至於現在的伊朗──古稱波斯，更早稱為安息國者，也有一部分土地是印度的國土。

所以，自歷史上看印度，它是一個歷史悠久，土地遼闊，人口眾多，並且種族、語言，以及氣候都十分複雜的地方。唐玄奘三藏著《大唐西域記》，稱印度是「三垂大海，北背雪山」。在古代，由於國土四周為山海所圍繞，所以和其他國家完全隔離。它國內的地勢，依照自然形勢分為四個區域，那就是雪山平原、恆河平原、南方平原和信度河平原。信度河平原，在印度的西北方。

雅利安人未侵入印度之前，已有了相當的文化。那時已脫離雜婚，建立家族單位，以父親為家族之長，構成父系家長制的部族。部族的酋長是這一部族之王，王位世襲。他們侵入印度定居於信度河上游之後，放棄了逐水草而居的游牧生活，發展畜牧和農業。

到了西元前一〇〇〇年前後，雅利安人又屢屢發動戰爭，征服土著，並從五河地方漸次東移，到達五河東南方的恆河平原，並在這一地區建立了許多國家。在當時流傳下來的敘事詩上，可見到拘盧 Kuru，般遮 Panchala，拘薩羅 Kosala，迦尸 Kasi 等許多國家的名稱。而當地的荼盧毘人，一部分更往南遷徙至南印度。

雅利安人有其傳統的宗教──古老的吠陀教，那就是自然崇拜，包括了天、空、風、雨、雷、電等。吠陀教的核心為祭祀主義，在其部族生活中，為了希望家畜的繁殖，農作的豐收，以及種族的繁盛和平安，所以把祭祀當作最重要的大事，祭祀時供以

牲品，唱以讚歌，以祈求降雨、豐收、消災、長壽。祭祀和唱讚歌有專業的僧侶主持，就是「司祭者」，稱為「婆羅門」。這種祭祀儀式隨著時代而逐漸複雜化，因而婆羅門就成了世襲的專職。

侵佔了恆河流域的雅利安人，由於土地和氣候較五河地區更為良好，逐漸使雅利安人的社會結構起了變化。先是畜牧業的沒落，農業的發達，就使人民建立了以散在的小聚落為單位的氏族社會，這時，征服者的雅利安族是貴族，被征服者的土著荼盧毘人是奴隸。到了後來，雅利安人內部又分化為三個階級，這就形成了四種階級種姓的制度。

所謂四種姓的階級制度，一是婆羅門種姓，是司掌祭祀的僧侶；二是剎帝利種姓，是掌理軍國之事的王族和武士；三是吠舍種姓，是從事農工商業的庶民，再加上前述的土著奴隸——即是黑膚色的首陀羅種姓。

由於婆羅門種姓是司掌祭祀祈禱及教育文化，所以地位最高，被稱為地上的神，剎帝利種姓掌握著政治權和武力，受教於婆羅門而奉侍之。吠舍種姓受剎帝利王族之統治及保護，從事農工商業。唯有被征服的土著首陀羅種姓——即荼盧毘人，是上三種姓的私人財產，被當作牛馬般的差使，完全失去了人格與人權，甚至於也沒信仰宗教的權利。

在宗教生活中，上三種姓的人是「再生族」——依宗教生活可獲得新生命而再生。首陀羅種姓是「一生族」，沒有信仰宗教的權利，沒有來生。

三、婆羅門教的形成

由古老的吠陀教的祭祀傳統，使司祭者的婆羅門演變成世襲

的專業人員，再由此而演變成四種姓制度。到了這個時候，吠陀教也就演變成為婆羅門教。

　　婆羅門教的經典，有所謂《四吠陀》——吠陀教時代傳下來的。所謂吠陀，是智識的意思。意謂此是以宗教智識為內容的聖典。印度古代的傳說，這是古時的聖者，受到神的啟示所誦出的讚詞，這都是神聖的睿智所發現，故稱吠陀。吠陀 Veda，是梵文的音譯。《翻譯名義集》稱：

　　　韋陀，亦名吠陀，此云智識，由此生智。

吠陀又義譯為「智論」、「明論」。《唯識述記》稱：

　　　明論者，先云韋陀論，今云吠陀論，吠陀者，明也，明諸事實故。

這種神所啟示的讚誦，古時有三種：

　　㈠《梨具吠陀》Rig Veda　　這是在祭祀的時候，獻給諸神的讚歌。它是由一〇二八首詩篇所組成，製作的年代，大約是以西元前一二〇〇年為中心。

　　㈡《三摩吠陀》Sama Veda　　這是歌頌明論的讚歌，據說共有一五四九首，其實多是預祝豐年的讚歌。

　　㈢《夜柔吠陀》Yajur Veda　　這也是祭祀用的讚歌，其內容多是預祈勝利的祈禱詞。以上三種，即古之《三吠陀》，後來又增加了：

　　㈣《阿達吠陀》Atharva Veda　　又稱為禳災明論。據說有二十卷，三七一首偈，其實就是禳災的咒語。

　　以上《四吠陀》，都是韻文式或咒偈式的歌詞。在那個時代，印度尚沒有文字和書寫的工具，自然也沒有書籍，以韻文式的咒

偈或歌詞，便於記憶，也便於師徒之間，以口傳耳的傳授。以上便是印度文化史上的「吠陀時代」。

在此一時代中，由於神話的發達而成為多神的世界。這許多神，有祭祀儀式上抽象概念神格化的神，也有自然現象擬人化的神。例如天界的太陽神，空界的風神，地界的河神等，而其主要的主神，則為因陀羅 Indra，阿耆尼 Agni，婆樓那 Varuna。因陀羅身軀巨大，長於勇武，率領眾神與雅利安人的敵人達沙 Dasa 作戰；次於因陀羅神的是阿耆尼——火神，火神具有破除黑暗，消滅惡魔的力量。對於火神的崇拜，是雅利安人古老的傳統。雅利安人與古代波斯人為同一民族，古代波斯的祆教——俗名拜火教，視火神為最高的主神，雅利安人也保有這項傳統。婆樓那是蒼空神格化的神，是自然界秩序的守護者。如日月運行，四季流轉，均由婆樓那神司之。

吠陀時代之後，是所謂「淨行書時代」。

婆羅門教是以《四吠陀》為主要的經典，而主張吠陀天啟，祭祀萬能，婆羅門至上。而《淨行書》，就是把祭祀明論——「夜柔吠陀」的特質更加以發揮。即是把啟示《四吠陀》的神的名稱由來，祭祀的由來，及天地開闢的由來等，加以神話式的說明。

淨行書時代的神，主要是「生主神」。生主神是宇宙最高的原理，是祭祀的主神。這是四吠陀時代讚誦明論——「夜柔吠陀」讚誦的主神，《淨行書》繼承其思想，把生主看作是創造宇宙的原理，也是宇宙的支配之神。生主生天、空、地三界，生主支配三界的太陽神、風神、河神。生主生三吠陀，生三光明，更生人類及生類——生類，是人類以外有生命的動物。生主從祂的口、胸、股、足等處，生出不同的神和人。總之，生主是宇宙萬有的本源，也是宇宙的主宰。

　　到淨行書時代的中期，生主神漸次失去了最高的地位，代之而起的是「梵」——梵天。當然，這其間尚經過複雜的演變。最早，梵是隸屬於生主的，這叫做「初生梵」。後來演變成梵和生主合一，成為生主是梵。更進而梵佔了最高的位置，成為「梵生諸神」——梵是宇宙的本源，是世界之主，天地由梵所護持。至此，梵取生主神的地位而代之，具有創造神兼主宰神的地位，此時的梵尚稱為「自存梵」，到了奧義書時代，又演變成「梵我不二」、「梵我一如」的理論。

　　由四吠陀時代開始，到淨行書時代結束，大約是西元前一五〇〇年到西元前六〇〇年間的事。

四、奧義書時代

　　「奧義書時代」的開始，約在西元前六〇〇－五〇〇年這一段時間。這時雅利安民族由恆河平原更向南進，向南部平原發展。由於《奧義書》的興起，印度的宗教思想又進入了一個新的時代。

　　上節所說的《淨行書》，是附屬於各吠陀——各明論本典的神學書。它是把以往流行的祭祀儀式加以整理，用散文敘述出供犧的祭儀。但其內容駁雜而廣多，敘述的無非是繁瑣而無意義的儀式，獨斷而幼稚的說明，和神祕而怪誕的推論。這使婆羅門和剎帝利種姓的思想家不能忍耐，乃進而探討新穎而幽深的哲理，這是《奧義書》產生的時代背景。

　　《奧義書》Upanisad，音譯優波尼沙陀。有「近侍」、「侍坐」的意思，意指是在師徒對坐之間所傳的祕密教義。這不是一個人和一個時代的作品，早期的《奧義書》始於西元前六〇〇年前後，以散文為主；中期的《奧義書》，是西元前四〇〇年至二〇〇年的

作品，以韻文為主；後期的《奧義書》始於西元前二〇〇年，至西元二〇〇年始完成，也是以散文為主。早期的《奧義書》，是對《四吠陀》等著作中哲學思想的評註，也繼承《淨行書》末期「梵我不二」之說，而加以充實完成之。

　　「梵我不二」說，意謂「梵」是宇宙的原理，而「我」是個人的原理——個人精神的原理。因此，梵的本性與我的本性同一不二。也就是在個人的「我」以外，建立「大我」——梵。而有情界和物質界，則是梵的顯現。梵是大我，是遍在的；個人是小我，是「嚐蜜的」命我——嚐蜜，是精神攀緣外境的意思。

　　由於梵是宇宙的原理——本源。所以宇宙萬有，如地、水、火、風、空的物質界，和天、人、動物的有情界，都和梵有主從的關係。梵是主觀的原理，是因陀羅，是生主，是一切的主神。而宇宙萬有，地、水、火、風、空的五大，胎、卵、濕、化所生的人、象、牛、馬等全是梵天所造。

　　由於上述的理論而逐漸形成了業與輪迴的思想。《奧義書》上說，人從欲而有，從欲而生意向，由意向而有業，從業而有果。有情的生命，以業而分做兩個方向進行，一個方向是現象化的繼續，就是輪迴；一個方向是回到本體——梵，就是解脫。

　　輪迴又有三條途徑：一個人如果恭謹的行祭祀，死後便能由天道而生於太陽的世界，獲得永恆的幸福；反之，如果不能恭謹的行祭祀，死後則經由祖道而生於月的世界，再由月的世界轉生為人，如此輪迴不已，行惡者則生於第三道——即獸道或地獄。

　　《奧義書》宗教哲學之展開，有其時代的背景。由淨行書時代的晚期，司祭者的婆羅門挾神祕繁瑣的祭祀儀式，走上宗教教條獨斷的道路，祭師們道貌岸然的勸人為善，事實上卻貪墨成風，過著放逸宴安，奢靡淫蕩的生活，使不甘同流合污的有識祭師，

遁走山林深思以修道，檢討《四吠陀》之真義，以圖對婆羅門教
有所改革。另一方面，由於社會結構的變化，自由思想勃興，迫
使著婆羅門教不得不充實其教義內容。

自由思想的興起，也有其時代背景。由於恆河流域土地肥沃，
物產豐富，所以除了農業發達之外，手工業及商業亦日趨發達，
因此出現了許多以工商業為主的城市。工商業者以經濟力為後盾，
有否定傳統的傾向。加以婆羅門教祭司們的作為，不止使人失望，
同時也使人反感，為了反抗舊有的傳統，社會上出現了一些以自
由立場思索、修行，以求解答宗教上和哲學上問題的修道者，這
種修道者人數日漸增多，他們托缽行乞，棲止山林，社會上稱這
種人為「沙門」Sramana。而後來創立佛教的釋迦牟尼，在其出家
修道期間，就是眾多沙門中的一個。

五、自由思想的興起

印度古代的婆羅門，既是一種宗教，也是一種種姓階級。《玄
應音義》十八曰：

> 婆羅門，此言訛略也；應云婆羅摩拏。此義云：承習梵天
> 法者。其人種類自云，從梵天口生；四姓中勝故，獨取梵
> 名。正言靜胤，言是梵天之苗胤也。

這是說明他們是天生的種姓。《俱舍光記》一曰：

> 婆羅門法，七歲以上在家學問；十五已去，學婆羅門法，
> 遊方學問。至年四十，恐家嗣斷絕，歸家娶妻，生子繼嗣。
> 年至五十，入山修道。

這是說明他們一生的過程。事實上，古代的婆羅門，對於印度古代文明的發展，有他們不可磨滅的貢獻。但是到了後世，婆羅門逐漸墮落。到了釋迦牟尼出世時，婆羅門為王族和庶民所反對，已開始在崩潰之中。在巴利文《小部經典》和《四阿含》的《婆羅門經》中，曾把古代的婆羅門和當時的婆羅門作了一番比較。這一點，留待後文再述。

另一方面，由於自由思想的勃興，社會上出現了許多沙門集團——遁世者。這種沙門集團，於後來佛教教團創立後，為教團稱之為「外道」。外道的派別很多，一般都以「六師外道」作代表，茲概略介紹六師的思想理論如下：

㈠**富蘭那迦葉** 此人思想偏激，一生裸體，是徹底的倫理懷疑論者，也是業報思想否定論者。他有一段話說：

> 斫伐殘害，煮炙切割，惱亂眾生，愁憂啼哭，殺生偷盜，淫佚妄話，踰牆劫賊，放火焚燒……非為惡也。若以利劍臠割一切眾生，以為肉聚，彌滿世間。此非為惡，亦無罪報。於恆河南岸臠割一切眾生亦無有惡報；於恆河北岸為大施會，施一切眾生，利人等利，亦無有福報。

㈡**末伽梨瞿舍離** 他是主張無因論的，他認為眾生之苦樂，非由因緣，唯由自然者。他有一段話說：

> 人之善惡淨穢，悉由命定，非由戮力懈怠而得故。世間無因果業報，非自體，非他教作，非精進所致。非自由意志，一切悉由命定。吾人之命運、環境，天性可別為黑、青、紅、黃、白、純白六種，由此而受苦樂。賢與不肖等於歷八百四十大劫長時輪迴，自得解脫。為善為惡持戒精進，

無由轉此輪迴。既定之苦樂，於輪迴中，不增不減，猶若
絲球，絲解盡後，方得消失。

(三)**阿夷多翅舍欽婆羅**　相傳此人身著敝衣，五熱炙身，以苦
行為道。他否定靈魂與業報輪迴，他有一段話說：

受四大人，取命終者，地還歸地，水還歸水，火還歸火，
風還歸風；悉皆壞敗，諸根歸空。若人死時，床舁舉身，
置於冢間，火燒其骨，如鴒色，或變為灰土，若愚若智，
取命終者，皆悉壞敗，為斷滅法。

(四)**婆浮陀伽旃延**　他是一個唯物論者，否認善惡業報。他主
張：

一切眾生，身有七分，何等為七，地、水、火、風、苦、
樂、壽命。如是七法，非化非作，不可毀壞。如伊師迦草，
安住不動，如須彌山，不捨不作，猶如乳酪。若苦若樂，
若善不善，投之利刀，無所傷割。何以故？七分空中無妨
礙故。命亦無害，何以故？無有害者及死者故。無作無受，
無說無德，無有念者，及以教者。

(五)**刪闍耶吠羅胝子**　他是一個既不肯定也不否定的詭辯論
者。他認為：善行惡行的果報，可說是有，也可說是無。又可以
說是有無，也可以說是非有非無。這是一種不求甚解的心理所產
生的詭辯。

(六)**尼乾陀若提子**　他是當時相當有影響力的耆那教的教祖。
耆那教的出現，早在佛教之前二、三百年就有了。但是後由尼乾
陀若提子的加入，改良耆那教的教義，使耆那教得以迅速的發展。

尼乾陀若提子，出身於若提族的王族，他也是娶妻生子之後，為尋求解脫人生的苦惱，三十歲出家為沙門。經過十二年的苦行，達到「全知者」的境界。因而被尊為大雄——偉大的英雄。他七十二歲逝世，稍早於釋尊數年。

耆那教以修苦行為解脫的方法，信徒須守五戒——不殺、不盜、不淫、不妄、無所有（財物）。耆那教的戒律嚴謹，信徒有強固的向心力，不但在當時是一大宗教，在兩千五百年後的現在，以印度孟買為中心，還有上百萬的耆那教徒。

第三章 一代聖哲的誕生

一、迦毘羅衛—— 雪山腳下的小城邦

　　雅利安人侵入印度後的社會發展情形，是由西北漸向東南發展的。最初是在信度河上游五河地方安居，以後屢次發動戰爭，征服土著，向東方移動，先是到達恆河流域的上游，到了西元前六世紀前後，發展到了恆河流域中下游——即中印度一帶，並在此處建立了許多個以城市為主的國家，一般稱之為十六大國，而小國尚不計其數。

　　那時適當我國東周的定王、簡王諸朝，是所謂諸國兼併的春秋時代。印度的情形也是如此，諸國林立，互相兼併。到釋迦牟尼出世時，恆河南岸的強國是摩揭陀國，恆河北岸的強國是拘薩羅國。此外還有一些較小的獨立國，也有一些半獨立國——作為大國屬國的，像釋迦牟尼的祖國迦毘羅衛國就是其中的一個——迦毘羅衛，是恆河北岸拘薩羅國的屬國。

　　許多人都知道，創立佛教的釋迦牟尼，於西元前六世紀間，出生於迦毘羅衛。他是迦毘羅衛國淨飯王的太子，他有感於人生生老病死的苦惱不能解決，拋棄太子之位，出家修道。經過六年苦行，證悟得世間真理，成為佛陀——覺者。於是，許多佛傳的資料上，大多稱頌迦毘羅衛國是如何的地大物博，國家富強。其實這都是誇張渲染，不是事實。迦毘羅衛，只是許多小國中的一

個，它幅員狹小、國勢不振。它是拘薩羅國的屬國，到了釋迦牟尼的晚年，迦毘羅衛且為拘薩羅國所滅亡。

　　迦毘羅衛國的位置在那裡呢？原來它是雪山南麓的一個小城邦。唐玄奘三藏著《大唐西域記》，稱那時的天竺國是「三垂大海，北背雪山」。雪山，就是現在我人所稱的喜馬拉雅山。喜馬拉雅是梵語的音譯，在梵語的意義就是雪山。雪山的北麓就是我國的西藏，而南麓是現在的尼泊爾，那時的北天竺。

　　在現今尼泊爾的泰來地區，是一處高原性的盆地，由此處遠眺，於晴空萬里時，可以遙望到喜馬拉雅山上千年不化的積雪。積雪融化匯成許多條河流南向流下，其中有一條那時叫做羅泊提河的，向南流入印度的第一大川——恆河。而迦毘羅衛國，就是在雪山南麓，恆河北方，羅泊提河西岸的一片土地上。這片土地有二十公里長，十六公里寬，面積約三百二十平方公里。傳說在這片土地上共有十個小城，最大的名叫迦毘羅衛，所以就以迦毘羅衛作為國名。十個城邦共有八萬戶人家，全部約五十萬人。十城各有其城主，由十位城主共同開會，推出一位有德威聲望的人作為他們的王——類似聯邦制的主席。而那時聯邦的主席，就是迦毘羅衛城的淨飯王。

　　淨飯王是釋迦族，釋迦族的來源不詳，有謂釋迦族不是雅利安種。聖嚴法師著《世界佛教史》，有謂：

> 依據律部的考察，釋迦族與跋耆族相近，而且釋迦族不願與雅利安族通婚，彼此視為非我族類。釋迦族與跋耆族出身之比丘也有以佛是我族的而誇耀。

　　這一段話很有意義，我國地理學家李學曾著《亞洲種族地理》，書中分析，不丹、錫金、尼泊爾都是蒙古西藏的民族，故其人面

部平坦，皮膚黃色，與歐洲白種人迥異，而近似中國人。再說尼泊爾與西藏只是雪山一山之隔，所以釋迦族與西藏民族有血緣關係，是頗有可能的事。

根據梁僧佑《釋迦譜》所載，引《長阿含經‧本緣品》所說，謂早世有鬱摩王者，有庶子四人，第四子名尼樓，聰明神武。而其後有嫡子名長生者，頑薄醜陋。因恐四庶子爭奪王位，乃將四兄弟放逐。其第四了尼樓便到雪山之麓，經營該地為國，數年之間民歸如市。尼樓有了名烏頭羅，烏頭羅子名瞿頭羅，瞿頭羅子名尸休羅，尸休羅子淨飯王，淨飯土有子菩薩——菩薩，是釋迦牟尼未成道前，佛典上對其的尊稱。

唯若照《佛本行集經》等的記述，說釋迦族是雅利安人的剎帝利階級，是甘蔗 Iksvaku 王的後裔。甘蔗王則出於古仙人瞿曇——又譯作喬達摩 Gotama 的後裔，所以釋迦族又以瞿曇或喬達摩為氏。淨飯王等兄弟四人的上一代是獅子頰王。

總之，印度是一個素不重視歷史的國家，並且在佛出世前，或當佛之世，也根本沒有文字的書寫工具。一切的文字記錄，都是在佛滅數百年後才寫在貝葉上的，所以這一切也就難於稽考了。

不過，到了釋迦牟尼父親這一輩，一般都確認淨飯王有兄弟四人，淨飯王居長，有子悉達多（即釋迦牟尼）和難陀；次為白飯王，有子提婆達多和阿難；三為甘露飯王，有子摩訶男和阿那律；四為斛飯王，有子跋提和婆娑。

二、悉達多太子的誕生

迦毘羅衛是釋迦族所建的城邦，國事雖由貴族——剎帝利種姓掌管，但仍有氏族民主制的性質，《普曜經》上載，迦毘羅衛城

中有議事廳，重大事情，國王要召集族人共議。

迦毘羅衛城東方，隔著一條羅泊提河，住在河東岸的，是釋迦族的胞族——拘利族。胞族，是人類學上的術語，是由血統氏族或親屬集團組成的群體。他們的結合是由於相信有一個共同的祖先，或由於採用了共同的祭禮。他們是採用近親聯婚制度，這在古代原始民族中，是為了防止外族的滲透或侵略而然。同時也有保持血統純粹的作用在內。而淨飯王的夫人，就是拘利族天臂城城主善覺王的胞妹，名叫摩耶。嫁給淨飯王後稱為摩耶夫人。

摩耶夫人，佛典中尊稱摩訶摩耶——偉大的摩耶。摩耶夫人有一個妹妹，名叫波闍波提——佛典中尊稱為摩訶波闍波提，和摩耶夫人同時嫁給淨飯王。

傳說摩耶夫人婚後多年不曾生育，直到三十多歲的時候，夜夢一六牙白象撲向懷中，夫人大驚而醒，把夢境告知淨飯王，淨飯王也覺得不可思議，但為時未久，夫人懷孕的喜訊就傳遍宮中。

到了摩耶夫人懷孕期滿的時候，按照當時頭胎生育要回娘家分娩的習俗，淨飯王派了宮女侍從，護送夫人歸寧。夫人一行到了中途，經過一處叫做藍毘尼園的時候，可能是旅途勞頓驚動胎氣，就在園裡的樹林中生下了孩子。

藍毘尼，是梵文的音譯。藍毘尼下面再加個園字，可能就給予人一種錯覺，以為那是皇家御花園什麼的，其實那只是亞熱帶地區的一片闊葉林，甚至於連房子都沒有。如果有房子，摩耶夫人又何至於在樹下生產？

《根本說一切有部毘奈耶雜事》二十，有如下的記載：

> 摩耶夫人往藍毘尼林攀無憂樹，暫時佇立便於右脅誕生菩薩。爾時大地六種震動，放大光明與入胎無異。菩薩生時

帝釋親自手承胃蓮花上，不假扶持，足踏蓮花行七步已，遍觀四方手指上下作如是語，此即是我最後生身，天上天下唯我獨尊。梵王捧傘天帝執拂，於虛空中龍王注水，一溫一冷灌浴菩薩。初誕生時於其母前，自然井現香泉上涌隨意受用。

在《佛本行集經》上，也有大同小異的記載：

摩耶聖母懷胎滿十月，垂欲生時，引諸婇女遊藍毘尼園大吉祥地，安詳徒步，處處觀看，園中有大樹名波羅叉，柔軟低垂，夫人即舉手攀彼樹枝，遂生太子。放大光明，即時諸天世間，悉皆遍照。時帝釋將天細妙憍尸迦衣裹於手，承接太子……

本來，一位聖哲或偉人的誕生，事後附會上許多神話，是古今中外皆然的事。在中國的史書上，凡是帝王降生，莫不是紅光滿室，異香終日不散。而偉大如釋迦牟尼，降生時附會上一些神話式的渲染，自是難免的事。尤其是印度古代本來就是充滿了神話的國家，所以文中的帝釋接生、龍王注水、梵王捧傘、天帝執拂等，皆可做如是觀。至於說釋迦牟尼是右脅生的，這也有其根據。在古印度的四吠陀和淨行書時代，生主神從祂的口、胸、股、足等處，生出不同的神和人。到後來演變成婆羅門種姓是天生的，剎帝利種姓是脅生的，吠舍種姓是腹生的，首陀羅種姓是腳底板生的。所以說釋迦牟尼是脅生的，那是一般性的說法。也可以說，剎帝利種姓的人全是脅生的。

三、釋迦牟尼的生滅年代

　　寫釋迦牟尼的傳記，說容易十分容易，說困難卻困難無比。何以故呢？從容易的地方說，翻開《大藏經》，根據舊有的佛傳資料，加以整理與語譯，就是一篇無懈可擊的佛傳（字字皆有根據）。說難呢？在所有的佛傳中，任舉出一個問題，稍微考證，皆見其異說紛紜，矛盾百出。何以如此呢？其原因如下：

　　㈠釋尊住世時，印度尚沒有文字書寫的工具，當時是口耳相傳，一代一代的傳誦下來。到了幾百年後有了文字記錄時（書之於貝葉），記錄時的語言，根本不是釋尊說法時用的語言。這其間年代的變遷，語言的變化，口耳相傳的疏漏，到了「貝葉經」的出現，到底能保存幾分釋尊時代的真相？

　　㈡釋尊滅度後，由於後世弟子對於釋尊的崇敬和懷念，於是對釋尊加以誇張性的渲染和聖化，再附會上許多古印度的神話，這就使釋尊的真面目為聖化和神話所掩。同時也使釋尊和眾生間的距離愈拉愈遠，住世時的釋尊，本來是一位「望之儼然，即之也溫」的教化師，到後世卻變成了高踞雲端，全知全能的巨神。

　　㈢印度的國民性，素不重視歷史。自古以來，互相矛盾的傳說，任其流行而不以為怪。故其史實上的記錄，究竟有幾分可靠性，殊成疑問。

　　就以佛陀的傳記來說，他究竟是雅利安人？還是其他民族？他的家系問題，究竟是國王，還是城主？他出家的年歲，究竟是十九歲出家，還是二十九歲出家？他修道的問題，究竟是六年苦行，還是六年遊行參訪？凡此種種，都很難往深處探討，因為愈探討矛盾愈多，愈理不出頭緒。而其中爭議最多，給人困惑最大

的，則莫過於佛陀生滅年代的問題——一般所探討的是佛陀入滅的年代。佛陀入滅的年代，中外有數十種不同的異說，前後相差數百年以上，這就使人有莫衷一是之感了。

佛教傳下來的資料，一般都採用佛曆紀元，就是由佛入滅之年算起。並且也是以世紀——以一百年為計算單位，如說佛滅後三百年間，就是佛滅後第二〇一年至三〇〇年這一段時間。如說馬鳴菩薩出世於佛滅後六百年頃，並非是出世於六百年整數，而是出世於五〇一年至六〇〇年的這一段時間內。

但是，佛入滅的年代，究竟在那一年呢？這就眾說紛紜，莫衷一是了。如南傳佛教——錫蘭、緬甸、泰國等地，認為佛滅於西元前五四四年；中國佛教，在唐代時甚至於認為佛入滅於西元前一〇二七年——唐法琳於《破邪論》中引用偽書《周書異記》的記載；西藏佛教認為佛入滅於西元前九六一年；日本佛教學者，有認為佛入滅於西元前五八四年者，有認為三八六年者，有認為三八四年者；西方學者研究的結論，有認為西元前四八三年者，有認為四八〇、四七〇、四一二年者，亦有認為三七〇年者，種種異說，不下數十種之多。這種種推論，多是以阿育王即位的年代，來作為推論的根據。但是阿育王即位的年代，南傳佛教以為在佛入滅後兩百餘年；北傳佛教認為在佛入滅後一百餘年，這其間就有了上百年的差距，因此就影響到推論的結果。

現在為世人所公認的入滅年代，是根據「眾聖點記」所推算的。「眾聖點記」，出自《歷代三寶記》卷十一引用之《善見毘婆娑律》。原來佛住世時，訂下「兩安居」——每年夏天雨季時，在一個固定地方安居三個月的制度。佛入滅之年起，傳此律者，每年於兩安居後，舉行誦戒，然後在戒本上點上一點以記年。據蕭齊時代，僧伽跋陀羅所譯之《善見律》，至齊永明七年（四八九年）

七月半，共得九百七十五點，九百七十五點減去西元四八九年為
四八六。因此推算得佛入滅的年代為西元前四八六年。佛陀住世
八十年，這一點無較大的爭議，因此推算得佛出生於西元前五六
五年。以上這種推論方法，已為世界各國所認同。

四、阿私陀仙人的預言

摩耶夫人在藍毘尼園生下孩子，這自然是轟動全國的大好消
息。夫人在宮女侍從照應下回到宮中，淨飯王自然是無限歡喜。
他為孩子命名叫「悉達多」。悉達多在梵文中的意義是「一切義成」，
也就是具備了一切德行的意思。

在這段時間，佛經中記載有這麼一段插曲。說是在南方大山
中，有一位名望素著的古仙人名叫阿私陀的，到王宮謁見淨飯王，
聲稱要為太子占相。淨飯王命人抱出太子，請阿私陀仙人觀看。
阿私陀觀察良久，最後歎息著說：

「大王啊，照太子的相貌來看，在人間找不出第二個。將來
長大，他若在家，一定為轉輪聖王；他若出家，可以成就一切智
慧，利益天人。但據我觀察，太子將來必定出家學道，轉大法輪，
可惜我老了，恐怕將來看不到這種情形了。」說罷歎息著告辭而去。

這裡要特別加以說明的，文中所說的「仙人」，並不是真的成
了仙的人，而是當時對修道人中，有學問有聲望長者的一種尊稱。
後來悉達多太子出家修道時，到處參訪，還會遇到許多仙人。

還有一點，就是在所有的漢譯佛經中，說到出生之後，未證
道之前的佛陀，都稱為「太子」。這也是聖化式的渲染。因為按照
中國的傳統，皇帝生子稱皇子，要經過正式冊立的儀式，才能稱
為太子，並不是生下來就是太子。至於迦毘羅衛這種幅員狹小的

蕞爾小國，國王之子，習慣上應稱王子，稱太子是个妥當的，但佛經中既然這麼記載，本文為了從俗，在後文中也就以太子尊稱。

根據原始佛傳資料的記載，悉達多太子出生後的第七天，母后摩耶夫人便棄養了。摩耶夫人之死，佛經上有不同的說法。有謂太子降生，夫人因不勝諸天之力，因而棄養。有謂：菩薩（太子未成道前，佛經中對之的另一種尊稱）之降生，乃母必然短壽。因菩薩必將出家，為乃母所不忍見者。這好像說是命中註定，生下菩薩，任務達成，就非死不可了。事實上，若以求真求實的眼光來看，夫人林間樹下生產，衛生條件不夠，是否因感染產褥熱而死呢？

摩耶夫人病逝，撫育太子的責任便落在夫人的妹妹，摩訶波闍波提的身上。波闍波提是摩耶夫人的妹妹，也是淨飯王的妃子。於悉達多太子，她是姨母，也是繼母。資料中說波闍波提夫人愛護太子，有如己出，這是無可置疑的。但是姨母繼母之愛，是否就等於親母之愛呢？所以太子自幼性格沉默，好沉思冥想，這可能與他襁褓喪母有關。由於幼年的遭遇和環境，也影響了他成長後的個性。

五、太子的少年與婚姻

悉達多太子，在姨母摩訶波闍波提的撫育下，轉眼七歲，到了接受教育的年齡。

在兩千五百多年前的印度，既沒有現代化的學校，又沒有課本講義，甚至於也沒有書寫的工具——那時是中國的戰國時代，中國已經有了竹簡，把文字刻在竹簡上。而印度，在貝葉上寫字也是幾百年以後的事情。在這等情形下，兒童所受的是什麼樣的

教育呢？我們綜合原始經典中的資料，過濾去聖化與渲染的部分，獲得大致的概念是：淨飯王請了一個名叫跋陀羅尼的婆羅門學者，作為太子的老師，講授當時的傳統宗教教育——《四吠陀》和應用的學問——五明之學。

《四吠陀》，已如第二章中所述，即《梨具吠陀》、《三摩吠陀》、《夜柔吠陀》和《阿達吠陀》。五明的明，是闡明的意思。開闡其理而證明之，曰明，這五明的內容是：

㈠**聲明** 是語言方面的學問。古代雅利安人的語言為吠陀語，以後進化為梵語。而當時各部族使用的方言，有百餘種之多。太子受聲明教育，對他後來各地遊行傳道大有幫助。

㈡**工巧明** 這是工藝技術，算術曆書方面的知識。

㈢**醫方明** 這是醫藥衛生方面的知識，雖然那時印度尚是巫醫不分的時代，但其醫術與藥物學也非常發達。證道後的釋迦牟尼，醫藥知識非常豐富，想與醫方明教育有關。

㈣**因明** 這是論理學方面的學問。這是考定正邪，詮釋真偽之理則，是哲學性的。這對太子以後出家修道，思維各派哲學，組成自己的理論體系大有幫助。

㈤**內明** 是宗教方面的學問。婆羅門教以《四吠陀》為內明，其他四明為外明。後來佛教以三藏十二部教為內學，以世間學問為外學。

這五明教育，是師生對坐，以口相傳的。

太子到了十多歲的時候，開始習武——釋迦族義譯為強勇之族，剎帝利種姓本來就是執掌軍國之事的武士階級，所以太子習武，是理所當然的事。經典中說，淨飯王召集了族中五百名童子，與太子一起在武師指導下練習武藝。太子天資聰穎，對文學武技，舉一反三，悉皆通達。加以精擅擊技射術，比賽時能一箭射穿七

張皮鼓。可稱是智勇兼備，文武雙全。

　　悉達多太子日漸成長，十多歲的太子，相貌殊勝，風度脫俗；淨飯王自然對之鍾愛萬分。加以晚年得子，而夫人又產後逝世。對於兒子的鍾愛，是可以想像得到的。但太子自幼性格沉默，愛沉思冥想，不喜歡欲樂嬉戲，有異於常兒。

　　有一次太子同父王到郊外巡視，看到田中的農夫，赤體裸背，在烈日之下耕作。那老牛拖著犁奮力前進，還被鞭打得皮破血流。又見田中犁出的小蟲蚯蚓等，被鳥雀競相啄食，慘痛萬分。太子看到這一幅活生生的生存競爭圖，心中無限哀痛。不覺就在道旁的閻浮樹下，端坐沉思。

　　淨飯王見狀，問他何以不樂，端坐沉思，太子答曰：

　　「看到世間眾生，競相吞食，心生哀憫，故而沉思。」

　　淨飯王勸慰了一陣，帶他回宮。這時淨飯王想到太子初生時，阿私陀仙人所說的預言，心中深為憂慮，怕太子離俗出家。他自思若早日為太子完婚，或可打消他出家的念頭。

　　淨飯王與波闍波提夫人相商，為太子選定了羅泊提河對岸，拘利族天臂城城主善覺王之女為妃。善覺王是摩耶夫人和波闍波提夫人的哥哥，是悉達多太子的舅舅。他的女兒耶輸陀羅是太子的表妹。這是近親聯婚，以今日的觀念來看，或不合乎優生學的條件。但當時的習俗如此，釋迦族和拘利族是世代聯婚的。

　　關於太子的婚姻，原始佛傳資料說法不一。如東迦留陀伽譯的《十二遊經》，說太子有三位夫人，一名瞿夷，一名耶惟檀，一名鹿野。而《根本說一切有部律破僧事》卷三，說太子有三位王妃，一為耶輸陀羅，一為喬比迦，一為鹿王。在後世一般的佛傳中，往往只提到耶輸陀羅，而不提其他。其實這無關緊要，一國王儲，有三位妃子，也事屬尋常。

　　不過，太子結婚的年齡也有兩種說法：一說是十七歲，一說是十九歲。十七歲或十九歲結婚，在熱帶地區早熟的印度人來說，都不算太早。但是這又牽連到太子出家的年齡。因為出家的年齡也有兩種說法：一說是十九歲出家，一說是二十九歲出家。如果說是十九歲結婚，就不可能十九歲出家，因為太子婚後，耶輸陀羅還生了一個小王子羅睺羅。如果說太子十七歲結婚，十九歲出家，這又和太子證道的年齡不符。一般的資料和佛傳，都認定太子是六年苦行，三十五歲成道。總之，這其間有許多問題互相矛盾，前後配合不上。

　　現在我們採取一般的說法，假定認為太子是十九歲結婚，婚後度過了十年的宮廷生活，二十九歲出家，經過六年苦行，三十五歲那一年成等正覺——悟道，成為「覺者」，我們所習稱的佛陀。

第四章　太子出家

一、太子出家的背景

據經典上說，悉達多太子出生之後，曾有阿私陀仙人為太子占相。聲稱：「……他若在家，一定為轉輪聖王；他若出家，可以成就一切智慧，利益天人。但據我觀察，太子將來必定出家學道，轉大法輪……」

果然，太子成年之後，終於出家學道，經過六年苦行，證悟真理，成為佛陀──覺者。這究竟是阿私陀仙人占相奇準，鐵口不二呢？還是有其他因素，促成太子出家呢？

我們先撇開阿私陀仙人的占相術，只就悉達多太子所處的環境，來分析太子出家的原因。這可就三方面來說：一是家庭的因素，一是國家的因素，一是社會的因素。我們先自家庭因素說起。

許多佛傳資料上都說，太子自幼個性沉默，好沉思冥想。我人於此探討，這是不是與他襁褓喪母有關呢？許多經典上，為了聖化這位聖哲，對聖哲的父母也加以褒揚，說淨飯王和摩訶波闍波提夫人，對於太子關愛備至，給予太子十分溫暖的生活。淨飯王和波闍波提夫人關愛太子，這一點是無可置疑的。但自太子的感受來說，父親之愛和繼母之愛，是否就能代替生母之愛呢？

──後來太子證道後成為佛陀，他證悟的人間實相，人生就是眾苦所聚──所謂生苦、老苦、病苦、死苦、愛別離苦、怨憎

會苦、求不得苦、五陰熾盛苦。最低限度說，他幼年時代已嘗受
到愛別離苦——襁褓喪母之苦。

襁褓喪母，影響到他的性格——好沉默獨處，潛思冥想。想
些什麼呢？想的自然是生老病死憂悲苦惱的問題。我想這可能是
促成太子出家的原因之一。

其次，自國家方面來說，在群雄割據，諸國兼併的國際環境
中，迦毘羅衛只不過是邊陲之地的蕞爾小邦——地處北境的雪山
腳下。其所以能在半獨立狀態下維持生存者，不過以地非衝要，
國非富庶，不是列強爭奪的目標。及至悉達多太子成長後，了解
到自己對國家的責任，也了解到複雜的國際環境。以迦毘羅衛的
國力而論，若想擴充疆土，征服鄰邦，勢不可能。即是擺脫鄰國
的侵略，維持現狀，也力所不及。在這種情況下，他是不是考慮
到，如果不能把本國的國力和政治地位提高，則自己出家在學術
思想上有所成就，則也可間接的維護國家的生存。

——事情正如悉達多太子所預料，他出家學道、成等正覺，
創立教團，遊化各國，受到各國國王大臣普遍的尊敬。他後半生
有二十年以上的時間住在王舍城——拘薩羅國的首都，且與波斯
匿王交誼深厚，果然間接的維護了自己的國家。至於到他晚年，
拘薩羅國毘琉璃王滅了迦毘羅衛，此中另有因果，後文將會述及。

最後是社會方面的因素，當時的印度社會，由於階級制度森
嚴，貧富極為懸殊，貴族階級——婆羅門和剎帝利種姓者生活放
逸奢侈，而廣大的賤民階級終日操作勞役，難得一飽。階級制度
的不平，不只是生活上的懸殊，主要的是法律地位的不平等。在
婆羅門祭司所掌管的《摩奴法典》中，有這樣的記載：

　　初生的人就是首陀羅，假若他們以罵詈的言語侮辱再生的

人，那就要斷他們的舌頭；假如他們舉出再生人的名或姓來侮辱，那就要用燒紅的鐵鍼插進他們的口中；假如婆羅門的指示他們不接受，那王者就可以命令用熱油灌入他們的耳中或口裡。

以上所述，只是廣大人民生活上的痛苦。尤有甚者，是人民精神上的絕望。那時思想界百家雜陳，邪說充斥。如本文第二章所述，當時的六師外道等，多半是否定善惡因果，否定業報，也否定個人努力的意志——一切悉由命定，任何努力也改不了人生的命運。這樣一來，就使人民無善惡是非的價值觀，勢將使他們於絕望中更加墮落。為了糾正外道的邪說，唯有出家學道，證悟真理，以拯救眾生的慧命。

——果然，在悉達多太子證悟真理，成為佛陀後，他以證悟所得的真理，糾正思想界的錯誤；以眾生平等的觀念，打破桎梏人心的階級制度；以緣起及因果法則，肯定人生努力的價值；以四聖諦和八正道，指示眾生轉迷成悟，由凡入聖的途徑——佛陀是世界上不世出的聖哲，信非虛語。

以上家庭的、國家的、社會的諸種因素，是促成悉達多太子出家的背景和原因。如果認定太子出家，是由阿私陀仙人占相所決定的，那就成了「宿命論」，那是與釋迦牟尼的教法相違背的。

二、十年宮廷生活

淨飯王為了怕太子有出家的念頭，特意為他完了婚，為他在宮苑中造了冬天住的暖殿，夏天住的涼殿，和春秋住的中殿；並在苑中廣造池臺，栽種花木，並以許多宮娥綵女隨侍。他希望以

人間的宮室犬馬、聲色歌舞來羈絆太子，免得太子萌生出家修道
的念頭。

關於這一點，有些經典——如《十二遊經》、《過去現在因果
經》等，於此大作誇張性的敘述。於其婚姻，則謂：「王即令諸臣
擇採吉日，遣車萬乘，而往迎之。」於其宮中生活，則謂：「太子
父王為立三時殿，殿有二萬綵女，三殿凡六萬綵女……」云云。

我人於此探討，以迦毘羅衛城的蕞爾小邦，從何來此六萬名
適齡的少女？如果真有的話，淨飯王也不能全部徵選入宮來隨侍
太子。

——以中國幅員之廣，人口之眾，歷代宮廷中，也從沒有過
六萬名宮女的記錄。至於迎親時遣車「萬乘」，也未免太多。因為
迦毘羅衛城與迎親的地點——拘利族的天臂城，不過一河之隔，
萬乘車輛，怕不把道路塞滿？

在《中阿含經》一一七的《柔軟經》中，說證道以後的佛陀，
有一次在舍衛城外的祇園精舍中，為修道的眾比丘講到自己出家
前的宮廷生活。大意是說：

「比丘們呀！沒有出家以前，我過著非常幸福的日子，我家
的宮苑中有著池塘，漂浮著美麗的蓮花。在房間裡，也時常飄浮
著栴檀香的芳香。我所穿的，都是迦尸所產的最上等的布帛。有
三處宮殿供我住用，冬天就住在冬殿，夏天就住在夏殿，春天就
住在中殿。在夏天的雨季裡，整天躲在夏殿裡，以歌舞取樂。出
門時，自有一把白傘為我遮太陽。別人家以米糠拌稀飯供養傭人
和寄住的人，我家供養的卻是米和肉。」

《中阿含經》，是佛教原始經典的《四阿含》之一。這是佛住
世時親口所說的經典。佛滅度後，由上座弟子大迦葉主持的畢波
羅窟結集，結出的經藏，就是《四阿含》——《長阿含經》、《中

阿含經》、《增一阿含經》、《雜阿含經》。

　　經文中的這一段話，說得十分樸實，也絕對可信。淨飯王不論是城主也好，是國王也好，在宮苑中蓋上不同季節所居住的房子，以適應印度那種苦雨和酷熱的天候，這也是理所當然的事。至於說宮苑中有著池塘，種著蓮花；以及房中使用檀香木的傢俱，穿著迦尸所產的上等布帛，這都在情理之中。一般富有人家尚且如此，何況是一國之主？

　　與一般人民的生活來比較，太子的生活當然是既富且貴，一呼百諾。若是一個普通的青年人，有著這樣安富尊榮的生活，且身居王儲之位，他可能就安於現狀，等待著繼承做國王了。無奈這位悉達多太子，他具有超人的宿慧，悲天憫人的性格，和「老吾老以及人之老，幼吾幼以及人之幼」的襟懷。在當時社會貧富極為懸殊的情形下，多數人過著貧困痛苦的生活的時候，也許王宮中的生活愈是奢侈豐厚，愈會引起他內心的憎厭。畢竟世俗間的聲色之娛，填不滿這位未來聖哲心靈的空虛。

　　年歲稍長，接受婆羅門老師的教育，而老師所傳授的，是「吠陀天啟，祭祀萬能，婆羅門至上」的傳統式的教條。而《四吠陀》，無非是讚歌與偈咒，充滿了神權與迷信。這對生俱宿慧的悉達多太子來說，他能全盤毫不懷疑的接受嗎？縱然童年無知，予以接受，到了年長之後，在沉思瞑想之際，能不發生懷疑嗎？

　　尤其是當時社會上的四姓階級制度，婆羅門是天生的，高高在上，他們可以假藉神命，謀取私利，過著放逸宴安的生活。而剎帝利種是統治階級，統治軍國大權，當然也是高高在上。而婆羅門、剎帝利種，究竟只是少數階級。廣大的賤民──腳底板生的首陀羅種，一生作人奴隸，操作賤役，一代一代生下的孩子也先天的註定了他們的階級，這能算是一個公平的社會嗎？

　　他回憶早些年隨父王到郊外巡視，見到烈日當空，炙熱如火的田野中，農民們赤體裸背，揮汗如雨的辛苦耕耘。而自己卻乘坐高車駟馬，悠閒自在。回到宮中，錦衣玉食，一呼百應，人間的不平，一至於此？

三、四門遊觀的啟示

　　在許多佛傳的經典中，都記載有「四門遊觀」的故事——如《佛本行集經》、《長阿含》的《大本緣經》及《過去現在因果經》等都有這一段記述。現在以《因果經》為藍本，其大致的過程是這樣：

　　「爾時太子，聞諸伎女歌詠園林花果茂盛，流泉清涼，太子忽便欲出遊觀……」

　　太子遣人啟白淨飯王，聲稱：「在宮日久，欲往園林遊觀。」淨飯王聞知太子要出門遊觀，十分歡喜，立即命臣下清潔所經道路，整治園中景觀，並派了一個能言善道的侍臣，帶著官屬導從，陪同太子出遊。

　　第一次經由東門出城，城中居民聽說太子出遊，男女盈路，觀者如雲。這時淨居天王，化作一個老人。「頭白背傴，柱杖羸步。」出現於人群中。

　　太子問從者說：「此為何人？」

　　從者答曰：「此為老人。」

　　太子又問：「何者為老？」

　　從者答曰：「此人昔日曾經嬰兒童子少年，遷謝不住，遂至根熟，形變色衰，飲食不消，氣力虛微，坐起苦極，餘命無幾，故謂為老。」

太子又問：「是唯此人老，還是一切人皆然？」

從者答：「一切人皆是如此。」

太子聞得此言，心生苦惱，而自念言：「日月流遷，時變歲移，老至如電，身安足恃？我雖富貴，豈能獨免？云何世人，而不畏怖？」於是中途迴車，不再去園林遊觀。

過了不久，太子第二次出遊，繼續他上次未完成的行程。淨飯王聞知太子上次出東門遇到老人，使太子不樂，囑令這次可由南門而出。這次仍由官屬導從陪同，到得南門，淨居天王又化作一個病人：「身瘦腹大，喘息呻吟，骨消肉竭，顏貌痿黃。舉身戰悼，不能自持。兩人扶掖，在於路側。」太子見之，即問曰：「此為何人？」

侍從答曰：「此病人也。」

太子又問：「何者為病？」

侍從解釋說：「所謂病者，皆由嗜欲而來。如飲食無度，四大不調，轉變成病，百節苦痛，氣力虛微，飲食減少，睡眠不安。雖有身手，不能自運，要假他力，然後坐起。」

太子看著病人，心生悲愍。又復問：「此人獨爾？餘人皆然？」

侍從答曰：「一切人民，無有貴賤，同有此病。」

太子聞言，心生煩惱。如此身者，是大苦聚，世人於中，橫生歡樂。愚癡無識，不知覺悟，於是迴車還宮。

過了些日子，太子第三度出遊，這次出的是西門，而淨居天王復化作一個死人，由四人抬著，屍上布散著香花，後面隨著家人號哭相送。

太子問道：「這是何人，而以香花，裝飾其身？」

侍從答曰：「此為死人也。」

太子又問：「何者為死？」

　　侍從答曰：「所謂死者，刀風解形，神識去矣！四體諸根，無所復知。此人在世界，貪著五欲，愛惜錢財，辛苦經營，唯知積聚，不識無常。今者一旦捨之而死，又為父母親戚眷屬之所愛念，命終之後，猶如草木，恩情好惡，不復相關，如是死者，誠可哀也。」

　　太子聞侍從所說，心生恐怖，問道：「唯此人死，餘亦皆然？」

　　侍從復答：「一切世人，皆應如此，無有貴賤而得免脫。」

　　太子心不自安，以微聲語侍者說：「世間有此死苦，何以世人放逸，心如木石，而不知畏怖？」即命迴車還宮。

　　太子最後一次出遊，是經由北門而出。這一次到達了城外園林之中，經文中說：

> 太子下馬，止息於樹，除去侍衛，端坐思惟，念於世間老病死苦。時淨居天，化作比丘，法服持缽，手執錫杖，視地而行，在太子前，太子見已，即便問言，汝是何人？比丘答言，我是比丘。太子又問：何謂比丘？答言：能破結賦，不受後身，故曰比丘。世間悉皆無常危脆，我所修學，無漏聖道，不著色聲香味觸法，永得無為，到解脫岸。作是言已，於太子前，現神通力，騰虛而去……
>
> 太子既見此比丘，又聞廣說出家功德，會其宿懷厭欲之情。便自唱言：善哉善哉，天人之中，唯此為勝，我當決定修學是道。作是語已，即便索馬還歸宮城。
>
> 於是太子，心生欣慶，而自念言：我先見有老病死苦，晝夜常恐為此所逼，今見比丘，開悟我情，示解脫路。作是念已，即自思維方便，求覓出家因緣。

　　——「四門遊觀」，只是經典文學的一種表現手法。太子出家

之時，年已二十九歲，這生老病死的問題，在他腦海中盤旋思索，固不知已有若干年，已有多少次。又何至於連老人、病人、死人都分辨不清楚，乃至於問過待從之後始知道？四門出遊，也未必一定按東南西北的順序，而是以這種方式表達，更具有戲劇性的效果而已。

四、太子出家

經過四門遊觀之後，悉達多太子下定了「出家」的決心——出家學道，以解決他思想上的困惑，這包括著生老病死的解脫，人間不平的改革。

出家，對悉達多太子來說，畢竟是一件大事。因為他不是出身於首陀羅種姓，不是出身於吠舍種姓，而是出身於剎帝利種姓，出生於釋迦族的王家。並且，他是迦毘羅衛國的太子，釋迦族的王儲，他有繼承王位，治理國家的責任，他不能像一般人家的子弟似的，要出家，就可以一走了之。

但是，生老病死的煩惱，解脫之道的探索，本來是他時時繫念於懷的問題，固不必待「四門遊觀」後才有所覺悟。出家學道，也是他籌思已久的計畫，只是尚未付諸實行而已。出家，對於一個十九歲的少年王子來說，固然尚拿不定主意，但對一個二十九歲——行將而立之年，思想已趨成熟，胸中已有主見的青年人來說，他已能決定他自己應走的方向。

就在他決心出家、尚未成行的時候，他的妃子耶輸陀羅生產了，為他生了一位小王子，在《根本說一切有部律破僧事》卷四，有如下一段記載：

> 爾時菩薩在於宮中，嬉戲之處，私自念言：我今有三夫人
> 及六萬綵女，若不與其為俗樂者，恐諸天外人云我不是丈
> 夫。我今當與耶輸陀羅共為娛樂，其耶輸陀羅因即有孕。

文中所稱的菩薩，是佛典中對未證道前的悉達多太子的尊稱。
此外，亦有一說，謂耶輸陀羅是由悉達多太子指腹懷孕的，當然
這是對佛陀「聖化」的說法，站在「由人成佛」的立場來說，我
們寧願悉達多太子和耶輸陀羅有著正常的夫婦生活。

太子為小王子命名曰羅睺羅 Rāhula，羅睺羅梵語的意義，是
日蝕或月蝕，也就是日月上的覆障，所以有些經典上譯為「月障」。
《受蹹七寶華如來之別記》上說：羅睺羅生於月蝕之時，故命名
為羅睺羅。猶如中國農業社會時代，臘月生的女孩叫臘梅，九月
生的女孩叫秋菊似的，因時命名。但亦有一說，說是太子獲悉耶
輸陀羅生了兒子，隨口歎息著說：「唉！又多了一重障礙。」因此
命名為羅睺羅。

不管怎麼說，有了一個小王子，對他的老父淨飯王也算有了
一個交代。所以小王子的出生，沒有成為太子出家的障礙，反而
更促成他出家的決心。

——羅睺羅的出生，亦有不同的異說。有謂太子十九歲那年
羅睺羅就出世了。此說很難成立，因為一般記載，羅睺羅十五歲
隨佛陀出家為沙彌，如果他出生於太子十九歲那一年，則他十五
歲時，太子尚未證道，他何能出家？另有一說，謂羅睺羅在胎六
年，生於太子證道之夜，此說是「聖化」的神話，亦有違常理。
甚至於羅睺羅的生母亦有異說。《須達拏經》及《瑞應經》，以羅
睺羅為瞿夷夫人之子（太子有三夫人，見本文上章），而《未曾有
因緣經》、《涅槃經》、《法華經》以其為耶輸陀羅之子。總之，經

典中矛盾之處甚多，這是很難考證明白的。

　　原始佛傳資料上說：悉達多太子二十九歲那一年，在二月初八日的中夜，他決心離宮出家。他到耶輸陀羅的寢宮，對熟睡中的嬌妻和愛兒看了最後一眼，斷然的潛出寢宮，喚醒他隨身的侍者車匿，由車匿牽出他的駿馬健陟，潛出宮門，策馬出城。當他出了北門，回顧城闕，發誓言道：「我出家訪師修道，若不斷生老病死憂悲苦惱，誓不回宮；我若不得阿耨多羅三藐三菩提，又復不能轉於法輪，終不還宮與父工相見。」

　　太子策馬疾走，車匿徒步追隨，天亮時到得一處苦行林中停了下來，命車匿帶馬回城。車匿哭求太子一同回去，太子道：「你回宮代我奏知大王，世間的生離死別，無有定期。我的出家，正是為求這些的解脫之道。」

　　說罷，他摘下髮上的明珠以奉還父王，脫了身上的瓔珞以奉還姨母，然後拔劍斷了鬚髮，改扮成沙門的模樣。車匿見太子道心堅切，不肯還宮，無奈懷抱太子服飾，手牽駿馬健陟，哭著返回城中。

　　太子步行進入樹林深處，見一獵戶，身著袈裟。太子問獵戶何以著此寂靜之服？獵戶答稱：身著袈裟，以誘鹿群。太子脫下身上的華服與其交換，獵戶大喜過望，遂把袈裟奉上與太子。太子披上袈裟，更入樹林深處，去尋訪修道之人。

五、出家是怎麼一回事

　　在現代社會上，如果說到「出家」，給我人的印象是：剃髮受戒，遁入空門。這一出家，就與世俗社會脫離了關係。而悉達多太子出家的時候，佛教尚沒有創立，那麼，是何人為他剃髮授戒，

作為他的師父呢？他又誦些什麼經，禮拜那些佛呢？

原來兩千五百年前印度的社會，和現代中國的社會、文化背景、風俗習慣各不相同，所以「出家」二字的意義也全不相同。要了解那個時代出家的情形，就要由那個時代的文化傳統和社會背景講起。

兩千五百年前，印度社會思想界雖然思想紛歧，學派林立，但真正具有歷史的宗教，只有一個婆羅門教。婆羅門教的司祭者是職業僧侶。更往上推溯一千多年，當時的司祭者是為各部族的王服務的，他們在各部族中主持祭祀。後來，以《四吠陀》為經典的祭祀形成了婆羅門教，而司祭者也成了一種世襲的職業，更由子孫繁衍而形成一種階級，一種種姓。由此更演變成四種階級——天生的婆羅門種姓，臂生的剎帝利種姓，腹生的吠舍種姓，腳底板生的首陀羅種姓。

社會上形成四種階級，而婆羅門階級的人，把一生也分做四個時期，而作為梵行、家住、林棲、遊行的四期理想生活。這種生活方式只適用於特權階級的婆羅門種姓，而不適用於平民及賤民。

所謂一生的四個時期，在兒童時期叫做梵行期，婆羅門種姓的兒童，到了適當年齡——八至十二歲之間，就要出家就師——住在師父家中，一方面學《四吠陀》教義，種種祭祀儀式；另一方面，鍛鍊身心，篤事師長，堅守不婬之戒，朝夕奉事聖火。同時要到聚落中乞食以奉師，藉此養成解行相應的人格。這一段期間，通常規定為十二年。

第二時期是家住期，即成年之後，回到家中，以營世間生活。在此時期，結婚生子，經營生計，以慰祖靈，以祭諸神。此雖世俗生活，然亦為其宗教生活的一部分。

　　第三是林棲期，年紀已老，一切義務已畢，以家付於長子，以財產分配諸子，自己隱居於林中。有攜妻隱居者，有獨身隱居者，雖林居而不捨祭祀，同時對於《四吠陀》教義，沉思瞑想，作為學業上的進修。

　　第四是遊行期，到了晚年，剃去髮鬚，手持杖與水漉，懸頭陀袋（乞食袋），捨棄一切財產，雲遊四方。他們遵守不害物命，言語誠實，不盜財物，忍耐，離欲諸戒，此時即稱為比丘。

　　或者有人要問：中年以後進修，為何要到林中去，稱作「林棲期」呢？這又與當時的社會背景有關。印度地處熱帶，遍地森林，兩三千年前印度開發未久，除了城市和小聚落外，可能到處都是樹林，印度氣候酷熱，只有闊葉樹的林中涼爽。所以婆羅門種姓出家進修，自然都到林中棲止。在林中，或由師父講授，或與道友討論，或個人潛思冥想，這都算是進修。因此，在那個時代，婆羅門種姓的人，中年以後，別妻離子，到闊葉林中進修，就叫做出家。

　　到了釋迦牟尼出世前後，由於婆羅門種姓的祭師們，挾其祭祀祈禱、解釋經典的權力，藉神意欺壓人民，這就產生了一股反抗傳統思想的浪潮。而民間一些好學深思之士，不甘受傳統婆羅門教思想的拘束，因而自由思想家輩出，如那時所謂「六師外道」，「六十二見」——六十二種不同的見解；「三百六十三論師」——三百多位思想界的辯論家，都是思想界著名的人物。這些人，他們也「出家」——離開家庭，出外尋師訪友，或到林中修「苦行」。這種人，當時稱為「沙門集團」。沙門，又譯為桑門，義譯為息心、淨志，是勤修息煩惱的意思。這在當時，是對出家修道之人的總稱。

　　所以，那個時代的出家，只是離開家庭，或到某一個林中去

潛修，寂默思考；或到各地林中去尋師訪友，切磋學問。打個比
方講，這好比我國科舉時代，秀才遊學的性質，並不是後世的「捨
親割愛、剃度出家」，因為那時佛教還沒有創立，還沒有後世「剃
度出家」這一套制度呢。

太子出家，於森林中，以華服易了袈裟。這袈裟又是何物？
現在於此把「袈裟」二字作一解釋。袈裟，具足的名稱叫袈裟曳，
譯曰不正、壞、濁、染等。其實就是衣服，在現在來說，一般指
出家人所著的法衣，有大、中、小三件，避開青、黃、赤、白、
黑五種正色而用其他雜色，所以叫做雜染衣。但在兩千五百年前
的印度來說，它是為一般平民所通用，並不分是出家人或在家人。

說袈裟是衣服，並不是它具有衣服的形式，而是說，它具有
衣服的作用。事實上，它只是一塊長方形的布，根本沒有剪縫。
古代印度平民生活簡單，且又天氣酷熱，只要有一塊布披在身上
就行了。甚至於更窮困的平民與賤民，欲求一塊完整的布亦不可
得，那就拿許多碎布片綴合起來，而成為一大塊。這在印度叫做
割截衣，或叫田相衣——因其綴合如田畔而命名。

這塊布，披在身上蔽體時叫做袈裟，折疊起來當坐具時就叫
敷具，若於夜晚睡覺蓋在身上時，就又名叫臥具。一物三用，真
是簡便之至。當然，這也是適應印度酷熱的氣候，以及當時平民
賤民的經濟條件的產物。

袈裟使用上又有大中小三種之分——大中小各一件，這是為
氣候變化而備製的。到後來，袈裟演變成出家人專用的法衣後，
小者叫五條衣，又名「安陀會衣」；中者叫七條衣，又名「鬱多羅
僧衣」；大者叫九條衣，又名「僧伽梨衣」。

袈裟是何時演變成出家人專用的法衣，確切時間已無從考證。
不過在佛住世時，出家比丘都是披著袈裟。在許多佛經中，都有

這樣的句子:「……偏袒右肩,右膝著地,合掌恭敬,而白佛言……」
這偏袒右肩，就是披著袈裟，右臂露在外面。

　　悉達多太子進入深林，見獵鹿者身披袈裟，問他何以著此寂
靜之服。這表示，那時出家修道，林中苦行的沙門，著的全是這
種袈裟。

第五章　六年苦行

一、初訪跋伽仙人

悉達多太子，在他二十九歲那一年的二月初八中夜，潛出王宮，離開迦毘羅衛城，北行到一苦行林中，遣回侍者車匿，以劍斷去鬚髮，以華服易得袈裟，扮成行腳沙門的模樣，往樹林深處去尋找修道者的處所。蒼天不負苦心人，終於為他找到了一處沙門修苦行的所在，領導眾沙門修行的是一位年高望重的跋伽仙人。

仙人的名稱，在本文第三章已有所解釋，那並不是真正成了仙的人，而是對年高望重的修道者的一種尊稱。

在《過去現在因果經》中，記載有太子訪跋伽仙人的經過，大意是說：

太子行入林之深處，到得跋伽仙人修道之所。

跋伽仙人，遙見太子，他為太子莊嚴的儀表所攝，即上前迎接，深為敬重的表示：「仁者遠來，請到住處小坐。」

太子隨跋伽仙人往其住處。行進間觀察林中修苦行的人，或著草衣，或著樹皮，或翹一腳，或臥塵土，或臥於荊棘之上，或臥於水火之側。

詢問之下，這些人或唯食草木花果，或一日一食，或二三日一食，行自餓之法；亦有拜事水火，或奉事日月者。

太子到跋伽仙人住處，坐下之後，又有幾位仙人來陪同坐下。

太子詢問仙人道:「汝等修此苦行,甚為奇特,皆欲求何等果報?」

仙人答言:「修此苦行,為欲生天。」

太子又問:「諸天雖樂,福盡則窮,輪迴六道,終為苦聚。汝等云何修諸苦因,以求苦報?」

太子再與仙人反覆問答,知道這些人修的終是苦行,不是究竟的解脫之道。心中歎息:「商人為寶故入海,王為國土故,興師相伐,今諸仙人,為生天故,修此苦行。」想到這,默然不語。

仙人問太子道:「仁者何意,默然不言?是我們修行的方式不對嗎?」

太子說:「汝等所行,非不至苦,然求果報,終不離苦。」

太子與諸仙人,往復議論,不覺日暮。在諸位仙人的挽留下住了一宿,次日明旦,便欲告辭離去,諸仙人殷殷相留,並說:「是否有失賓主之儀,才要離去?」太子答曰:「非是汝等有失賓主之儀,但汝所修,增長苦因。我今學道,為斷苦本,以此因緣,是故去耳。」

仙人見不可強留,語太子曰:「所修道異,不敢強留。若欲去者,可向南行,彼有大仙,名阿羅邏、伽蘭,仁者可往就其語論。」

太子辭別跋伽仙人,出林而去。

另一方面,淨飯王在宮中聞得車匿回報,太子離宮出走。雖然他心理上已有太子早晚要離家學道的預感,但驟聞之下也難以承受。他忙到後宮去探視波闍波提夫人和耶輸陀羅,二位夫人也都傷心萬分。淨飯王愛子情深,聲稱要親自出城去尋找太子,王師大臣聞知,同來勸阻,並願代大王去尋回太子。王師大臣等率領侍從人員,出城北門去追趕太子。

一行人出城追趕了一陣子,遍尋無獲。第二天再出城去找,果然遙見太子,圓頂法服,在路側樹下,端坐思維。王師大臣等

到太子面前，恭謹行禮，殷殷勸請，求太子一同返宮。唯太子求道心堅，不為所動。眾人無奈，只得密留下憍陳如等五名侍者，暗中伺察太子去向，王師大臣等回城去向淨飯王覆命。

——關於各種外道所修的苦行，在《中阿含》的《師子經》中有一段說明，可供參考：

> 或有沙門梵志，裸行無衣……或以葉為衣，或以珠為衣。或不以瓶取水，或不以魁取水……不啖魚，不食肉，不飲酒，不飲惡水，或都無所飲，學無飲行。或啖一口，以一口為足，或二口、三四乃至七口，以七口為足……或日食一食，以一食為足，或二三四五六七日，半月、一月一食，以一食為足……或持連合衣，或持毛衣，或持頭舍衣，或持毛頭舍衣，或持全皮。或持散髮，或持散編髮，或有剃髮，或有剃鬚，或剃鬚髮。或有拔髮，或有拔鬚，或拔髮鬚。或住立斷坐，或修蹲行。或有臥刺，以刺為床。或有臥果，以果為床。或有事水，晝夜手抒，或有事火，竟昔燃之。或事日月，尊佑大德，叉手向彼。

總之，苦行的種類，千奇百怪，匪夷所思。如今我們看起來十分好笑，而當時那些苦行者卻是一本正經的在修持。也許，這就是宗教信仰所產生的力量吧！

二、南下摩揭陀國

悉達多太子出家之初，曾到一處苦行林中，訪問跋伽仙人。見林中眾修行者所修的苦行，不是究竟的解脫之道，便欲離去。跋伽仙人挽留不得，便建議太子往南方阿羅邏、伽蘭二仙人處談

論。太子辭別跋伽仙人，決定南下摩揭陀國，到王舍城附近訪問
阿羅邏、伽蘭二位仙人。

　　當時恆河中下游的南北岸，有兩大強國對峙。在恆河南岸的
是摩揭陀國，國都王舍城；在恆河北岸偏西的是拘薩羅國，國都
舍衛城。而王舍城和舍衛城，是恆河南北岸兩大政治文化中心。
這兩個新興的大都市人文薈萃，學術研究的風氣很盛，許多有名
的論師，都在這兩大城附近林中修道。悉達多太子出家，目的是
尋師訪友，所以他的目的地不是西上舍衛城，就是南下王舍城。

　　迦毘羅衛城在雪山南麓，羅泊提河西岸。拘薩羅國的舍衛城
在迦毘羅衛西方，距離不足一百公里。而摩揭陀國的王舍城在恆
河南岸，距離在五百公里左右。我們於此探討，悉達多太子何以
不到距離較近的舍衛城，而捨近求遠，到千里之遙（以華里而言）
的王舍城去呢？這其中可能有兩種因素存在：

　　㈠由於太子出家，淨飯王並不十分同意。如到距離較近的舍
衛城，被淨飯王知道了，一定會派遣使者來尋找他，甚至於勉強
他回宮，為了避免這種可能的干擾，索性走得遠一點，俾能安心
修行。

　　㈡拘薩羅國是迦毘羅衛國的宗主國——相對的，迦毘羅衛是
拘薩羅的屬國。他以迦毘羅衛國太子的身分到舍衛城，在政治考
量上可能有所不便。

　　由迦毘羅衛南下，要經過拘尸那城、波婆和跋耆國的毘舍離
城，由波吒釐渡口渡過恆河，才能進入摩揭陀國的國境。那時雖
然群雄割據，諸國林立，也許尚沒有邊境封鎖或檢查證照這一套
辦法。尤其這時的悉達多太子，他圓頂法服，持缽行腳，分明是
一個遊方沙門，所以就一路無阻的進入摩揭陀國。他行近王舍城
時，且不進城，先到城外靈鷲山附近的山上，覓得一巖洞作為棲

止之所。然後每日到王舍城托缽乞食，並「觀光」市面。

王舍城有新舊二城，二城城郊為五山所包圍，五山以靈鷲山為最高。靈鷲山梵語耆闍崛山，因山形似鷲，且山上多鷲，故譯名靈鷲山。新都距舊城有數里之遙，在舊城的東北，玄奘大師的《大唐西域記》上，對王舍城和靈鷲山都有記載。

行文至此，要把「托缽乞食」一詞加以解釋。原來托缽乞食之制，不自佛教開始，這是古印度社會的傳統。古老的婆羅門教，把婆羅門種姓的人，一生分為四個時期，就是所謂梵行期、家住期、林棲期、遊行期。而遊行期，就是人到老年，遍遊四方，於人間托缽行腳，這就是所謂「比丘」──乞士之意。而婆羅門教也有以食物衣具布施比丘，布施者可得功德果報之說。這自然與業報輪迴的思想有關。

印度地處熱帶，烹調過的食物不易保存，如有剩餘食物，供養乞士，也是功德。所以托缽乞食，是印度古老的習俗。到後來沙門集團出現，也依此習俗托缽遊行，照樣有人供養。而悉達多太子，當時既以沙門身分出現，自然也依照習俗，於日中托缽入市了。

至於所托的缽，梵語缽多羅，略稱缽。事實上就是食器──印度的飯碗，缽的質料不一，一般多用泥、鐵二種，後來佛教不許用木缽。《僧祇律》謂木缽是外道的標誌。且木缽容易積存污垢油膩。《敕修清規辨道具》中稱：

> 梵云缽多羅，此云應量器，今略云缽，又呼云缽盂，即華梵兼名。

當然，文中的規定和解釋，都是佛教創立以後的事了。在悉達多太子出家的時候，自然還沒有這些說法。

三、與頻婆娑羅王的一段對話

　　悉達多太子，身著袈裟，托缽徒步，以沙門的身分，每日入王舍城乞食。入城的目的，一者乞食，二者「觀光上國」──摩揭陀是大國，王舍城的繁榮也非迦毘羅衛可比。三者，也許是去了解王舍城的學術風氣，那是一個人文薈萃，思想家集中的地方。

　　《小部經典》、《經集三》的《出家經》中，記載著太子入王舍城乞食的情形。其中有一段韻文，是這麼說的：

　　　　佛陀學道未成的時候，
　　　　來到摩揭陀五峰環繞的城市，
　　　　他莊嚴慈悲、容光煥發，
　　　　托著缽走進王舍城中。

　　實情也應該是如此，太子身著袈裟，手持缽盂，法相莊嚴慈悲，步履沉著穩健，每當他入城，就引得市民的圍觀，也有人因心生景仰，而頂禮膜拜。

　　一日，他托缽經過摩揭陀國的王宮，適值摩揭陀的頻婆娑羅王，在宮中的高樓上舉目遠眺。他看到許多市民圍著一個相貌殊勝，風度脫俗的青年沙門，也有人向那沙門頂禮膜拜。國王心中好奇，就差一名侍臣去跟蹤察看，看那沙門由何而來，落腳何處，以及他的出身來歷等。

　　後來侍臣入宮回報，說那位沙門名叫瞿曇‧悉達多，是迦毘羅衛國淨飯王的太子。他因一心求道，不惜拋棄王儲之位，出家修行。他現在是路過王舍城，暫住在槃荼婆山的山洞中──槃荼婆山，靠近靈鷲山，是包圍王舍城的五山之一。

那侍臣形容太子靜坐在山洞中時，有如虎、牛、獅子似的，那是威武而莊嚴的形容。我國也以獅虎來形容一個人的威武，而以牛形容，只有印度才有，因為牛在印度稱為靈獸。

頻婆娑羅王聞報，對太子生了敬仰與好奇之心。到第二天，國王輕車簡從，親到槃荼婆山去訪問太子。

在《過去現在因果經》中，記載著國王訪問太子的經過：頻婆娑羅王到得槃荼婆山，見太子「於一石上，端坐思維」。經文中有一段國王與太子的對話：

> 王……前坐問訊太子，四大悉調和不？我見太子，心甚歡喜。然有一悲，太子本是日之種姓，累世相承，為轉輪王，太子今者轉輪王相，皆悉具足，云何捨之，來入深山？踐藉沙土，遠至此耶？我見是故，所以悲耳。
>
> 太子若以父王今在故，欲不取聖王位者，我當以國分半治之。若謂為少，我當捨國盡以相奉臣事太子。若不復取我此國者，當給四兵，可自攻伐取他國也。太子所欲，其不相違。
>
> 爾時太子，聞頻婆娑羅王說此語，深感其意，即答王言：王之種族，本是明月，性自高涼，不為鄙事，所為所作，無不清勝，今發是言，未足為奇。然我觀王，中情懇至，倍於前後，王今便可於身命財修三堅法，亦不應以不堅之法獎勵餘人。我今既捨轉輪王位，亦復何緣應取王國？王以善心，捨國於我，猶尚不取，何緣以兵伐取他國也！我今所以辭別父母剃除鬚髮捨於國者，為斷生老病死苦故，非為求於五欲樂也。
>
> 世間五欲，如大火聚。燒諸眾生，不能自出。我今所以來

此者，有二仙人阿羅邏、伽蘭，是求解脫最上導師，欲往
彼處求解脫道，不宜久停於此也……作是言已，太子即起，
而與王別。

頻婆娑羅王一番誠意，要讓國於太子，沒想到太子婉拒，並
且即時就要離開暫為棲止的靈鷲山，這不能不使他十分失望。經
文中說：

王……深大惆悵，合掌流淚，而作是言：初見太子，心大
踴躍，太子既去，倍生悲苦。汝今為於大解脫故，而欲去
者，不敢相留，唯願太子，所期速果，若道成者，願先見
度。

本來，「志士入山恐不深，人知已是負初心。」太子捨親割愛，
出家求道，求的是「解脫之道」。如今驚動了國王，並且要以國相
讓，這決不是他到王舍城來的初衷。唯一的辦法，就是即時離開，
以免再節外生枝，發生障礙。

上段對話中，國王稱太子是「日之種姓」。太子稱國王：「王
之種族，本是明月。」按：日種，是釋迦族五姓之一，意謂是太陽
之裔。月種，是剎帝利族姓之一，相傳是月之子孫。均出自古印
度的神話。

四、阿羅邏和伽蘭仙人

悉達多太子辭別頻婆娑羅王，離開靈鷲山，去找阿羅邏仙人
的修道之所。阿羅邏仙人究在何處修道，資料上未有記載，如今
也無可考查。不過大約總在摩揭陀國之內，或者就在王舍城附近。

《過去現在因果經》中，記載有太子與阿羅邏仙人見面的情形：

> ……是時仙人，既見太子，顏貌端正，相好具足。諸根恬靜，深生愛敬，即問太子，所行道路，得無疲耶……太子今者於此壯年，能棄五欲，達至此間，真為殊特，當勤精進，速度彼岸。
>
> 太子聞已，即答之曰：我聞汝言，極為歡喜。汝可為我說斷生老病死之法，我今樂聞。
>
> 仙人答言：善哉善哉，即便說曰，眾生之始，始於冥初，從於冥初，起於我慢，從於我慢。生於癡心，從於癡心。生於染愛，從於染愛。生五微塵氣，從五微塵氣。生於五大，從於五大。生貪癡瞋恚等諸煩惱，於是流轉生老病死憂悲苦惱。今為太子，略言之耳。
>
> 爾時太子，即便問曰：我今已知汝之所說，生死根本，復何方便，而能斷之？
>
> 仙人答言：若欲斷此生死本者，當先出家修持戒行，謙卑忍辱，住空閒處，修習禪定。離欲惡不善法，有覺有觀，得初禪。除覺觀，定生入喜心，得第二禪。捨喜心，得正念具樂根，得第三禪。除苦樂，得淨念，入捨根，得第四禪……太子若欲斷於生老病死患者，應當修學如此之行。
>
> 爾時太子，聞仙人言，心不喜樂，唯自思維，其所知見，非究竟處，非是永斷諸結煩惱。
>
> 爾時太子，復問仙人：汝年至幾而出家耶？
>
> 仙人答：我年十六，而便出家，修梵行來，一百四年。太子聞已，而心念言，出家以來，乃如是久，而所得法，正如此乎？於是太子，為求勝法，即從坐起，與仙人別。

　　這一次的拜訪，結果並不圓滿。太子心想，修持了上百年，而仍滯於「遍空」，這並不是究竟的解脫之道啊！

> 阿羅邏仙人見太子欲去，語太子曰：我久遠來，習此苦行，而所得果，正如此耳。汝是王種，云何而能修苦行耶？
> 太子答言：知汝所修非為苦也，別有最苦難行之道。
> 仙人既見太子智慧，又觀志意堅固不虧，知決定成一切種智，白太子言，汝若道成，願先度我。於是太子，答言善哉。

　　太子離開阿羅邏仙人，復去伽蘭仙人所住之所。伽蘭仙人修的是「非想非非想處定」──這也是禪定中的一種，是四禪天最高的一層天。但縱修到非想非非想天，亦不是究竟的解脫。於是辭別伽蘭仙人，繼續他尋師訪道的行腳。

　　經文中記載太子訪問的諸位仙人，都是一見即別，也許這是為了行文方便。我人推測，也有可能太子在諸位仙人處各住了一段時間，以深入了解他們修行的方法。

　　──許多原始經典中，對於太子所訪的兩位仙人，說法並不一致。例如在《本生經》上，說太子所訪的，是阿羅邏伽蘭和鬱陀伽兩位仙人；而《過去現在因果經》中，卻載為阿羅邏和伽蘭兩位仙人。今從《過去現在因果經》所說。

五、苦行林中的苦行

　　在原始佛傳的資料上，屢屢提到苦行林及苦行兩個名稱。這苦行和苦行林究作何解釋呢？凡是學佛的人，莫不知道釋迦牟尼成道之前，在苦行林中六年苦行。六年所修的又是什麼苦行呢？

我們在此試作一探討。

我國佛教中流傳有「苦行僧」這一名稱，望文生義，指的是物質生活極端簡陋，而學佛修持精進不懈的出家人而言。如《傳燈錄·豐干章》稱：「本寺廚下，有二苦行，曰寒山子、拾得。」

兩千多年前，婆羅門種姓的人，中年之後有一段「林棲期」——到森林中進修。既然離開家庭，到森林中野居，夜宿林下，當然也算一種「苦行」。森林中進修的人多了，或師徒對坐，以口傳耳的傳授——那時沒有書寫的工具，沒有書，也不能筆記；或同道相聚，彼此切磋或討論。要不，一個盤足獨坐，沉思冥想，把聽來的學問思索研究。因此，這「苦行」二字和「苦學」——刻苦為學有點相似。森林中住進了林棲進修的人，漸漸的，這些樹林就被稱為「苦行林」了。

此外，兩千五百多年前，有一種「苦行外道」，以修苦行為證得生天之果的一種流派。如《止觀輔行》二十一曰：「苦行，即長壽天行、五熱炙身等。總有六行：一、自餓。二、投淵。三、赴火。四、自墜。五、寂默。六、持雞犬等戒。」

《佛本行集經》二十四曰：「或有躶形、或臥棘上、或臥板上……或臥塚間，或蟻垤內，猶如蛇居……或復有用沙土煙塵，以塗全身。正立而住，或不梳洗頭首面目，髮如螺髻，拳攣而住。或復拔髮，或拔髭鬚。」以上是當時苦行外道所修苦行的一斑。

原始佛傳的資料上，多謂悉達多太子，於訪問過阿羅邏和伽蘭二仙人後，就到苦行林中去修苦行，一修就修了六年之久。如《過去現在因果經》中稱：

> 爾時太子，調伏阿羅邏伽蘭二仙人已，即便前進伽闍山苦行林中。是時憍陳如等五人所止住處，即於尼連禪河側靜

坐思維觀眾生根，宜應六年苦行，而以度之，思維是已，
便修苦行……。

我想實情或不完全如此。太子出家，目的在「尋師訪道」，以
解決「生老病死憂悲苦惱」的問題。他必是托缽徒步，天涯行腳，
去造訪各派學者——所謂仙人、沙門、論師、修道者之流，聽取
諸家之言，來做自己參考。外道所修的雖然不是究竟的解脫之道，
但他山之石，可以攻錯。太子必須廣為接觸，聽取諸家理論，加
以綜合審辨。我人大膽推測，數年之中，他必然接觸了為數不少
的外道思想家，不過在佛經中能夠找到名字的，只有前面所說的
數位。

在六年中最後一段時間，應該是在苦行林中修苦行的階段了。
但太子所修的苦行，應該是廣義的、在林中進修式的「苦學」，而
不是「苦行外道」所修的自餓、投淵、赴火、自墜等那種苦行。

太子二十九歲出家，托缽徒步，各地「參訪」，前後數年。最
後到伽闍山苦行林中，應該是三十四、五歲的時候了。語云：「三
十而立，四十而不惑。」太子於數年之間，廣聽諸家之言，再加以
審辨正謬、去蕪存菁，來作為建立自己思想體系的參考。而今，
太子的思想日趨成熟，已有了自己思想體系的輪廓。所以他最後
到苦行林中，潛思瞑想，把自己的理論再加以組織整理。同時，
這最後階段應該勇猛精進，以求得思想上的突破——證悟真理。

——關於太子修六年苦行，經典上還有此一說，《大智度論》
三十八稱：「諸外道等，信著苦行，若佛不六年苦行，則人不信，
言是王子慣樂不能苦行。以是故，佛六年苦行。」這也是事後揣測
之說，當時是否如此，不得而知。

第六章　睹明星而成道

一、一麥一麻的苦行

經典中說，悉達多太子修苦行的所在，是在伽闍山苦行林中。那麼，這伽闍山是在什麼地方呢？

原來這伽闍山又稱伽耶山，譯曰象頭山。伽耶山就在伽耶Gaya城外。伽耶城，是在王舍城的西南，恆河岸的正南。恆河是自西往東流的，在恆河南岸波吒釐——後來的華氏城——渡口附近有一條南下的支流，就是尼連禪河。而伽耶，就在王舍城西南，尼連禪河的西岸。

太子修道的地方，是在伽耶以南，尼連禪河西岸的優婁頻羅村外的苦行林中。太子所選擇修道的地方，面臨尼連禪河，清澈的河水川流不息，兩岸的白沙光潔可愛。北面就是伽耶山，林木青翠，環境幽靜，實在是一個修道的好地方。

——太子修道的這個地方，現名菩提道場——即謂佛成就菩提的道場。是印度佛教聖地之一，建有伽耶大塔以為紀念。

太子到苦行林中時，當初奉命伺察太子去向的憍陳如等五個侍者，也到林中會合。《過去現在因果經》上有如下的記載：

> 爾時憍陳如等五人，既見太子，端坐思維，修於苦行，或日食一麻，或日食一米，或復二日，乃至七日，食一麻米。

　　　時憍陳如等，亦修苦行，不離其側……

　　經文中還載有憍陳如等五人，特別分出了一個人，回到迦毘羅衛城向淨飯王回報太子修道的情形。淨飯王辦了五百乘車的糧食衣物等資生之具，摩訶波闍波提夫人和耶輸陀羅同樣辦了五百車，差遣太子的侍者車匿，押解著這千乘車的補給品，送到了太子的修道之所云云。這恐怕又是經文中的渲染與鋪張，按路程計算，由迦毘羅衛到伽耶，大約有五百公里以上的路程，即中國所謂千里之遙，中間小的河流不論，單單一條恆河，這千乘車如何渡過——那時恆河是賴木船渡人的。不過這與太子悟道並沒有直接關係，我們就此略而不論。

　　由上段經文中，可知太子所修的苦行，只是「端坐思維」——思考、審辨各家理論的正誤得失，作為自己思想體系的參考，他所修的並不是「苦行外道」那一套狹義的「苦行」。至於經文中說：「或日食一麻，或日食一米，或復二日，乃至七日，食一麻米。」我想若不是佛經由口口相傳，到輾轉抄譯的錯誤，那就是過分「聖化」的神話。因為日食一麻一米，決不能維持一個人的生命。如果說，日食一餐麻飯，或日食一餐米飯，就較為合理，當初太子在跋伽仙人處所見，苦行林中那些修道者，也是「或一日一食，或二三日一食」。一食，應該是指一餐而言，不至於是一麻或一米。

　　當一個偉大的思想家如釋迦牟尼者，在他理論體系漸有輪廓，全神貫注於思想突破之際，他決沒有閒暇心情去注意飲食的美惡，或一天吃幾次。所以或一日一餐，或數日一餐，自是事實。但長時期的苦修，忽略飲食，終於影響到健康，以至於「身形消瘦，有如枯木」。甚至於後來到尼連禪河洗浴，浴後因身體羸弱，竟沒有力氣爬上河岸。

　　太子山捨親割愛，離開王宮。四方行腳，尋師訪道。以至於
到林中苦修，靜坐思維，至此已有六年之久。終於有一天，他的
思想體系已有具體的端緒，他有信心、也有預感，「悟道」只是短
時間以內的事了，他需要調養一下身體，鬆弛一下精神，然後再
作思想上最後一段的衝刺。《過去現在因果經》上說：

　　爾時太子，心自念言，我今日食一麻一米，乃至七日食一
　　麻米，身形消瘦，有若枯木，修於苦行，垂滿六年，不得
　　解脫，故知非道。不如昔在閻浮樹下，所思唯法，離欲寂
　　靜。今我若復以此羸身，而取道者，彼諸外道，當言自餓
　　是般涅槃因。我今雖復節節有那延力，亦不以此而取道果。
　　我當受食，然後成道。作是念已，即從坐起，至尼連禪河，
　　入水沐浴。洗浴既畢，身體羸瘠，不能自出，天神來下，
　　為按樹枝，得攀出池。時彼林外，有一牧牛女人，名難陀
　　波羅，時靜居天，來下勸言，太子今者在於林中，汝可供
　　養。女人聞已，心大歡喜，於時地中，自然而生千葉蓮花，
　　花上有乳糜。女人見此，生奇特心，即取乳糜，至太子所，
　　頭面禮足，而以奉上。太子即便受彼女施，而咒願之，今
　　所施食，欲今食者，得充氣力，當使施者得捨得喜，安樂
　　無病，終保年壽，智慧具足。太子即復作如是言，我為成
　　熟一切眾生故，受此食。咒願訖已，即受食之，身體悅光，
　　氣力充足，堪受菩提。

二、接受農女乳糜供養

　　在一般佛傳上，大多記述太子於出家之後，經過六年苦行，

接受了農家女難陀波羅乳糜的供養，而後在菩提樹下「睹明星而成道」。

　　關於苦行，本文中屢屢提及。事實上，一缽三衣，徒步行腳，日中一餐，夜宿林下，這種生活本身就是一種苦行。固不必一定是投淵、赴火、自餓、自墜等那種「苦行外道」的行為才算是苦行。也許，在他初入苦行林尋師訪道時，曾經試驗過一陣子，及至發現那種苦行與究竟解脫之道毫無俾益，立即就放棄了。這以後他將是造訪思想界各派學者，聽取各家的理論，最後才到伽耶的尼連禪河畔，來思考各家的正謬得失，從而建立自己的理論體系。

　　長年的苦行，使他身體羸瘠，消瘦得有若枯木。最後，在他思想體系已有了具體的輪廓，尚有待於最後突破之際，他感到需要鬆弛一下精神，恢復一點體力，再去做思想上最後的一段衝刺。

　　當他在尼連禪河中洗浴之後，由於體力衰弱得爬不上河岸，攀得一枝樹枝才爬出河流。在岸上休息之時，又適遇農家女難陀波羅，供以乳糜，我想這都是十分自然而又合理的事。固不必待天神來為他按下樹枝，再去勸告農家女來供養乳糜。釋迦牟尼本是人身成道，處處突顯天神呵護之力，反而掩沒了釋尊個人的毅力和意志。

　　至於說，太子接受了農家女難陀波羅一餐乳糜的供養，立刻就「身體悅光，氣力充足」。這話也值得商榷。因為一餐乳糜，決不能使一個體力羸瘠的人立即恢復，必是以乳糜調養了幾天，太子才漸漸的恢復了健康。

　　——由於太子接受了農家女乳糜的供養，引起了在林中侍奉太子的憍陳如等五個人的不滿，他們以為太子退轉道心。大約經過了一番質詢和辯論，太子未能把五個人說服，五個人就集體的

離開了太子，到別處修苦行去了。

　　太子體力逐漸恢復之後，神志清朗，充滿自信。他要選擇一個適當的地方，靜靜的坐下來，把已具有端緒和輪廓的思想體系作最後一番整理。他就在尼連禪河畔，找到了一株熱帶習見的大畢波羅樹，以草鋪敷，再鋪以敷具——就是把袈裟折疊起來作為坐墊，然後「結跏趺坐」。瞑目思維。

　　關於這一段，許多早期的佛傳資料中，都有詳細而鋪張的敘述。說那株樹是菩提樹，敷的草是吉祥草，坐的座是金剛座等等。原來太子坐處的那株畢波羅樹，梵文 Pappala，是熱帶常見的長青樹，葉子闊大，濃蔭蔽天，是遮太陽的理想場所。因為釋尊在此樹下成道，故漢譯佛經上意譯為菩提樹。玄奘三藏的《大唐西域記》上稱：「金剛座上菩提樹者，即畢波羅樹也。昔佛在世高數百尺，屢經殘伐，猶高四五丈。佛坐其下成等正覺，因而謂之菩提樹焉。」吉祥草，梵名姑奢，漢譯為上茆、茆草。早期佛傳資料說，佛將成道時，有一童子名吉祥者，奉草與佛敷座，故又譯為吉祥草。《過去現在因果經》稱，此吉祥童子，是天帝釋提桓因所化。

　　金剛，梵語跋曰羅，漢譯金剛，為金中之精，其性堅利，百煉不銷，事實上就是金剛石。《金剛頂經疏》一謂：「世間金剛有三種義：一者不可破壞，二者寶中之寶，三者戰具中勝。」金剛座，是以金剛喻佛座之堅利。

　　結跏趺坐，就是坐禪者的盤腿打坐。《大智度論》七曰：

> 諸坐法中，結跏趺坐最安穩不疲極，此是坐禪人坐法……
> 此是禪坐，取道法坐，魔王見之，其心憂怖……

　　《過去現在因果經》三稱：

> 菩薩獨行，趣畢波羅樹，自發願言：坐彼樹下，我道不成，
> 要終不起。

　　太子在菩提樹下坐了多久而成道，經典上的說法不一。有說
是七日者，有說是四七日者，有說是七七日者。如今事過兩千多
年，這是無從考證的，不過值得探討的是：太子在菩提樹下，思
考了些什麼？

　　我人相信，這時坐在菩提樹下，金剛座上的悉達多太子，必
然是慈悲莊嚴，充滿自信。他必是回溯往事，由辭親割愛，天涯
行腳起，再回溯尋師訪道，聽取各家的理論，觀摩各家修行的方
法──自虐式的苦行，非想非非想天的禪觀，都不是斷除流轉於
生老病死憂悲苦惱的究竟之道。那麼，如何才能斷除於生老病死
憂悲苦惱呢？追根究底，要探索我人以何因緣而有生？以何因緣
而有老死？

　　這些問題，他已有了初步有系統的解答輪廓，坐在菩提樹下，
再重新加以組織、整理、抉擇，而突破最後的疑問。

三、金剛座上、戰勝魔軍

　　天將降大任於斯人也，必先勞其筋骨，苦其心志。悉達多太
子於六年苦行之後，行將證道之前，尚要經最嚴重的一重考驗：
與魔軍作戰。

　　魔，梵字 mara，漢音譯曰磨羅，略稱曰磨。後來梁武帝改「磨」
為「魔」字，點鐵成金，改得十分神妙。魔的意譯是「障礙、擾
亂、破壞、能奪命、害人命等等」。魔有四種，一曰煩惱魔，二曰
五蘊魔，三曰死魔，四曰天魔。天魔者，欲界第六天之天主，名

叫波旬。而在此率領魔軍來破壞、擾亂、障礙太子成道的，就是
這位波旬魔王。

　　魔王波旬率領魔軍去破壞太子成道，在《過去現在因果經》
中，有一段想像力豐富，筆法細緻的象徵性描述，是一篇十分生
動活潑的經典文學。我們摘錄幾節如下：

> 爾時菩薩（未成道前的太子），在於樹下，發誓言時，天龍
> 八部，皆悉歡喜，於虛空中，踴躍讚歎。時第六天王宮殿，
> 自然動搖。於是魔王，心大懊惱，精神煩擾，聲味不御，
> 而自念言：沙門瞿曇，今在樹下，捨於五欲，端坐思維，
> 不久當成正覺之道。其道若成，廣度一切，超越我境。及
> 道未成，往壞亂之。

魔王在思考的時候，其子女上前致辭：

> 爾時魔子薩陀，見父憔悴，而往白曰：不審父王，何故憂
> 慼？魔王答言，沙門瞿曇，今坐樹下，其道將成……魔有
> 三女，形容儀貌，極為端正，妖冶巧媚，善能惑人，於天
> 女中，最為第一。熏以名香，佩好瓔珞，一名染欲，二名
> 悅人，三名可愛樂。三女俱前白其父言：不審今者何故憂
> 愁？父即語諸女言：世間今有沙門瞿曇，身被法鎧，執自
> 在弓，鏃智慧箭，欲伏眾生壞我境界。我若不如，眾生信
> 彼，皆悉歸依，我土則空，是故愁耳……

於是魔王一家，採取行動，率眾魔軍，來到畢波羅樹下。而
太子端坐，寂然不動：

> 爾時魔王，左手執弓，右手調箭，語菩薩言：汝剎利種，

死甚可畏，何不速起，宜應修汝轉輪王業。捨出家法，習
於施會，得生天樂，此道第一勝先所行。汝是剎利轉輪王
種，而為乞士，此非所應。今若不起，但好安坐，我試射
汝。一放利箭，苦行仙人，聞我箭聲，莫不驚怖，惛迷本
性。況汝瞿曇，能堪此毒？……

　　魔王威脅了一陣，太子怡然不動，魔王連放三箭，箭停在空
中，其簇向下，變成蓮花。魔王見武力不奏效，令三女出動，以
美色誘惑：

時三天女，白菩薩言，仁者至德，天人所敬，應有供侍。
我等今者年在盛時，天女端正，無踰我者。天今遣我，以
相供給，晨昏寢臥，願侍左右。
菩薩答言，汝植小善，得為天身，不念無常，而作妖媚，
形體雖美，而心不端，淫惑不善，死必當墮三惡道中，受
鳥獸身，免之甚難。汝等今者欲亂定意，非清淨心，今便
可去，吾不相須。
時三天女變成老姥，頭白面皺，齒落垂涎，肉消骨立，腹
大如鼓，柱杖羸步，不能自復。

　　魔王見強弓利箭及美女均不能壞亂太子的道心，最後「廣集
眾軍，以力迫脅」，經文中說：

其諸軍眾，忽然來至，充滿虛空，形貌各異。或執戟操劍，
頭戴大樹，手執金杵，種種戰具，皆悉備足……有如是等
諸惡形類不可稱數，圍繞菩薩，或復有欲裂菩薩身，或四
方煙起，焱焰衝天，或狂音奮發，振動山谷。風火煙塵，
暗無所見。四大海水，一時湧沸。護法天人，諸龍鬼等，

悉忿魔眾，瞋恚增盛，毛孔血流。淨居天眾，見此惡魔惱
亂菩薩，以慈悲心，而愍傷之，於是來下，側塞虛空。見
魔軍眾，無量無邊，圍繞菩薩，發大惡聲，震動天地。菩
薩心定，顏無異相。猶如獅子處於鹿群，皆悉欷言，嗚呼
奇哉，未曾有也……

魔益愁忿慼，更增戰力，菩薩以慈悲力故，令抱石者，不
能勝舉。其勝舉者，不能得下。飛刀舞劍，停於空中。電
雷雨火，成五色華。惡龍吐毒，變成香風。諸惡類形，欲
毀菩薩，不能得動……

群魔憂慼，悉皆崩散，情意沮悴，無復威武。諸鬪戰具，
縱橫林野。

當於惡魔退散之時，菩薩心淨，湛然不動，天無煙霧，風
不搖條，落日停光，倍更明盛。澄月映徹，眾星燦朗。幽
隱暗暝，無復障礙。虛空諸天雨妙花香，作眾伎樂，供養
菩薩。

　　——也許讀者會說筆者偷懶，大段大段抄錄經文，填充篇幅。
實際上是，詞藻美妙的經文，不能語譯，也不能改寫。一語譯或
改寫，就失去了原來的韻味，變成「點金成鐵」。譬如，《金剛經》
有偈：

　　一切有為法，如夢幻泡影，如露亦如電，應作如是觀。

　　誰敢更改一字，或能寫出比此更為簡潔優美的句子？

四、明星出時、成等正覺

「金剛座上，戰勝魔軍」，是一種超現實的象徵筆法。也好像以浮士德和梅菲斯特費雷斯互相對比，來描述內心的鬥爭。

其實所謂「魔」者，並不是來自外境，而是出自我人的內心。這是潛伏在我人內心深處的種種煩惱——愛欲、貪婪以及世俗的權力財勢等種種欲望的煩惱。情欲，是動物基本的本能；權力欲，於人類間最為強烈。所謂戰勝魔軍，其實就是內心的鬥爭——惡念與良知的鬥爭，欲望與道心的鬥爭，超越與墮落俗化的鬥爭。魔王威脅，魔軍進攻，是暴力的威脅；太子怡然，是威武不屈的表現。太子「身被法鎧，執自在弓，鏃智慧箭」，戰勝了天宮的五欲之樂，人間的王位權力，以及染欲、悅人、可愛樂種種貪愛的欲望，而超越淨化，成等正覺。這其中，充分暴露出人生的矛盾，而突顯出太子的道心與智慧。

再者，魔王以利箭射太子，箭停空中，其鏃向下，變成蓮花；三魔女以色相誘惑太子，太子諭以因果，三魔女則失去魔性。這象徵什麼？是不是說染淨善惡原是一體。「煩惱即菩提」，在世俗的煩惱中，來淨化我人的心識。除去愛欲與貪婪，即可獲致菩提之果？

聖潔的蓮花是自泥污中生長出來的，堅韌的黃金是自礦沙中淘鍊出來的。菩提的聖果是自人世煩惱中悟得的。所以後來中土禪宗六祖慧能說：

佛法在世間，不離世間覺，離世覓菩提，恰似覓兔角。

《過去現在因果經》中，記載太子成道的經過：

爾時菩薩，以慈悲力，於二月七日夜，降服魔已，放大光明，即便入定思維真諦……菩薩以天眼力，觀察五道，而自思維，三界之中，無有一樂，如是思維，至中夜盡。

爾時菩薩，至第三夜，觀眾生性，以何因緣，而有老死？即知老死，以生為本。若離於生，則無老死。又復此生，不從天生，不從自生，非無緣生，從因緣生。因於欲有色有無色有業生。

又觀三有業從何而生，即知三有業從四取生。又觀四取從何而生，即知四取從愛而生。又復觀愛從何而生，即便知愛從受而生。又復觀受從何而生，即便知受從觸而生。又復觀觸從何而生，即便知觸從六入生。又觀六入從何而生，即知六入從名色生。又觀名色從何而生，即知名色從識而生。又復觀識從何而生，即便知識從行而生。又復觀行從何而生，即便知行從無明生。

若滅無明則行滅，行滅則識滅，識滅則名色滅，名色滅則六入滅，六入滅則觸滅，觸滅則受滅，受滅則愛滅，愛滅則取滅，取滅則有滅，有滅則生滅，生滅則老死憂悲苦惱滅。

如是逆順觀十二因緣，第三夜分，破於無明，明星出時，得智慧光，斷於習障，成一切種智。

　　許多佛教書籍上常說的：悉達多太子是「睹明星而成道」。成道的經過，就是這樣來的。

　　太子成道了，成道後的太子，被尊為「佛陀」Buddha——覺者。

五、娑婆世界、佛陀出世

　　佛經上說，我人所賴以生存的這個世界，叫做「娑婆世界」。娑婆，堪忍之義，故義譯曰「忍土」。《法華文句》二曰：「娑婆，此翻忍，其土眾生安於十惡，不肯出離，從人名土，故曰堪忍。《悲華經》云：云何名娑婆，是諸眾生忍受三毒及諸煩惱，故名忍土，亦名雜會，九道共居故。」

　　由於悉達多太子睹明星而成道——證悟了真理，使我們這個娑婆世界有了佛陀——覺者。

　　佛陀，梵文 Buddha，漢文音譯佛陀，又譯休屠、浮陀、浮圖、浮頭、勃馱等。一般多常用佛陀一名。而我國人說話好省略，故略稱曰佛。義為覺者或智者——覺悟了的人。《宗論述記》曰：「佛陀梵音，此云覺者，隨舊略語，但稱曰佛。」

　　覺有覺察、覺悟兩種意義。覺察煩惱，使煩惱不為害，如世人之覺知煩惱為我人心中之賊者，故云覺察，是名一切智；覺知諸法之事理，而了了分明，如睡夢之寤，謂之覺悟，是名一切種智。

　　除了自己覺察、覺悟之外，還要覺悟他人，自覺覺他、覺行圓滿，才名之曰佛。後來佛教中的解釋，略謂：自覺者，簡於凡夫。覺他者，簡於二乘。覺行圓滿，簡於菩薩。因為凡夫不能自覺，二乘雖自覺而無他覺之行，菩薩自覺覺他而覺行未為圓滿故也。這和《大學》一書中的「大學之道，在明明德，在親民，在止於至善」相似。明明德是自覺，親民是覺他，止於至善是覺行圓滿。其實這都是佛教創立之後，傳入中土，後代論師的注釋。在最初稱證道後的悉達多太子為佛陀的時候，並沒有這麼多複雜的意義。

　　佛陀，亦習稱曰釋迦牟尼 Sakka-muni。但釋迦牟尼並不是佛陀的名字，那只是一種「尊稱」，或者說是「尊號」。因為他出身於釋迦族——釋迦，義譯為「強勇」——他出家修行，證悟真理，被尊為牟尼。牟尼是「寂默」的意思。釋迦牟尼合起來，就是「釋迦族之聖者」的意思。

　　——牟尼二字，在當時印度社會是一個通用名詞，並非為釋尊所專用。婆羅門種人，在經過梵行期、家住期之後，出家到林中修行，於禪定思維的沉默中達成理想，所以這些林棲行者就稱為牟尼——寂默者。稱佛陀為釋迦牟尼，是沿用舊有的名詞而來。

　　在佛教經典中，對佛陀有許多不同的稱謂，使讀者莫名所以，現在於此作一番整理工作，介紹如下：

　　佛陀是當時印度社會四種階級的剎帝利種，出身於釋迦族。釋迦族義譯為強勇之族。他姓喬達摩 Gotama。喬達摩是新譯，舊譯曰瞿曇。是釋迦族的姓氏之一。他未證道之前，本名悉達多 Sarvarthasidda，義為「一切義成」，就是具備了一切德行的意思。所以本文中稱為悉達多太子。當太子證道之後，不能再以太子相稱，應稱佛陀。但是佛陀另外還有一種稱號，稱為世尊。所以一般又習稱為釋迦牟尼世尊，略稱釋迦世尊或釋尊。

　　世尊的稱謂，出之於佛陀的十種稱號。十種稱號是：

　　㈠**如來**　梵語多陀阿伽陀，義譯如來。《成實論》曰：「如來者，乘如實道來成正覺，故曰如來。」多家注釋，與此類似，不贅。中國民間俗稱如來佛，本此。

　　㈡**應供**　梵語阿羅訶，應受人天之供養，故名應供。

　　㈢**正徧知**　梵語三藐三佛陀。《淨土論》注曰：「佛所得法，名為阿耨多羅三藐三菩提。」通常把這句話譯為「無上正等正覺」，就是正徧知的意思。

㈣**明行足**　梵語韗多庶羅那三般那。意謂「三明之行具足，
故名明行足」。三明是：1.宿命明，知自身他身之生死相。2.天眼
明，知自身他身未來世之生死相。3.漏盡明，漏是指煩惱而言。
斷盡一切煩惱之智，就是漏盡明。

㈤**善逝**　梵語修加陀，意謂「以一切智為大軍，行八正道而
入涅槃，故名善逝」。涅槃、八正道等名詞，後文再加介紹。善逝
二字，以字面意義來說，相當於「壽終正寢」。這一條，留待後文
再釋。

㈥**世間解**　梵語路伽憊。「能解世間之有情非情事」──能解
有情世間和器世間的一切，謂之世間解。

㈦**無上士**　梵語阿耨多羅。在一切法中，如涅槃無上；一切
眾生中，佛亦無上，故稱無上士。

㈧**調御丈夫**　梵語富樓沙曇藐藢婆羅提。佛某時以柔軟語，某
時以苦切語，能調御丈夫，使入善道，故名調御丈夫。

㈨**天人師**　梵語舍多提婆魔菟沙喃。佛為人及天之導師，能
教示其應作不應作，故名天人師。

㈩**佛世尊**　梵語佛陀路迦那他。佛是覺者，世尊是為世所
尊重。

以上十號，各種經典中並不一致，有省略如來之號，把佛、
世尊分列為二者；有不省略如來之號，把無上士和調御丈夫合而
為一者。如《佛說初分經》是這樣述說：

> 爾時世尊謂苾芻眾言，我今欲入王舍大城。時頻婆娑羅王，
> 初聞有如來、應供、正等正覺、明行足、善逝、世間解、
> 無上士、調御丈夫、天人師、佛世尊，十號俱足，出興於
> 世。於諸天、人、梵、魔、沙門、婆羅門大眾中，以自智

力，而成正覺……

我相信，以上這十種尊號，決不是釋迦牟尼世尊——為行文方便，我們以後略稱為釋尊——住世時就流行通用的。尤其不是成道未久，重入王舍城時，就具備了這許多稱號。佛住世時，被稱為佛陀、世尊，亦被稱為大德。不會有人當面稱他為無上士、調御丈夫，或善逝等稱號。

所有的佛經，除了《四阿含經》是佛住世所說，佛滅後第一次結集時合誦過外，其他的佛經都是後出的。原始的佛傳資料，也是在佛滅後數百年才出世的。但經過數百年「聖化」之後的釋尊，已不是當初由人成佛的釋尊，而是萬能的，超出人界的「神」。聖化的結果，模糊了釋尊本來的面目，拉遠了釋尊與眾生的距離，甚至於使西方人士懷疑到人類的歷史上，是不是真正有釋迦牟尼其人的存在。

第七章　初轉法輪

一、是否傳道的思維

　　釋尊於菩提樹下成道之後，並沒有立即他往，而仍在成道之處，禪定思維。他反覆思維自證的境界，自己受用其法樂。同時，再驗證自己所證悟的真理，加以有系統的組織起來。最後，釋尊反覆思考，為自己未來的行止頗費躊酌：究竟是深入人間，宣揚真理，去普度眾生呢？還是明哲保身，潔身自好，來自享法樂呢？《過去現在因果經》三稱：

> 大梵天王見於如來聖果已成，默然而住，不轉法輪，心懷憂惱，即自念言：世尊昔於無量億劫，為眾生故，久住生死，捨國城妻子，頭目髓腦，備受眾苦，始於今者所願滿足，成阿耨多羅三藐三菩提，云何默然，而不說法？眾生長夜，沉沒生死，我今當往請轉法輪……
>
> 爾時世尊，答大梵天王釋提桓因等言：我亦欲為一切眾生轉於法輪，但所得法，微妙甚深，難解難知，諸眾生等不能信受，生誹謗心，墮於地獄，我今為此故默然耳……

　　其實，佛所得法，微妙甚深，難解難知，恐眾生不能信受，固然是釋尊躊躇遲疑的原因之一，但另一方面，當時的客觀環境，也可能是釋尊考慮的主要因素。

　　釋尊成道前後的印度社會，是一個思想混亂，邪說充斥的時代。傳統的婆羅門教，藉著主持祭祀，解釋經典的權力，欺壓百姓，勒索財物——這時祭祀的奉獻，以羊、馬、山羊為主。這些供物就成了司祭者私人的收入。甚至於，更大的祈願，要有更多財物的奉獻，包括著奉獻活人在內，在這種腐敗墮落的宗教風氣下，一些具有自我覺醒意識的人，對於傳統的迷信，為神或司祭者所操縱的思想不再相信，紛紛自創新說。所謂六師外道、六十二見、三百六十三論師等等，就是在這種社會背景之下興起的。他們所創的新說，有的善惡不分，是非不辨；有的撥無因果，否定業報；也有的否定個人的意志，否定個人的努力——一切由宿命所定。這種種邪說，如果任其傳播，深植人心，必將使人生趨於絕望，世間陷於黑暗。

　　釋尊的六年苦行，曾研究過當時思想界各家的思想和學說，當然也明白各家各派的情況——儘管理論謬誤，但也各有各的信徒，各有各的勢力範圍。尤其是婆羅門教，儘管腐敗墮落，但依然根深蒂固，勢力龐大。在這種複雜萬分的環境中，他去為根性鈍劣，思想頑固的眾生，宣說微妙甚深、難解難知的真理——改變眾生思想觀念，生活行為的真理，能行得通嗎？

　　——事實上，以後釋尊行腳遊化，弘法四十五年，並不全是所到之處，天人擁護。而受外道攻擊，與外道鬥爭的事件也屢屢發生。像釋尊的大弟子目犍連，年老之際，出外弘法，經過伊私闍梨山下，被裸形外道用亂石砸死，由此可見鬥爭激烈的一斑。

　　釋尊捨親割愛的出家，最初目的，似乎只是為了解決個人的苦惱——個人的生老病死憂悲苦惱。但是在菩提樹下成道之後，證悟得緣生法則，了解到世間眾生皆在苦難中的時候，不可能有個人的幸福。個人的幸福，應該是與周遭、社會、國家、世界眾

生的幸福不可分開的。緣生的道理，本來就是：「此有故彼有，此生故彼生；此無故彼無，此滅故彼滅。」也就是說，人生、環境、社會國家，以至於宇宙萬有，都是相依相存——互相依賴、互相支持而生起、而存在的。

因此，真正的成道，並不是以自己證悟得真理為究竟。應該教化世人、指導世人，讓眾生也能了解這種道理，以擴大影響，求得社會的淨化。

釋尊終於放棄了獨享法樂的意念，決定深入世間，為苦海眾生宣揚真理。

在決定為世人說法之後，下一個問題是：由誰開始呢？這時釋尊想起了最初修行時，曾教授他學習禪定的阿羅邏和伽蘭兩位仙人。這兩位仙人，聰慧穎悟，當初仙人也有「汝若道成，願先度我」的約定。但是經過打聽，得知兩位仙人業已去世了。其次呢？在苦行林中陪侍自己的憍陳如等五個人，也皆悉聰明，堪受正法。但是，他們現在遠在波羅奈國的鹿野苑中修苦行。

最後，釋尊決定到波羅奈國，去度化憍陳如等五個人。

釋尊成道的地方，在王舍城西南伽耶山的優婁頻羅村。而波羅奈國，卻在恆河北岸的西方。由伽耶到波羅奈，行程在五、六百華里以上。釋尊為了度化，托缽徒步，千里跋涉，首途波羅奈的鹿野苑而去。

二、度化五侍者

悉達多太子出家修道之時，王師大臣追尋太子回宮，太子求道心切，堅不返回，王師大臣便留下憍陳如等五個人，暗中伺察太子的行蹤。

這五個人，在太子六年修道期間，居於配角的地位，所以經典中多以「憍陳如等五人」一筆帶過，但於釋尊初轉法輪之時，這五個人卻相當重要。他們是最早認同釋尊思想的一批人，也是最早「僧伽」的組成分子，號稱「五比丘」，於此，我們對於這五個人的身分，有加以探討的必要。

啟明版《佛學辭典》五比丘條：「佛最初所度之五個比丘，皆為佛之姻戚： 1.憍陳如， 2.額鞞， 3.跋提， 4.十力迦葉， 5.摩男俱利。出《法華玄義》六下。」

這五個人是釋尊什麼樣的姻親呢？唐玄奘三藏《大唐西域記》上稱：「太子踰城之後，棲山隱谷，志身殉法。淨飯王乃命家族三人，舅氏二人曰：我子一切義成捨家修學，孤遊山澤，獨處林藪，故命爾曹，隨知所止。」

文中所稱「舅氏」，出自何經，不得而知。既稱舅氏，當是拘利族——天臂城城主善覺王的族人——摩耶夫人的娘家人。另外的家族三人，當然是釋迦族的人。據此加以推測，可得下列幾點結論： 1.他們的年歲都較釋尊為長。 2.他們可能都是宮中有職事的人員。 3.他們都是貴族階級——釋迦族和拘利族都是剎帝利種姓。 4.他們都是婆羅門教徒——剎帝利種都信婆羅門教，婆羅門教也有種種苦行，所以他們離開尼連禪河畔的苦行林，到鹿野苑去修苦行。

釋尊單身跋涉，徒步數百里，終於來到波羅奈城東北十里處的鹿野苑中。

當初五侍者在尼連禪河畔的苦行林中，見太子接受了農家女供養乳糜，他們以為太子退墮道心，五人相約離開，來到這鹿野苑中。如今看到他們當初侍奉的太子找到鹿野苑來了，五人未免感到尷尬。在《過去現在因果經》中，記載著五侍者初見釋尊時

的情形，刻劃得十分傳神：

爾時世尊，即復前往波羅奈國，至憍陳如、摩訶那摩、跋波、阿捨婆闍、跋陀羅闍所止住處。時彼五人，遙見佛來，共相謂言：沙門瞿曇，棄捨苦行，而還退受飯食之樂，無復道心，今既來此，我等不須起立迎之，亦勿作禮敬，問所須為敷座處，若欲坐者，自隨其意。作是語竟，而各默然。

爾時世尊，來既至已，五人不覺，各從座起，禮拜奉迎，互為執事，或復有為持衣缽者，或有取水供盥洗者，或復有為澡洗腳者，各違本誓，猶故稱奉，以為瞿曇。

爾時世尊，語憍陳如，汝等共約見我不起，今者何故，違先所誓，而即驚起，為我執事？

時彼五人，聞佛此言，深生慚愧，即前白言，瞿曇行道，得無疲倦？

爾時世尊，語五人言，汝等云何，於無上尊，而以高情，稱喚姓耶？我心如空，於諸毀譽，無所分別，但汝憍慢，自招惡報。譬如有子，稱父姓名，於世儀中，猶尚不可，況我今是一切父母？

時彼五人，又聞此語，倍生慚愧，而白佛言，我等愚癡，無有慧識，不知今者已成正覺。所以者何？往見如來日食麻米苦行六年，而今還受飲食之樂，我以是故，謂不得道。

爾時世尊，語憍陳如，汝等莫以小智輕量我道成與不成，何以故，形在苦者，心則惱亂，身在樂者，情則樂著。是以苦樂，兩非道因，譬如鑽火，澆之以水，則必無有破暗之照，鑽智慧光，亦復如是。有苦樂水，慧光不生，以不

生故，不能滅於生死黑障。今者若能捨棄苦樂，行於中道，
心則寂定，堪能修彼八聖正道，離於生老病死之患。我已
隨順中道之行，得成阿耨多羅三藐三菩提。

時彼五人，既聞如來如此之言，心大歡喜，踴躍無量，瞻
仰世尊，目不暫捨。

三、三轉法輪

憍陳如等五個人，已經相約對釋尊不表歡迎，何以在釋尊走
近之後，五人各從座起，禮拜迎奉，爭為服務呢？我想那是釋尊
成道之後，斷於習障，「心無罣礙」（《心經》經文），容顏慈祥，
舉止莊嚴，五侍者為釋尊的德威所攝，才不自覺的禮拜迎奉，爭
為服務。

及至釋尊為他們解說：「形在苦者，心則惱亂，身在樂者，情
則樂著。是以苦樂，兩非道因……行於中道，心則寂定……我已
隨順中道之行，得成阿耨多羅三藐三菩提。」五個人這才心悅誠服，
是以「瞻仰世尊，目不暫捨」。

釋尊覺察五人，已棄捨成見，堪任受道，這才「初轉法輪」，
為他們講解「四聖諦法」。《因果經》中說：

> 爾時世尊，觀五人根，堪任受道，而語之言，憍陳如，汝
> 等當知五陰盛苦，生苦、老苦、病苦、死苦、愛別離苦、
> 怨憎會苦、所求不得苦、失榮樂苦。
>
> 憍陳如，有形無形，無足一足，二足四足多足，一切眾生，
> 無不悉有如是苦者，譬如以灰覆於火上，若遇乾草，還復
> 燃燒，如是諸苦，由我為本。若有眾生，起微我想，還復

更受如此之苦，貪欲瞋恚，及以愚癡，皆悉緣我根本而生。
又此三毒，是諸苦因，猶如種子能生於芽，眾生以是輪迴
三有。若滅我想及貪瞋癡，諸苦亦皆從此而斷，莫不悉由
彼八正道，如人以水澆於盛火。一切眾生，不知諸苦之根
本者，皆悉輪迴，在於生死。
憍陳如，苦應知，集當斷，滅應證，道當修。
憍陳如，我已知苦，已斷集，已證滅，已修道故，得阿耨
多羅三藐三菩提。
是故汝今應當知苦、斷集、證滅、修道。
若人不知四聖諦者，當知是人不得解脫。四聖諦者，是真，
是實。苦實是苦，集實是集，滅實是滅，道實是道。憍陳
如，汝等解未？
憍陳如言：「解已世尊，知已世尊。」

這一段經文，一層層敘述下來，使人想像出釋尊慈顏悅色，
諄諄善誘的神態。一遍說完，怕五人不了解，再說第二遍；二遍
說完，仍怕五人不了解，再說第三遍。所以說佛是三界導師，眾
生慈父，信然。

釋尊度化五侍者，叫做「初轉法輪」，因為說了三次，又稱做
「三轉法輪」。其中第一次稱「示轉」。這是釋尊直接開示四諦真
象，令聽者知苦、斷集、慕滅、修道。如在上根利智之人，當下
即可開悟。示轉的大意是說：「此是苦，逼迫性；此是集，招感性；
此是滅，可證性；此是道，可修性。」

第二次稱「勸轉」。怕根性稍鈍的人，對初次示轉未能全然了
解，所以再次解說：「此是苦，汝應知；此是集，汝應斷；此是滅，
汝應證；此是道，汝應修。」

　　第三次稱「證轉」。對於鈍根之人，一說再說，怕其仍不能領會，所以引己為證，以啟悟他們：「此是苦，我已知；此是集，我已斷；此是滅，我已證；此是道，我已修。」

　　四聖諦，是釋尊成道後第一次所說之法。釋尊第一次說法，為什麼不說十二緣起，而說四聖諦呢？那是因為：「緣起甚深，無信云何解。」緣起法是：「甚深最甚深，微細最微細，難通達極難通達。」的妙理。不是未起信的人所能輕易接受的，所以權巧方便，對症下藥，先說四聖諦。因為四聖諦不僅在因明學——邏輯上推理可得，亦是可以實踐行持的法門，其重點在於「道可修」這一諦上。

　　初轉法輪，在佛教史上是一件大事。釋尊為五侍者說四聖諦法，這五人皈依了釋尊，成為「僧伽」中最初的成員。由此時開始，佛教中三寶具足。有了佛——釋迦牟尼世尊；有了法——四聖諦法；有了僧伽——比丘團體。佛教由此誕生了，雖然只是初具雛形。

　　或許有人要問：「法輪是什麼？釋尊說法何以說是轉法輪呢？」原來轉法輪只是一種譬喻。意謂釋尊之說法，能摧破眾生之惡。有如輪王的寶輪，能輾摧山岳巖石一樣，故謂之法輪。又意指釋尊所說之法，不停滯於一人一處，輾轉傳布有如車輪，故也稱法輪。

四、苦應知、集當斷

　　原始佛教的根本思想，是「緣起」，緣起是以「十二緣起」作為具體的說明。而四聖諦法與十二緣起，在意義上是相通的——將十二緣起歸納起來，可歸納為苦、集、滅、道四諦；將苦、集、滅、道推廣來說，則演繹為十二緣起。

　　十二緣起有流轉、還滅二門，其流轉門，即是苦、集二諦；其還滅門，即是滅、道二諦。十二緣起三世流轉，有兩重因果；而四諦的苦、集二諦是世間因果，滅、道二諦是出世因果。

　　苦、集、滅、道何以稱為四聖諦？原來聖是「正」的意思，證得正道，名之為聖。《聖鬘寶窟》下本稱：「聖者正也，以理正物名聖。」至於諦字，是真實不虛的意思，意謂真實之理，不虛妄也。《二諦義》上曰：「諦是實義。」所以四聖諦者，謂此四諦是真實不虛的真理。《佛遺教經》說：「月可令熱，日可令冷，佛說四諦，不可令異。」

　　在原始經典的《雜阿含經》中，很多地方都說到四聖諦。把這些散在的經文加以歸納、分析、重新組合，它的意義是這樣：

　　四聖諦，包括著苦聖諦、苦集聖諦、苦滅聖諦、苦滅道跡聖諦。釋尊曾一再提示他的弟子，要不斷的學習四聖諦，如果真正理解、實踐的話，可以自四聖諦中證得阿羅漢果——建立阿羅漢的解脫和一切勝行。現在先自苦聖諦說起：

　　由於經典中常常說到苦，使社會人士誤會佛教是悲觀的宗教。其實佛教既非悲觀，亦非樂觀，而是實觀——釋尊有如醫生，他診病時既不誇張病情，亦不隱瞞病情，而是「如實的」敘述病情。釋尊如實的觀察，人生普遍的、共同感受到的苦，可歸之為八種。《雜阿含經》稱：

　　　諸賢，云何苦聖諦？謂生苦、老苦、病苦、死苦、怨憎會苦、愛別離苦、所求不得苦、略五盛陰苦。

　　這八苦之中，生、老、病、死四者，是生理上、身體上的苦；怨憎會、愛別離、所求不得、五陰熾盛四者，是心理上、精神上的苦。這身心之苦，為世人所共能感受的經驗，這又稱做「苦苦」

——一般的苦。然而，進一步說，生活中並非沒有快樂。無奈所有的快樂感覺和境遇，都是不長久的，會改變的——所有快樂的背後都隱藏著苦。當快樂的境遇過去了，留給你的只是缺陷、空虛、徬徨，「諸行無常」，無常的本身就是苦。

諸行何以無常？因為「諸行」是因緣和合生起之法，它沒有實體，沒有自性，所以無常——行，本來就是變遷的意思。因此，釋尊在《雜阿含》的經文中說：

> 諸賢，過去時是苦聖諦，未來、現在時是苦聖諦，真實不虛，不離於如，亦非顛倒，真諦審實。

釋尊常說：人生是大苦聚。然而，這些苦由何而生起呢？苦由集而來——集聖諦。如何集的呢？《雜阿含》經文：

> 云何愛習苦習（集）聖諦？謂眾生實有內六處：眼處、耳、鼻、舌、身、意處，於中若有愛、有膩、有染、有著，是名為習（集）。

意思是說：由於我人的眼、耳、鼻、舌、身、意內六根，與外境六塵觸對而六識，這六識，於外境起了貪愛、纏結、雜染、執著，這就是集。《佛陀的啟示》一書中說：「苦的根源就是『渴（愛）』，它造成來世與後有；與強烈的貪欲相纏結，隨處隨地拾取新歡。這『渴（愛）』有三：1.感官享受的渴求（欲愛）；2.生與存的渴求（有愛）；3.不再存在的渴求（無有愛）。」

「渴（愛）」，不僅是對欲樂、財富、權勢的貪求與執著，也包括對意念、理想、觀點、意見、理論、概念、信仰等的貪求與執著。所以，世間一切困擾紛爭，小至家庭個人之口角，大至國與國間的戰爭，無不由這自私的「渴（愛）」所引起。《增一阿含》

十七稱：

> 彼云何云名為苦集？所謂苦集諦者，愛與欲相應，心恆染
> 著，是名為苦集諦。

簡單的說：集，是招聚眾苦的根源。集何以招聚眾苦？那是
由於我人的迷昧與執著，因而產生了種種煩惱。這些煩惱包括著
貪婪、瞋恚、愚癡、驕傲、懷疑、邪見等。這些煩惱是「惑」，因
「惑」而造業，因業而招苦。這惑、業、苦三者，就是我人生死
流轉的根本。

釋尊諄諄告誡弟子：「苦應知、集當斷。」集如何斷呢？那要
由道聖諦中的八正道修持起。

五、滅應證、道當修

四聖諦法，如果按照因果順序來說，在流轉門中，集是因，
苦是果；在還滅門中，道是因，滅是果。四聖諦應該是集、苦、
道、滅才對。何以先說果而後說因，說成苦、集、滅、道呢？那
是因為眾生根性，果易曉而因難知。釋尊為方便導化，故先示苦
相，令其厭離，再示業因，使之斷絕；繼之示以涅槃樂相，令其
欣慕，然後再說修道之法，令其行持。其用意是在使聽者「知苦、
斷集、慕滅、修道」。

四聖諦的第三諦是苦滅聖諦──滅掉了一切的苦之果報而達
於涅槃。換句話說，苦滅，就是人類可以從相續不斷的諸苦中獲
得解脫，而解脫就是涅槃。《大乘義章》十八說：「外國涅槃，此
翻為滅。」《華嚴大疏》五十二曰：「譯名涅槃，正名為滅。」所以，
四聖諦法中苦、集、滅、道的滅諦，就是修道者於知苦斷集所證

得之果——涅槃之果。

在釋迦牟尼世尊的教法中，涅槃是修道者究極的目的——修道的最終點。《雜阿含經》卷六之十稱：

釋尊的弟子中，有一個名叫羅陀的青年比丘，他是一個個性坦率的人，心中有了疑問，一定要追問到底，直到明白為止。有一天，羅陀又出現在釋尊面前，說出他的疑問：「世尊！您常說惡魔，惡魔到底是什麼呢？」

釋尊知道羅陀的個性，就慈祥的為他解答：「羅陀呀！惡魔是什麼，我舉例給你聽：譬如我們的肉體，妨害我們，擾亂我們，陷我們於不安，這就是惡魔。我們的感覺，妨害我們，擾亂我們，陷我們於不安，這就是惡魔。以至於我們的知覺、感情、意志、判斷，妨害我們，擾亂我們，這就是惡魔。如果以這樣來觀察這些惡魔，也就達到了正觀的地步。」

羅陀又問：「世尊！要正觀做什麼？」

「得到正觀則生厭離，也就是說，會發生厭惡的念頭。」

「世尊！究竟要厭離做什麼？」

「若厭離就去欲望，也就是可以克服欲望的衝動。」

「世尊！究竟要克制欲望的衝動做什麼呢？」

「能克制欲望的衝動，就得到解脫。」

「世尊！要解脫又做什麼呢？」

「羅陀！獲得解脫就可證得涅槃。」

「世尊！究竟要證得涅槃做什麼呢？」

「羅陀啊！你的詢問要有個限度啊！我的教法，是以涅槃為究極目的，我們修道的最終點，全為止於涅槃啊！」

所以，修道的最終點，是止於涅槃。那麼，涅槃又是什麼呢？在《佛陀的啟示》一書中，對涅槃的定義是：

「涅槃是徹底的斷絕貪愛：放棄它，摒除它，遠離它，從
它得到解脫。」

「一切有為法的止息，放棄一切污染，斷絕貪愛，離欲，
寂滅，涅槃。」

「比丘們啊！什麼是絕對（無為）？它就是貪的熄滅，瞋的
熄滅，癡的熄滅。這個，比丘們啊！就叫做絕對。」

　　熄滅我人內心的貪婪之火，瞋恚之火，愚癡之火，就是涅槃。
然而，這火由何熄起呢？由苦、集、滅、道的道諦熄起。

　　道諦，應該說是「苦滅道跡聖諦」。釋尊說：「滅應證，道當
修。」修什麼道？修的是「八正道」。《雜阿含》二十八經謂：「云
何苦滅道聖諦？謂正見、正志（或譯為正思維）、正語、正業、正
命、正方便（或譯為正精進）、正念、正定。」

　　關於八正道，原始經典的《阿含經》中解釋得非常多。簡單
的說：不邪謂之正，通達無阻謂之道。正道，可使修道的人苦、
集永盡，達於涅槃寂靜的聖賢境界。所以八正道亦稱八聖道。茲
概釋八聖道如下：

　　㈠正見　是正當的見解。世間正見如布施持戒；出世正見謂
明達苦集滅道四諦之理，不為俗見所惑。

　　㈡正思維　一般人所發的思維，多由妄念而起；修道者既見
四諦之理，出離於貪欲、瞋恚、愚癡，而使智慧增長。

　　㈢正語　以正當的語言而修口業，離諸妄語、惡口、兩舌、
綺語惡習，得正語則口業清淨。

　　㈣正業　於身，離開殺、盜、淫之惡行；於心，離開貪、瞋、
癡之三毒，就是正業。

　　㈤正命　以正當的手段去謀取衣食，就是正命。

㈥**正精進**　向出世之法、涅槃之道努力精進，是正精進，不從事於徒苦身心的苦行，或世俗迷信，及外道不究竟之法。

㈦**正念**　念從心起，心不離道。身念處，觀身不淨；受念處，觀受是苦；心念處，觀心無常；法念處，觀法無我。

㈧**正定**　遠離不定、邪定及有漏禪定，以真智入於無漏清淨的禪定。得正定，則能正住於理，決定不移。

第八章　教團的成立與發展

一、度化俱梨迦、耶舍父子

釋尊在鹿野苑度化五比丘之後，就在苑中度過了成道後的第一個雨安居。

雨安居是什麼？在此要加以說明。原來印度氣候酷熱，每年夏天多雨，即是所謂雨季。苦行林中的修行者，平時可以在樹下坐禪或修持，但到了雨季，勢必要有一個安居之所，這就叫做「雨安居」。雨安居的期間，大約在四月中旬至七月中旬這一段時間。釋尊是三十五歲這一年，二月八日在菩提樹下成道的。成道後在尼連禪河畔思考了一段時間，然後啟程北上，徒步數百里到達鹿野苑，度化五比丘後，暫時停留下來，時序至此也該進入雨季了。雨季不宜遠行，就在鹿野苑度雨安居。

在雨安居期間，有一個重要的插曲，這對初期佛教的僧伽團體有很大的影響。

在波羅奈國首都的迦尸城，有一個「大富長者」俱梨迦，俱梨迦有一個兒子名叫耶舍，已年長成人。這耶舍生長富家，自幼養成了一副花花公子的習性，終日徵歌逐色，在女人堆裡打滾。他家中蓄有歌伎，耶舍一日聽歌飲酒，酩酊大醉，夜半醒來，看到那些歌伎在枕蓆間橫七豎八的沉睡，脂粉零落，口涎直流，使他有如置身於死人堆中的感覺。他一陣厭惡，披衣而起，出城奔

向郊外，口中喊著：「煩惱呀！煩惱呀！」

——本來，財色名食睡的五欲生活，可以使一個人墮落麻醉，但填補不了他心靈的空虛。耶舍午夜夢迴，一陣清醒，使他對聲色之娛產生了厭惡與反感。

無巧不巧，他奔走的方向，正通往鹿野苑去。這時釋尊恰在林中經行——坐禪疲倦時，起來散散步，謂之經行——時已黎明，見一青年人，衣衫不整，急步奔走，口中喊著：「煩惱呀！煩惱呀！」就攔住他一問究竟。

耶舍見是一個法相莊嚴慈悲的沙門攔住他，不覺停下腳步，向釋尊敘說事情的經過。釋尊聽耶舍說罷，說：「你跟我來，這兒有安靜處，寂滅會脫離煩惱。」

釋尊帶他到住處，命他坐下，然後反覆開導，為他解說四聖諦，八正道法門。耶舍聽法之下，心中逐漸開悟，當時就皈依在釋尊座下，出家修道。他成了釋尊座下的第六個比丘弟子。

事情到此並沒有結束，耶舍的父親俱梨迦長者，見兒子失蹤，自然要尋找，後來聽說兒子到鹿野苑，從沙門瞿曇出家了，他立即趕往鹿野苑，找釋尊理論。想像中，總是會有一番爭論，但事情出人意料之外，俱梨迦長者面見釋尊的結果，他也被釋尊所感化，皈依在釋尊座下了。他因年老不能出家，而成為在家修行的近事男——梵語優婆塞，佛經上稱他是「優婆塞第一人」。

後來，耶舍的母親也皈依了釋尊，成為第一位在家的近事女——優婆夷。

耶舍還有五十多名親友，由於耶舍從釋尊出家，他們也去親近釋尊，受到釋尊的感召，皈依在釋尊座下。據說這五十多人都出家作了比丘，並且很快的都證了果。釋尊成道以來，數月之間，座下已經有了六十名弟子。教團的發展，可說是相當的順利。

　　釋尊在鹿野苑考慮下一步的行止，這時想到了伽耶山附近的優婁頻羅村。

二、如何尋回你自己

　　釋尊在波羅奈國迦尸城外的鹿野苑度過了兩安居，想到摩揭陀國伽耶山的優婁頻羅村，住有一個婆羅門種的事火外道，名叫優婁頻羅迦葉，座下有五百名弟子，他有兩個兄弟，座下也各有二百五十名弟子，是摩揭陀國有名的宗教家，甚為摩揭陀國人所恭敬尊重。如果把這三兄弟度化過來，則有助於教團在摩揭陀國的建立和發展。

　　釋尊在首途伽耶之前，向座下六十位弟子們說：「比丘們呀！我脫離了人天世界的所有芥蒂，你們也脫離了人天世界的所有芥蒂，而得到自由。該是遊行（傳道）的時候了，為了人們的利益和幸福，為了人天的利益和幸福、安樂，一條路不必走兩個人，比丘們呀！無論開頭也好，中間也好，末了也好，都要好好的講說具備理路的說法。而且，要說圓滿和清淨的梵行。眾人之間，也少有染污塵者，如果不能聽到法，將要墮落。聽聽就可領悟，比丘們呀！為了說法，我也到優婁頻羅村去吧。」這一段話，也可以說是初期教團的傳教宣言。

　　佛教在當時和其他外道的不同之處，就是在教團成立之初，就深入眾生群中，積極的展開了教化活動，這也是以後佛教能超越國界，弘傳至世界各地，而成為世界三大宗教之一的原因。

　　而當時其他的外道，如傳統的婆羅門教是「國教」，是全國一致的信仰。六師外道等其他沙門集團，都是為了自身的解脫而出家修道的，只有弟子投靠到師父座下才予以傳授，而並不積極的

向外從事教化。向外從事教化，是佛教僧團的特色。「一條路不必走兩個人」，是為了擴大影響，使更多的人能聽到正法。

由波羅奈國的鹿野苑到摩揭陀國的伽耶山，以中國里程來說，仍是五百多里的路程，釋尊獨自托缽徒步上路。印度過了雨季，氣候炎熱，走路多在早晚涼爽時候，日中進入林中休息，以避開驕陽的曬射。一日在旅途中，釋尊走進樹林，在一棵大樹下休息，這時又發生了一段插曲。釋尊先是看見一個年輕女人匆匆自林中走過，過了一陣子，一群年輕人跑過來，慌慌張張在林中追尋，看見釋尊坐在樹下，一個青年跑過來問：「有沒有看見一個女人由這裡逃過？」

釋尊問追尋女人何事？這年輕人說明原委：原來他們是附近村中的良家子弟，約有三十個人，都是好友，今天各帶妻子來這個樹林裡遊玩，其中有一個沒有結婚的，臨時找了一個妓女充當他的妻子，一同來玩。當大家在林內玩得正高興時，那妓女偷竊了大家的財物逃走了。因此，大家才來追尋這個逃走的女人。

聽完了事情的原委後，釋尊就問道：「年輕人呀！你們以為如何呢？是尋找逃走的女人要緊，還是尋找自己要緊？」

這個質問，出乎這一群年輕人意料之外，他們只知道吃喝玩樂，從不曾想到過要尋回自己。這一下被問得發呆了，想了想，有一個青年回答說：「那當然是尋回自己要緊。」

釋尊就向他們說：「年輕人呀！那麼你們就坐在這裡吧！我來教你們如何尋找自己吧！」

這一群年輕人為釋尊的慈悲和莊嚴所感化，就服貼的在釋尊周圍坐下來。釋尊很嚴肅的為他們講說人生正當的行為，及正當的生活。這群年輕人的心，尚未為人生的污塵所染，很容易理解釋尊的說教，他們事後都皈依在釋尊座下，作了釋尊的在家弟子。

三、三迦葉的皈依

在《根本說一切有部毘奈耶破僧事》六中，有一段度化三迦葉的經文：

> 爾時世尊……便作是念，於此摩揭陀國，誰有最尊外道及婆羅門，聞我說法生敬信心，令眾多人得入我法。時有外道，名優婁頻羅迦葉，老年一百二十，有五百弟子，在尼連禪河邊林中住，修習苦行。時摩揭陀國一切諸人，皆生恭敬尊重供養，為勝福田如阿羅漢，我今往彼為說妙法，令眾人獲大利益。作是念已，往尼連禪河邊至迦葉所……。

優婁頻羅村，意譯為木瓜林村。村，是中國名詞，在印度稱為聚落，此聚落在伽耶城東南七里許。那一百二十歲的老迦葉，因為生長於此，故名優婁頻羅迦葉。這位老迦葉，是帶髮修行的婆羅門，是個拜火、飼火龍的宗教領袖。他們有兄弟三人，老二名都提迦葉，老三名伽耶迦葉。老迦葉有弟子五百人，老二、老三各有弟子二百五十人。這兄弟三人，在摩揭陀國都是有名的人物——宗教界的權威，尼連禪河中下游，是他們兄弟三人的勢力範圍。

釋尊想：度化這兄弟三人，應該先由老迦葉開始。但對這樣頑固的老人，一開口對他講理論沒有用途，只好使用一點技巧，於是來到老迦葉的住處相訪。見面共相問訊，釋尊說：「遊方至此，可否讓我在聖火堂借住一夜?」

老迦葉答：「非我不借，聖火堂石室中有大毒龍，恐相損害。」聖火堂，是老迦葉這個教派點燃聖火的所在。

釋尊曰：「我請此舍毒龍不損害我。」

老迦葉曰：「若龍不損害汝，隨意而坐。」

經文中有一段釋尊調伏毒龍的描述，寫得十分生動：

> 爾時世尊，於初夜分洗手足已，便入火室，如常敷草結跏
> 而坐，正念不動。時彼毒龍，遙見世尊心生瞋怒，便吐毒
> 煙。時佛世尊，以神通力從口出煙遮彼毒煙，時彼毒龍見
> 佛出煙，瞋心猛熾遍身出火。爾時世尊為欲調伏彼毒龍故，
> 入火光三昧遍身出火。於其石室猛火熾然，時彼迦葉，於
> 中夜分從本處出，觀其星宿，遙見石室火焰熾然，便作是
> 念，大沙門喬答摩顏貌端正，苦哉苦哉不用我語，今被毒
> 龍火燒成灰。告諸弟子，汝等各各將水滅火救大沙門。爾
> 時世尊知迦葉意，便作是念，為欲調伏彼怒龍故，更入三
> 昧，出種種火光，滅毒龍火不損龍身，時彼毒龍見種種火，
> 心生怖畏來詣佛所，便入缽中盤身而住。世尊知龍調伏，
> 從定中起，擎缽而去至迦葉所……

根據經文所載，釋尊對老迦葉一再顯示種種不可思議神通，
這頑固的老迦葉，最後終於屈服在釋尊偉大的人格與法力下，謙
恭的請求教益，並要求隨釋尊出家。釋尊說：「迦葉，你是五百弟
子的教主，你要先將你的意見告訴你的弟子，使他們的意見和你
的意見相合。」

於是老迦葉就集合了全體弟子，對他們說：「釋迦牟尼是偉大
的佛陀，我已決心皈依佛陀出家，你們今後可以各隨意願而行吧！」

五百弟子都願意追隨老迦葉，一齊皈依釋尊出家，老迦葉將
弟子們的意願面報釋尊，釋尊應允，眾弟子就將拜火教用的祭具
法器，全投入尼連禪河，全體剃去鬚髮，成為釋尊座下弟子。

　　這時住在尼連禪河下游的都提迦葉和伽耶迦葉，看到許多祭具法器順著河水流下來，不禁大為驚疑，以為老迦葉發生了什麼事故。趕到老迦葉所在，查明事實真相，他們弟兄二人，也各帶著二百五十名弟子，共同出家，成了佛門弟子。

　　三迦葉的皈依，是教團初成立時的大事，有此一批修道者加入教團，奠定了教團的基礎。並且，三迦葉是摩揭陀國有名的宗教家，受到全國民眾的尊敬供養。他們加入了初期的教團，不僅是充實了教團的力量，也抬高了佛教教團的聲望和地位。

四、萬物皆在燃燒

　　三迦葉率領眾弟子皈依釋尊，釋尊現在率領的是一個上千人的教團，不再是單身一人，托缽遊化了。下一步行程，釋尊決定到王舍城去。

　　到王舍城，可能有幾個原因：一者，與頻婆娑羅王曾有「道成見度」之約；二者，到都市中有較多的說法機會，以普度眾生；三者，也許與經濟有關。釋尊一個人，可以托缽乞食。上千人的教團，住在樹林之中，上何處去乞食？必須到都市中人口眾多之處才能生存。

　　——佛教首重布施，布施有財施、法施、無畏施。出家人對在家人施之以法——說法；在家人對出家人施之以財——供養。畢竟出家人也要活下去，才能說法度眾啊！

　　釋尊率領著千人的教團，向摩揭陀國首都王舍城出發時，先帶領眾人登上了象頭山。象頭山，在伽耶城外，又名伽耶山。站在象頭山四顧，這裡留下釋尊太多的回憶，山的東北山麓有伽耶的街市，東邊有尼連禪河迂緩的流過。尼連禪河的岸上，有著釋

尊證道之處的菩提樹⋯⋯

　　時近傍晚，在山頭眺望遠處，有野火燃燒。但見火焰熊熊，輝耀奪目。於此，釋尊即以燃火為喻，對眾比丘說法：「比丘們呀！萬物皆在燃燒，且燒得很是熾烈，你們必須先知道這個事實。」

　　釋尊單刀直入的告訴眾比丘，萬物皆在燃燒：「比丘們呀！所謂萬物皆在燃燒，有何種意義呢？比丘們呀！人們的眼睛不是正在燃燒嗎？不是在對它的對象燃燒嗎？人們的耳朵不是正在燃燒嗎？人們的鼻子不也是正在燃燒嗎？舌頭不也正在燃燒嗎？心又何嘗不是正在燃燒嗎？所有的都對它的對象，熾烈的燃燒著。比丘們呀！這些何以會燃燒？那是為貪欲的火焰所燃燒，為瞋恚的火焰所燃燒，為愚癡的火焰所燃燒！」

　　火焰在燃燒，事實上是我人的內心在燃燒。我人內心的貪婪之火、瞋恚之火、愚癡之火，種種煩惱之火，較原野上的火焰燃燒得更為熾烈。因此，我們所有的感覺、知覺、意念、行動，都是燥熱的火種，我們時時刻刻受著這些煩惱之火的煎熬。

　　貪婪、瞋恚、愚癡，是我人心頭上的三把毒火。我們必須熄滅了心頭上煩惱的火焰，才能獲得清涼與平安。佛經中的涅槃思想，就是由此「萬物皆在燃燒」（煩惱）思想中產生的。

　　在巴利文原典裡，對於涅槃的定義就是這樣說的：

>　「比丘們啊，什麼是絕對（無為），它就是貪的熄滅，瞋的熄滅，癡的熄滅。比丘們啊！這就叫做絕對。」
>　「羅陀啊！熄滅貪愛，就是涅槃。」
>　「涅槃是徹底的斷絕貪愛！放棄它、遠離它，從它得解脫。」
>　「一切有為法的止熄，放棄一切污染，斷絕貪愛，離欲、寂滅、涅槃。」

　　據說，跟隨釋尊在象頭山上的一千比丘，在聽得釋尊「萬物皆在燃燒」的說法後，皆開悟而證得須陀洹果。

　　——這一千比丘，他們本來是祭祀火神的拜火教，以為拜火才能達到理想的境界。釋尊於象頭山上因見野火燃燒的因緣，告訴他們熄滅心頭的貪婪之火、瞋恚之火、愚癡之火，才能獲得解脫——涅槃。因此他們發覺了過去的錯誤，而火，也成為他們得道的因緣。

五、釋尊重入王舍城

　　釋尊率領千名弟子，步向王舍城進行。到得城郊，在一處地名杖林的地方停下來，這時頻婆娑羅王已聞知釋尊要入王舍城的消息。《佛說初分經》中說：

> 時頻婆娑羅王，初聞有如來、應供、正等正覺、明行足、善逝、世間解、無上士、調御丈夫、天人師、佛世尊，十號俱足，出興於世。於諸天、人、梵、魔、沙門、婆羅門大眾中，以自智力，而成正覺，宣說諸法……是佛世尊今日欲入王舍大城，其王即勒修治王城內外，街巷道陌，悉令清淨，燒眾名香，散諸妙華，張設珠瓔，樹立幢蓋，如是普遍處處麗麗，乃至城中，一切人民，發歡喜聲，互相得聞。時頻婆娑羅王，被新妙衣，著眾寶履，嚴整四兵，與無數眷屬，前後導從，出王舍城，迎候世尊。其王與眷屬，出城向遠，漸近世尊，王乃下車，徒步而進……

　　——本文前面提到過，佛傳資料，是在佛滅後數百年才以文字記錄下來的，那已是把釋尊聖化之後的記錄，已不是釋尊住世

時的真面目。譬如經文中的十種尊號，我想那決不是在佛成道後不久，初入王舍城時就已具備的。譬如文中「善逝」二字，以俗話來說，是「得好死」，文雅一點說，是「壽終正寢」。《書經・洪範篇》，有所謂洪範五福，是「富、壽、康寧、修好德、考終命」。考終命，就是善逝，但當時釋尊正是三十五、六歲的壯盛之年，誰會想到把這個尊號加到釋尊頭上？

　　不過，頻婆娑羅王對於釋尊的尊敬與友善則是事實。原始資料上載，頻婆娑羅王小於釋尊五歲，這時是第二次見面，頻王正是三十而立之年，他們兩位可以說是惺惺相惜、互相欣賞對方，所以以最隆重的禮節來迎接釋尊。據古代傳說，那次王舍大城中，有十二萬人出城迎接釋尊——亦有說是一萬二千人。總之，那是一個非常隆重而又熱鬧的場面。

　　頻王把釋尊迎入宮中，以豐美的飲食供應釋尊及千名比丘。釋尊於食後對頻王說法，說施論、戒論、生天論的三論，和苦、集、滅、道的四諦。頻王皈依於釋尊，他對釋尊行跪拜的最敬禮。這以後，凡是成為釋尊信徒的國王，都對釋尊行這種跪拜禮。據說，在當時的印度，這種隆重的禮節，是其他宗教家從未曾有的，即使最為國王尊重的婆羅門，在國王面前也未許對坐談話的。

　　頻王把釋尊接入王宮時，感激而又愉快的說：「當我還是太子的時候，我有五個心願，今日得以把它全部成就了。第一就是願自己能夠受灌頂為王，已經得以成就了。第二就是願最高的聖者來到我的國家，也已經得以成就了。第三就是願自己能夠師事聖者，已經得以成就了。第四就是願聖者能夠為我說法，也已經得以成就了。第五就是願自己能夠領悟聖者所說的法，今日也得以成就了。我的五個心願，因世尊而得以全部成就了。世尊呀！但願把我收為在家的信徒吧！又願世尊和比丘們接受我的供養吧！」

頻婆娑羅王在供養釋尊時，想到供養之後，如何安置這批客人呢？如果把他們留下來，留在何處較為合適？市區間太嘈雜，山林間太遙遠。有了，新城東南郊那一片王家所有的竹林，也許可以作為這些比丘的棲止之所，於是他向釋尊表明他的意願，他想獻出郊外竹林之地，供釋尊和比丘們棲止。

——或者問，以竹林來招待客人棲止，或許不是待客之道吧！不然，在那個時代，修行沙門的棲止之地，本來就是在樹林中，不過人數沒有如此眾多而已。

也許，頻婆娑羅王的禮遇釋尊，其中也有政治因素的考慮。在印度境內諸國林立的情況下，一個英明有為的國王，當然希望以「招納賢者」的實際行動，來提高國家的「國際地位」。釋尊所領導的是一個新興的教團，四聖諦和八正道的教義，也正為改革社會風氣所需要。因此，他獻出竹林，把這位偉大的聖者留在自己的國土上，這正是一舉兩得之舉。

第九章　迦蘭陀林與竹林精舍

一、竹林精舍的建造

釋尊成道後，度化五比丘、三迦葉，成立了僧伽團體，由此即以恆河南岸的王舍大城為中心，來作為其度化的區域，而僧團在王舍城的立足點，則是在「竹林精舍」。

上文述及，頻婆娑羅王獻出了竹林之地，竹林中並無「精舍」。這精舍是由何而來的呢？這一點，在經典中說法不一。有說是頻婆娑羅王所建造的，有說是王舍城中一位不知名長者所建造的，亦有說是由一位迦蘭陀長者所建造的。關於前說，出自《因果經》四：

> 時頻婆娑羅王，知佛受請往竹園已，頂禮佛足，辭退而去，王還城已，即令諸臣，令於竹園，起諸堂舍，種種莊飾，極令嚴華；懸繪幡蓋，散花燒香，番皆辦已。即便嚴駕，往至佛所頭面禮足，而向佛言：竹林僧伽藍修理已畢，唯願世尊，與比丘僧，哀愍我故，往住彼也。

關於後說，謂王舍城外那個竹林，名叫「迦蘭陀竹園」，迦蘭陀是一種鳥名，其形似鵲，常在竹林棲止，故有此名。而所謂迦蘭陀長者，則是迦蘭陀竹園附近的一位長者——長者，是積財具德之人，後文詳釋——由他施捨財物所建，這樣就有了「竹林精

舍」，或「迦蘭陀精舍」的名稱。

　　說到「精舍」，會使我們想到精美的房舍，或者是精美的寺院。其實不然，精舍的正確意義，是：「精舍者，為精行者之所居，非精妙之謂也。」精行，是精進修行。重點在修行者之精進，不在房舍之精美。事實上，竹林精舍，只是簡陋的臨時建築，曾有經典上說：「六十精舍，一日建成。」這種急造房屋，也許是竹木搭建的。兩千五百年前的印度，究竟還沒有後代中國宮殿式的建築。

　　那麼，《因果經》中所謂「種種莊飾，極令嚴華；懸繪幡蓋，散花燒香」又作何解釋呢？其實那都是經典文學中的誇張筆法。試想，那個時候的沙門集團，托缽乞食，林中棲止——比丘本意就是乞士，何嘗需要這樣豪華的環境？

　　再者，釋尊是行「中道」的，自虐的苦行固然不是解脫之道，豪華的環境也有礙於比丘的修行。不想這種誇張的經典文學，傳到中國，我們「買櫝還珠」，不在佛法義理上求解求行，只在建塔蓋廟上徒事奢華。由南北朝以至於隋唐時代，在塔廟造像上的耗費成了社會重大的負擔。所以才有「三武一宗」之法難。這種歷史上徒事寺院宏偉奢華的作法，我想決不是釋迦牟尼世尊的本懷。

　　經典文學為什麼會如此誇張？那是因為佛住世時並沒有文字記錄，許多事情，都是口耳相傳的傳下來。經過了幾百年的輾轉相傳，誇張的描述成了一種風氣，尤其是後出的經典更是如此。出於《中阿含經》一一七的《柔軟經》，釋尊說其在王宮為太子時，穿的是迦尸出產的上等布帛，吃的是米和肉。這才是事實。至於說，三殿之中，六萬綵女隨侍，那簡直誇張得離了譜。

　　歷來信仰虔誠的佛教信徒，沒有人敢提出這種說法，甚至於根本不敢有這種想法。心中稍有這種疑念，就有一種罪惡感，覺得冒瀆了佛陀。因為歷代祖師大德告訴我們：經，是佛金口所說。

只能信，不能疑。若存疑念，「離經一字，便成魔說。」這就使釋尊偉大的教法走了樣——失去了精髓，只剩下軀殼。如果我們佛教徒不省察反思，難免使中國佛教也步上印度佛教的後塵。

現在我們還是回到竹林精舍上。釋尊時代，在苦行林中修行的沙門，多數是散居的。一到雨季，便各行其適，雨季過後再回到林中。如今釋尊集合了一個上千人的僧伽團體，如果沒有一個固定的棲止之所，一到雨季比丘們各自分散，那就和當時的沙門集團沒有什麼分別了。所以，這一座竹林精舍，使佛教在摩揭陀國紮了根。這對佛教以後的發展太重要了。至於這座精舍是豪華或是簡陋，那倒不是主要的重點。

二、舍利弗和目犍連的皈依

釋尊安居於竹林精舍的初期，有幾件大事頗值一述。

第一件大事，是舍利弗和目犍連二尊者皈依於釋尊座下。舍利弗，全名是舍利弗多羅。弗多羅是「子」的意思，因為他母親眼似舍利鳥，故名舍利，他就叫做舍利弗。他父名優婆提舍，是王舍城附近的婆羅門家庭，父母都是卓越的學者。舍利弗六、七歲開始從婆羅門教師受教，十七、八歲時修完《四吠陀》的傳統學說。後來他和好友目犍連，同時投入當時六師外道之一的刪闍耶吠羅胝子的門下，去追求人生解脫的真理。

但刪闍耶吠羅胝子是一位懷疑論者，他認為世間沒有絕對的真理。善行惡行的果報，可說是有，也可說是無，又可說是有是無，也可說非有非無。當時的宗教家、哲學家，各自創立學說，每人都以為自己的學說是絕對的真理。但刪闍耶則認為，如果這些學說都是真理的話，世間即有許多無法並容的真理。

　　他這種理論，當然不能使追求人生解脫之道的舍利弗和目犍連感到滿足。他們認為，世間必有更殊勝的學說存在。因此常在尋求明師，並彼此約定，若有發現，要互相告知。在《佛說初分經》中，記述著舍利弗和佛弟子烏斯西那尊者相遇的經過：

> ……後於一時，有尊者烏斯西那，食時著衣持缽，入王舍城，次第乞食，時舍利子，見尊者自遠而來，諸根調寂，威儀整肅，即作是念！今此尊者示威儀進止，希有最上，念已前詣問言：「尊者汝師何人，復說何法？」
> 烏斯西那答言：「我師是大沙門，於大眾中，決定宣說無屈伏力廣大法門。」
> 舍利子言：「汝今可能於彼法門，若少若多，為我宣說？」
> 烏斯西那言：「我師所說，緣生法者，謂一切法從因緣生，從因緣滅，復以是義，說伽陀（偈）曰：
> 　　諸法因緣生，諸法因緣滅，
> 　　是生滅因緣，佛大沙門說。」
> 時舍利弗聞是法已，遠離塵垢，得法眼淨。

　　分明見到真諦，謂之法眼淨。佛住世時，初果見四真諦之理，即得法眼。至於舍利弗所遇到烏斯西那尊者，亦有音譯阿示比丘，或義譯馬勝比丘者。事實上就是釋尊最初度化的五比丘之一，額鞞。他經過多年苦行，聞佛說四聖諦法的時候，已證了阿羅漢果。他儀容端正，舉止安詳，在僧團中甚受尊敬。
　　——在許多經典中，一個人有幾個不同的音譯義譯的名字，使讀經的人暈頭轉向，這也是佛經難解的原因之一。
　　舍利弗聞得烏斯西那尊者所說的緣生偈，十分感激的向尊者道謝，然後匆匆趕到目犍連的住所。目犍連見其神采奕奕，與平

時不同，忙問道：「看你的眼睛清澄而有光輝，你是否開悟了？」

舍利弗就將適才所遇，一一說與目犍連聽。目犍連修持功力和舍利弗不相上下，聞得緣生偈也頓時開悟，得到清淨的法眼。他二人想，釋尊的教理即使只有這一偈，也是歷千百劫而難得一聞的。他二人決定辭別乃師刪闍耶，去皈依釋尊座下。

他二人向其師說明理由，準備告辭，刪闍耶一再挽留，但二人辭別之意堅決，只得由他二人別去。刪闍耶尚有二百名弟子，聞得舍利弗和目犍連要去皈依釋尊，一致堅求同行。二人就帶著二百名同門，到竹林精舍皈依釋尊，參加了僧伽團體。

舍利弗和目犍連，以後成為釋尊僧團中的得力助手，是釋尊的左右手臂。在釋尊十大弟子中，舍利弗是智慧第一，目犍連是神通第一。

三、度化長爪梵志

在舍利弗和目犍連皈依釋尊之後，接著有一件度化長爪梵志的故事，這件事與舍利弗有關，頗值一述：

此處要加以說明的，長爪梵志並不是人名，其意思是說：一個留著長指甲的梵志。梵志又是什麼意思呢？是指一切出家外道而言。外道志求梵天之法，故稱梵志。《大智度論》五十六曰：「梵志者，是一切出家外道。若有承用其法者，亦名梵志。」在《四阿含經》中記載的有許多梵志，如婆蹉、衢多羅、先尼、薩遮加、摩揵提等，包括長爪梵志在內，都是當時有名的論師。

長爪梵志，本名摩訶俱絺羅，他是舍利弗的舅舅，是舍利弗的母親舍利的弟弟。他年輕時與姊姊辯論哲學上的問題，因辯論失敗憤而出家作梵志，到南天竺修行。初學經書，諸人問學習何

經，答稱：「十八種大經，盡欲學之。」人言：「盡汝壽命，猶不能通一種，何能盡學？」摩訶俱絺羅自念：「過去因為憍慢，為姊所勝；今又為人所輕辱。」因自作誓言：「自今我不剪爪，要讀盡十八種經。」以後人以其爪長，就稱他長爪梵志。

長爪梵志學成，許多論師與他辯論，一一為他所敗。他由南天竺回到摩揭陀國王舍城那羅聚落——他的家鄉，聽說他的外甥舍利弗，作了釋種沙門瞿曇的弟子，不覺又生了憍慢之心。稱言：「我姊子如此聰明，彼以何術，誘誑去剃了頭作他的弟子？」說著就奔向竹林精舍，去找釋尊理論。

這時舍利弗初受戒半月，在釋尊身邊侍立，為釋尊打扇子。長爪梵志到釋尊面前，衝著釋尊說：「瞿曇，我是懷疑論者，對一切肯定性的理論都不予認同。」

「那麼，你對於你自己所說的，一切不予認同的肯定主張，是否也不予認同呢？」釋尊這樣問他。

長爪梵志一聽之下，瞠目結舌，回答不上了。

因為如果說不予認同，則自己的主張根本不能成立。如果說只認同自己的主張，則豈不自相矛盾？

想了半天，只好說：「對於一切肯定性的理論不予認同。對於不予認同的主張也不予認同。」

釋尊說：「你對一切理論不予認同，對不予認同的理論也不予認同，則是無所認同。這與普通人又有什麼差別？這又何用貢高而生憍慢？」

長爪梵志無話可答，自知墮於負處。

於此，釋尊藉此機會，為他分析當時各家理論，或主常見——世界、自我都有不滅的實體；或主斷見——世界、自我一旦斷滅即歸於空無；或綜合常、斷二見的折中之說，以及對於各種理論

都不予認同的懷疑論者，都是在一切事物的名相上執著，而產生的謬誤見解。

如果拋棄執著成見，正確的、如實的去觀察世界與人生真相，則都是因緣和合生起之法。因緣和合之法，是無常，是無我。緣聚則生起、存在，緣散則分離、壞滅。

長爪梵志也是智慧極高的人，「好馬見鞭影即覺」，智者一經點化，便著正道。釋尊說法，斷了他的邪見，他立即於坐處遠塵離垢，於諸法中得法眼淨——分明見真諦，證得初果。於是他也皈依於釋尊座下，出家作了沙門。

這時在旁邊侍立的舍利弗，聽釋尊說法，也因此開悟，脫離煩惱執障，證得阿羅漢果位。而與他同時皈依釋尊的目犍連，則於第七日就獲得解脫，證得阿羅漢果。

四、王舍城的恐慌

在釋尊早期的弟子中，名列「十大弟子」者，除了舍利弗和目犍連外，其次就是摩訶迦葉了。

摩訶迦葉的全名是摩訶迦葉波。摩訶漢譯曰大，迦葉波漢譯曰飲光，其實迦葉是婆羅門種之一姓，不是名。如釋尊在伽耶度化的三迦葉，那是姓迦葉的三兄弟，摩訶迦葉也只姓迦葉，名畢波羅，因為釋尊僧伽團體中姓迦葉的很多，所以在他的姓上加摩訶二字，以與別的迦葉區別。

他是王舍城附近摩訶婆羅陀村的人。他的父親尼拘盧陀竭波長者，是摩揭陀國的大富豪，富可敵國。大迦葉出生於這樣富豪之家，八歲受學，從婆羅門教師學《四吠陀》和五明教育。他自幼即討厭世間欲樂，厭惡不淨，希望離群獨居。他年紀成長之後，

奉父母之命而結了婚。但他和妻子只是名義上的夫婦，因為他的妻子也是修道——修清淨梵行的人，兩人志同道合，各自修持清淨道業，互不相染。直到十二年後，大迦葉的父母逝世後，他就出了家。

大迦葉出家後為了求師訪道，幾乎走遍了全印度，而無法達成理想。最後折道返回故鄉——王舍城。

這時釋尊正在竹林精舍說法，大迦葉就隨眾前去聽講。一日，他聽講後回家，途經王舍城外多子塔的時候，看見釋尊在一棵大樹下端坐。他十分驚奇的想，剛才釋尊還在說法，怎麼現在先我到此？他上前合掌頂禮。

釋尊說：「迦葉，你知道嗎？今天是你得度的日子。」

迦葉頂禮說：「佛陀，請接受我的皈依，我願隨佛出家。」

他皈依釋尊之後，由於他多年修行的基礎，加以在釋尊的指導下精進不懈，第八天就證了最高的阿羅漢果。

大迦葉的年歲似較釋尊稍長。他加入僧團後，自律甚嚴，過著十分嚴謹刻苦的生活，所以被稱為頭陀（苦行）第一。

自從竹林精舍建成，釋尊帶著僧伽團體住入，展開了弘法度化的工作之後，很快的，在大王舍城地區社會上引起一陣風潮——皈依佛陀，出家修道的風潮。許多人家的子弟，都爭先恐後的投入釋尊門下，或出家做了比丘，或皈依做了弟子。尤其是當舍利弗、目犍連、大迦葉這些著名的人物都投入竹林精舍的時候，更在社會上造成一陣轟動。

但是另一方面，在大王舍城區域的民間卻造成了一陣恐慌和不安。許多做父母的，以為沙門瞿曇奪走了他們的兒子，做妻子的以為沙門瞿曇奪走了他們丈夫——也許，那時社會上把比丘和優婆塞分辨得不清楚。所以有一些家庭中，一有青年男人去皈依

釋尊，於是母恐失其子，妻恐失其夫，街頭巷尾，爭相傳告，議論紛紛。在《四分律》三三中，有一首當時流傳的偈子，說是：

> 在摩揭陀國諸山環繞的都城裡，
> 出現了一個名叫瞿曇的大沙門。
> 他先引誘了刪闍耶的二百徒眾，
> 以後還要去引誘那些人家的子弟呢？

僧伽團體雖然住在竹林精舍，但托缽乞食是一種習俗，比丘們每天仍然要入市乞食——也許，釋尊接受了頻婆娑羅王的供應，未去托缽。弟子們入市乞食，可能有遭到拒絕的，托缽回來，紛紛去向釋尊報告。

釋尊就教諭他們說：「比丘們呀！那種指責之聲，是不會長久的，大概七天之後就煙消雲散了。下次再有人指責你們的時候，你們就這樣回答吧：『如來是以法來指導人，是誰在嫉妒皈依於法呢？』」

法，就是真理，如來以真理指導世人，使世人以真理為皈依，是誰在嫉妒真理呢？

果然，過了幾天之後，山都的流言也就歸之於平靜了。

五、三皈依和六和敬

釋尊成道後，首先到鹿野苑度化憍陳如等五比丘，經典上說，這時世間有了三寶——佛、法、僧。佛，是釋迦牟尼世尊；法，是四聖諦和八正道；僧，是五比丘。三寶具足，世間有了佛教。雖然只是初具雛形。

這以後，度化了耶舍父子及耶舍的親友，度化了林中青年，

度化了三迦葉及其弟子，以及舍利弗和目犍連帶領二百同門投皈
釋尊座下，仔細算一算，僧伽中現在已經有一千兩百多人了。所
以許多佛經中，一開始就稱：

> 如是我聞，一時佛在某某國某某園，與大比丘僧千二百五
> 十人俱。

這以後，投歸釋尊座下的人愈來愈多，有出家修道的比丘，
有在家信奉的信眾，這些人，禮釋尊為師，投入僧伽時，可有什
麼儀式與手續？有的，要經過「三皈依」和「受持五戒」。這三皈
五戒定於何時，不得而知。據經上記載，捐獻「祇樹給孤獨園」
給釋尊的給孤獨長者，皈依釋尊時，就有了這一套皈依的辦法。
《演道俗業經》載：

> 給孤獨居士復問：初入道者，始以何志？
> 佛言：先習五戒，自歸於三。何謂五戒？一曰慈心，恩仁
> 不殺。二曰清廉，節用不盜。三曰貞良，鮮潔不染。四曰
> 篤信，性和不欺。五曰要達，志明不亂。何謂三自歸？一
> 曰歸佛，無上正真。二曰歸法，以自御心。三曰歸眾，聖
> 眾之中，所受廣大；猶如大海，靡所不包。

《大乘義章》上稱：

> 投歸依服，故曰歸依。歸依之相，如子歸父；依服之義，
> 如民依王，如怯依勇。……依佛如師，故曰歸依佛。選法
> 為藥，故曰歸依法。依僧為友，故曰歸依僧。

在南傳佛教巴利文《大藏經》中，相應部五五上也稱：

相信佛教的人，如前所述，就是相信三寶：佛、教法、教團。因此，信仰佛教的人，對於佛、教法、教團，抱著顛撲不破的信仰，守持教法中制定信徒應守的戒律。

在家人的戒律，包括：不取物命，不竊盜，不行邪惡的愛慾，不說謊言，不飲酒。

文中又說：

對三寶深具信仰，守持在家戒律，為求得到覺悟，雖然生活於在家的天倫環境中，亦必須不被情愛所繫縛。

釋尊住世，佛教教團——僧伽成立之時，印度社會的情形是：諸國對峙，互相兼併，社會階級不平，貧富極度不均，社會風氣墮落，男女關係雜亂，釋尊制定三歸五戒，無非想藉僧伽力量，來推行一項社會改革運動。所以：

皈依佛，是拜師——以佛為師。

皈依法，是接受老師的教法，努力實踐。

皈依僧伽，是參加團體，成為團體一分子，共同推行這種社會改革運動。

三皈依，自然有一套皈依的儀式。佛住世時，對佛行禮，一般是「頂禮佛足，頭面著地」、「合掌恭敬，而白佛言」。——是向佛皈依。佛滅度後，在中國來說，是由受過具足戒的比丘，代表佛來主持。通常是皈依者先在佛像前焚香頂禮，自立誓云：「弟子某某，從今日起，我皈依佛、皈依法、皈依僧。」然後再向皈依師父行禮，這樣就算完成了皈依的手續。

世尊教團初成立時，上千比丘聚居在竹林精舍，這在當時是一項創舉。那時，婆羅門教的僧侶，都是有家庭的；在苦行林中

修行的沙門外道，都是散居的。每年三個月的雨季，苦行林中的修道者各人找各人的安居之所，雨季過後再回到森林。所以，竹林精舍中，上千人聚居修道，除了房舍、講堂外，有關衣服、臥具、飲食、湯藥，這些日常生活所需，都是相當繁雜而必須解決的事。

再者，千人聚居，像一座大軍營似的，會不會有彼此生活上的摩擦，或意見上的不協呢？我們推想，團體生活，這種事件恐無以避免。雖然都是修道者，但在未證果以前，都是凡夫。僧伽中的摩擦事件，留待後文再述，現在先由最初訂定的生活公約——六和敬說起。

六和敬，相當於團體生活中的生活公約。舊譯本《仁王經》中稱：

> 住在佛家修六和敬，所謂三業，同戒、同見、同學。

《大乘義章》十二曰：

> 六者是何，一身業同，二口業同，三意業同，四同戒，五同施，六同見。

《祖庭事苑》上說：

> 六和，一身和，共住。二口和，無諍。三意和，同事。四戒和，同修。五見和，同解。六利和，同均。

關於六和敬，其他解釋尚多，簡單的說，六和敬就是身和敬、口和敬、意和敬、戒和敬、見和敬、利和敬。用現代的觀念和文字來表達的話，那就是：

㈠**身和敬** 服從團體生活，共同進修佛道。

㈡口和敬　互相尊重對方，不起無謂爭執。

㈢意和敬　意見和諧一致，維持團體紀律。

㈣戒和敬　共同遵守戒律，絕不懈怠放逸。

㈤見和敬　信仰佛陀正法，摒棄外道見解。

㈥利和敬　生活所需平等，物資平均分配。

這一套生活公約，究竟訂於何時，不得而知。不過僧伽的生活是以六和敬來約束的。

第十章　祇樹給孤獨園

一、須達多長者

　　釋尊三十五歲成道，八十歲入滅，其間四十五年，四方遊化，足跡遍及恆河中游兩岸的許多國家。而佛教教團在恆河南北岸各有一個大據點，一個是恆河南岸的摩揭陀國王舍城郊外的竹林精舍——迦蘭陀竹園；一個是恆河北岸拘薩羅國舍衛城外的祇園精舍——祇樹給孤獨園。這兩大精舍，是支持佛教教團發展的兩大基石。

　　說到祇樹給孤獨園，要自一位須達多長者說起。並且，對於「長者」二字，也要作一番注解。

　　在佛經中，時有長者二字出現。例如迦尸城的俱梨迦長者，王舍城的迦蘭陀長者，憍賞彌的瞿師多長者(曾為釋尊建造精舍)，以及此處所說的須達多長者。

　　長者，梵語為疑叻賀缽底，義譯為「積財具德者」。這一類人，在古印度社會中，是一種身分特殊的人物。他們不是宗教人士——婆羅門種。不是軍政人士——剎帝利種。他們是農工商階層——吠舍種，也就是平民階級。但是隨著農工商業的發達，一些地主、工商人士，因農工業產品的運輸銷售而發了大財，成為這些地方同行業中的領袖人物。就像中國春秋戰國時代，也有「陽瞿大賈」一類人物的出現，像陶朱公就是經商致富的。

　　但和中國不同的，這些長者雖然有錢，卻沒有社會地位。他們的身分高於賤民階級的首陀羅種，但仍然受掌握神權的婆羅門、掌握政權的剎帝利的壓迫和統治——他們是暴發戶階層。有財，這一點可以確定。是否具德，未必盡然。不過出現在佛經中的長者，都是對佛教僧伽有過捐輸或貢獻的人，所以稱他們是「積財具德者」。

　　在拘薩羅國舍衛城中，就有一位富有的須達多長者，這倒確是一位「具德」的長者，他為人樂善好施，經常濟助貧困孤獨的人，所以地方上就稱他為給孤獨長者。

　　有一次，他大概為了商業的關係，到了摩揭陀國的王舍城，下榻於他的親戚——一說是他的內兄——迦蘭陀長者的家中。那時，迦蘭陀長者因為受了釋尊的教化，發心辦一次齋宴，請釋尊到他家中「應供」。所以一家人忙忙碌碌，像是辦喜事似的。須達多長者詢問之下，才知道竹林精舍住著一位佛陀——大沙門瞿曇，明天要來家中應供。迦蘭陀長者並把佛陀的來歷，原原本本的說給須達多長者聽。

　　須達多長者聽說佛陀是以太子身分出家學道，六年苦行，證悟了真理。現在領導僧伽，在推動一項社會改革運動——重視思想自由、種姓平等、改善社會風氣的運動。他心中十分感動，迫不及待的要求迦蘭陀長者帶他去見佛陀。第二天，在迦蘭陀長者的引見下拜謁釋尊，他更為釋尊莊嚴慈悲的威儀所感召，使他感到既惶恐又興奮。他當時向釋尊表達出他的心願，他請求釋尊帶著教團到拘薩羅國去度化，他願意在舍衛城也建一座與竹林精舍相似的精舍，以供釋尊及弟子們安居。有關僧伽的衣服、飲食、臥具、湯藥等，都由他來供養。

　　釋尊對於須達多長者的發心殊為嘉許，接受了他的請求。須

達多長者向釋尊頂禮告退，興沖沖的返回舍衛城，去開始他籌建精舍的計畫。

　　——須達多長者此舉，是需要絕大的決心與勇氣。因為這不僅是錢財問題，還牽扯到宗教信仰和政治因素。拘薩羅是另一個國家，統治者的觀念、作風，是否歡迎一個新的教團？而尤其利害衝突的，是舊有的婆羅門教和外道，新教團如果搶走了他們的弟子和信徒，這當然是他們所不甘心的。果然，在祇園精舍建造期間，就遇到外道的干擾。

二、祇園精舍

　　「祇園精舍」，是祇樹給孤獨園的另一個名字。也就是建在祇樹給孤獨園中的精舍。祇樹給孤獨園這個名字，在佛經中十分響亮。例如家喻戶曉，姚秦鳩摩羅什三藏法師所譯的《金剛經》，一開始就是：

　　　　如是我聞，一時，佛在舍衛國祇樹給孤獨園，與大比丘眾千二百五十人俱……

　　在中國佛經翻譯史上，鳩摩羅什法師和唐代玄奘三藏，是兩位代表人物，都是以文字簡明暢達稱著。但有時由於過分簡略，反而使初讀佛經者摸不著頭腦。像祇樹給孤獨園這六個字，就需要加以一番說明。

　　原來舍衛城的須達多長者，前在王舍城時，向釋尊表達他要在舍衛城建造一所精舍，請釋尊率領教團到舍衛城去說法，以度化當地的民眾。

　　釋尊對他的建議慨然允諾。他興沖沖的趕返舍衛城，即開始

察勘地點，希望能夠找到一處理想的場所。找來找去，找到舍衛城南郊二公里處，有一處地點適中的園林可用，但是打聽之下，這塊土地是屬於祇陀王子所有，須達多長者去拜訪王子商量讓渡時，祇陀王子卻提出了一個使人啼笑皆非的答案：「我這個園子是不賣的，你如果一定要買，你拿黃金鋪滿園子，園子就是你的了。」

——在那個時候，土地價值決沒有以黃金鋪地來計算的。祇陀王子這樣說，只不過是給須達多長者出難題而已，也許，他看不起這種平民身分的暴發戶，才這麼說的。

沒想到須達多長者有絕大的誠意和決心。回去後就要開始照做，可是祇陀王子又傳話過來說：即使是黃金鋪滿了園子，他也不賣。據說，須達多長者曾請出朝中大臣協調，請以當時的商業道德予以仲裁。後來祇陀王子知道須達多長者不是來和他較量財富的，而是拿園子蓋精舍來奉獻給一位大覺者——佛陀的。王子為他的精神所感動，願與長者共做這一項「功德」。他以合理價格出售了土地，並獻出了地上的樹林，由長者捐貲興建精舍，所以就有了「祇樹，給孤獨園」——祇陀王子的樹林，給孤獨長者建造精舍的名稱。

——對於這位祇陀王子，經典中有不同的說法，有稱他為祇陀太子，有謂他是舍衛國王子。舍衛城是拘薩羅國都城，不是一個「國」，而拘薩羅國王那時是波斯匿王，波斯匿王大約與釋尊同歲，這時才三十多歲，可能還沒有祇陀那麼大的太子——後來繼波斯匿王為國王的是毘琉璃太子，不是祇陀，所以，祇陀可能是王族中的一位王子，不是波斯匿王的兒子。像迦毘羅衛城，不是除了淨飯王之外，還有白飯王、甘露飯王和斛飯王，以及許多王子嗎？

在祇園精舍開始興建的時候，須達多長者求釋尊派一個督導

工程的人。釋尊要座下弟子中，智慧第一的舍利弗去擔任這個「艱鉅」的任務。

所謂「艱鉅」，並不是指督導工程而言，而是指拘薩羅國那個環境。當時釋尊的教團只在恆河南岸活動，尚沒有進入北方。舍衛城，自然是婆羅門教和外道的勢力範圍。派出舍利弗作為「先遣人員」，自然還有「摧伏外道」，開拓傳道空間的用意在內。

果然在精舍建造期間，當地外道聽說這是為釋迦族的沙門瞿曇所建的，很多外道去遊說須達多長者，要求他中止這項工程，不要迎接沙門瞿曇來此傳道。須達多長者不為所動，繼續施工。最後眾外道向長者提出一個要求：他們要與沙門瞿曇的弟子開一次辯論會——他們想以辯論難倒舍利弗，以阻止工程的進行。

須達多長者最初頗為擔心，他認為舍利弗一個人怎能辯得過那麼多的外道呢？當他很憂慮的把外道的要求告訴舍利弗時，舍利弗很愉快的答應下來，他對長者說：「這正是一個我代佛陀宣揚教法的機會。」

約定辯論的時間到了，辯論場中觀眾如山，外道推出的數十名辯論師也嚴陣以待。可是辯論的結果，舍利弗勝利了。外道論師被舍利弗一一駁得啞口無言，在真理之前服輸。

要知道舍利弗出身於婆羅門家庭，父母都是學者、論師，舅舅長爪梵志也是辯論界名人。舍利弗幼年受婆羅門教正統教育，及長出家，禮外道為師，精通外道典籍。皈依釋尊後，他精進不懈，深得釋尊教法的精要。所以在辯論場上，他能摧伏外道，獲得勝利。

——辯論，全憑智慧，佛經上有一則長老脇辯馬鳴菩薩的故事。馬鳴是摩揭陀國的出家外道，世智辯聰，善通議論。他公開宣言，約僧伽比丘辯論。眾比丘皆為所屈，這時北天竺的長老脇

來與之辯論。外道稱：負者當斷其舌。長老脅稱不可，負者但為對方弟子。外道問誰先發言？長老脅稱：「吾年邁、且遠來，吾應先語。」

外道言可，長老脅言：

當令天下太平，大王長壽，國土豐樂，諸無災患。

外道無以辯駁，乃禮長老脅為師。以後博通眾經，明達內外，才辯蓋世，四眾敬服，即是有名的馬鳴菩薩。

至於舍利弗那時是如何以辯論摧伏諸外道，經典上找不出資料，不敢妄說。

祇園精舍，是釋尊遊化初期，在恆河北岸所建立的據點，其重要性不亞於王舍城的竹林精舍。在經典上有「五精舍」之說，就是除了竹林精舍、祇園精舍外，尚有王舍城外靈鷲山上的鷲嶺精舍，毘舍離城的菴羅樹園和獼猴池精舍。關於精舍，後文還會談及。

三、四不可輕

中印度本來有十六個國家，但是其中為釋尊遊化所及而與佛教關係較深的，大約只有五個，那就是：

㈠**摩揭陀國** 當時是恆河南岸的大國，國勢甚強，國都新舊二城，稱大王舍城，是當時恆河南岸經濟文化的中心，竹林精舍在新城之外，後來在城郊靈鷲山還有一所鷲嶺精舍。

摩揭陀國的頻婆娑羅王對釋尊的教團有很大的貢獻，對釋尊也極為信賴與敬仰，可惜後來卻為其子阿闍世王所幽禁，鬱鬱而終。

㈡**跋耆國** 這是在恆河北岸的國家，由王舍城北上，渡過巴

吒釐渡口，就進入這個國家，它的都城是毘舍離。是離車族和韋提訶族聯合組成的共和國，政治民主，經濟繁榮，所以雖夾在摩揭陀和拘薩羅兩大國之間，而仍能維持獨立生存。

以後這裡建有「大林重閣講堂」，為釋尊南北行化時的中間站。

㈢**拘薩羅國**　這是當時恆河北岸的大國，由毘舍離城北上向西，就是拘薩羅的首都舍衛城。拘薩羅面積很大，經典中稱以迦尸為都城的波羅奈國——其實只是一個城——也包括在拘薩羅國之內。五比丘修苦行的鹿野苑，就是在迦尸郊外。當時拘薩羅的國王是波斯匿王，是和釋尊關係最密切的兩位國王之一。

㈣**跋蹉國**　在恆河南岸以西，其首都是憍賞彌，這裡建有瞿師多園，釋尊曾在園中度過幾次雨安居。

㈤**阿槃提國**　在西印度頻闍耶山區，首都為烏惹爾。

以上幾個國家，在佛經中較多出現，也比較有較具體的記載。其他許多國家，記載得不但模糊，且彼此混淆，不易辨別清楚。

現在特別要敘述的，是拘薩羅國國王波斯匿和釋尊見面的故事：

王舍城的祇園精舍建成之後，舍利弗南下覆命，須達多長者也祈請釋尊的教團早日北上。這大約是釋尊成道後第四或五年的事了。釋尊率領僧伽，由王舍城北上，渡過恆河，經由毘舍離、拘尸那，到達拘薩羅的首都舍衛城，住入祇園精舍。建造祇園精舍、和沙門瞿曇的教團來到拘薩羅國，是轟動舍衛城的大事，波斯匿王自然知道。他不知沙門瞿曇何以有這麼大的感召力，贏得人民對他如此崇敬？有一天，他輕車簡從，親到祇園精舍訪晤釋尊。波斯匿王在年齡上與釋尊同庚，那時才三十多歲。他和釋尊一見面，發現沙門瞿曇比自己還要年輕——釋尊具足三十二相，且剃髮無鬚，也不纏頭，看來自然年輕。年輕氣盛的國王，一開

口就以不太信任的語氣問道:「瞿曇,聽說你宣稱已證得無上正覺了嗎?」

釋尊答:「大王,如果有人宣稱已證得無上正覺的話,那個人就是我。」

《雜阿含經》中,記載著釋尊答覆國王的話:

> 佛言,大王,世有四事,小不可輕。何者為四? 一者王子雖小,最不可輕。二者龍子雖小,亦不可輕。三者火雖小,亦不可輕。四者比丘雖小,亦不可輕。

這是一個軟釘子,把波斯匿王的話碰了回去。

國王當然不會為這幾句話而折服。於是他一連串的提出了當代知名於世的六大思想家——即六師外道的理論和釋尊辯論。那時,六大思想家的哲學理論,是當時的思潮——當時最時髦的理論,高階層人士都掛在嘴上,以示淵博。並且,六大思想家,成名甚早,年歲比釋尊和國王要大出許多,可以說是「權威人士」,國王想以此來壓倒釋尊,釋尊究竟如何答辯,經典中沒有說明。總之,波斯匿王最後是心悅誠服的皈依了釋尊,和釋尊建立了深厚的友誼。終其有生之年,對釋尊的教團都十分支持與擁護。

四、波斯匿王

中國俗諺:「不打不相識」,波斯匿王和釋尊由一場辯論而結成友誼,以後他成了教團的支持者,釋尊成為他精神上的導師,他有了問題或疑惑就去找釋尊解答。在《雜阿含經》和南傳的相應部經典中,有許多有關波斯匿王的小故事,聽來有趣味而又發人深省,現在介紹幾則如下:

㈠波斯匿王的王妃，名叫茉莉，經典上稱她為「勝鬘夫人」。她十分賢慧，深為國王所敬愛。有一天，二人在宮樓上聊天，國王眼望著高樓外的雲天若有所思，問王妃道：「茉莉，在這人世間，你想想可有比你自己更可愛的東西嗎？」

王妃道：「大王，除了自己以外，我想不出有什麼比自己更可愛的東西了。那麼，您呢？」

「我？」國王遲疑了一下：「我也是這麼想吧！不過，我們還是去請教世尊吧！看世尊怎麼說。」

國王下樓，立刻命駕祇園精舍，把對話的經過說給釋尊聽。釋尊聽後，唸了一首韻文的偈子作為結論，語譯大意是：

> 人生於何最所愛，最愛莫如自己身，
> 果然易地來設想，自愛愛他愛世人。

我覺得自己最可愛，愛我的身體和生命。別人也覺得他自己最可愛，愛他的身體和生命。基於此種真相，不傷害他人的身體及生命——這就是五戒之首，不殺生戒。

㈡有一天，波斯匿王在宮中舉行盛宴，有五個國王參與盛會。他們享受美味，痛飲美酒，並由如花美女服侍，盡情歡樂。酒酣耳熱之際，忽然有人提出：「世界上最快樂的事情（欲愛）是什麼？」

第一個國王說：「最快樂的事，莫如眼睛欣賞美色。」

第二個國王說：「最快樂的事，莫如耳朵聆聽妙樂。」

第三個國王說：「最快樂的事，莫如鼻嗅異香。」

第四個國王說：「最快樂的事，莫如舌嘗美味。」

第五個國王說：「最快樂的事，莫如體觸溫柔。」——那是說，美女在抱。

各人都以為自己的見解最高明，因而相持不下。最後，波斯

匡王說:「朋友們呀!走吧,我們去請教世尊,由世尊裁決吧!」

　　釋尊接待了這批訪客,聽了各人的意見後,說道:「我以為適合於心的適度快樂(欲愛)為第一。」

　　這一來,所有的主張都被接受了,也都被否定了。色、聲、香、味、觸,各人有各人的所愛,不必強同,但要「適度」——釋尊並不否定世間的五欲之樂,但要適度,不能放縱。在樸素通俗的話裡,顯示出中道。

　　以上這個故事,出於《雜阿含經》,還有一則也是出於《雜阿含經》的故事,不必語譯,讀經文反而更有韻味:

　　　一時,佛住舍衛國祇樹給孤獨園,時波斯匡王,其體肥大,舉體流汗,來詣佛所,稽首佛足,退坐一面,氣息長喘。
　　　爾時世尊,告波斯匡王:「大王身極肥盛。」
　　　大王白佛言:「如是,世尊,患身肥大,常以此身極肥大故,慙恥厭苦。」
　　　爾時世尊,即說偈言:
　　　　人當自繫念,每食知節量,是則受諸薄,安消而保壽。

　　這以後,波斯匡王特命一個小童,每當他吃飯的時候,就為他誦這一首偈,使他有所節制。果然他體重漸輕,身材減細,為此他曾特別向釋尊道謝。

　　還有一個「山之譬喻」的故事,也是出自《雜阿含經》:

　　波斯匡王好久沒有去訪候釋尊了,有一天,他突然出現在祇園精舍。

　　釋尊問他:「大王,這些日子您到那裡去了?」

　　波斯匡王答道:「世尊啊!身為王者,有保全領土,治理國家的責任,這些日子,為王事忙得不可開交呢!」

釋尊聽著點頭，然後緩緩的問他：「大王！假如現在發生了這麼一件事，您將如何處理呢？東方跑來一個您所信任的人，向您急報：『大王，有一個像天空一般大的山巖，衝著地面生物從東方壓過來了。大王，請您趕快處理吧！』接著，南方、西方、北方都有同樣事件發生，這時，您還會為別的事務忙碌嗎？」

「世尊，這是國家滅亡的大事，這時自然不會再去為別的事情忙碌了。」

「大王啊！」釋尊把話說到主題上：「這不過是一個譬喻，事實上，衰老已壓在大王的頭上，死亡已經走近了大王的身邊，面臨這種事實，大王您還有何事待辦呢？」

波斯匿王沉思良久，不禁感慨萬千，仰天歎息道：「世尊啊！我從未想到，衰老和死亡，已經像山巖似的壓到我的頭上來。這個時候，我還有什麼事要辦呢？我唯有在有生之年，信奉三寶，布施善行，積集功德而已。」

釋尊說的道理，是「無常」。

我人日日忙於世事經營，而忽略了個人的生死大事。佛經上說：「志所不在，為不常思故。」這個故事，是不是對我人也有所啟示？

波斯匿王到了晚年，他對釋尊敬慕之情有增無減。《中阿含》的《法莊嚴經》中，有這麼一段故事：

有一天，波斯匿王在宮苑中散步，在一株有濃蔭的大樹下停下來，心中想到釋尊，悠然神往的自言自語：「我曾經在這樣的樹蔭下，會見過世尊。」

想到這裡，回顧侍者問道：「世尊現在何處？」

侍者回稱，釋尊現在離此不遠的釋迦族冥陀倫巴村。波斯匿王立刻驅車出門，趕到釋尊遊化的村子裡，到得釋尊住處敲門，

釋尊迎出來，波斯匿王跪下捧住佛足，行了最恭敬的頭面接足禮。

　　就座之後，釋尊問國王，何以匆匆趕到此處，而對我又如此恭敬？國王回答：「世尊呀！你知道我宮中的那兩個木匠吧！我給他們生業，他們因我而博得名望，可是他們對我的尊敬，遠不如對世尊的尊敬。

　　有一次，在軍旅之中，我帶他們在一間狹小的房子裡過夜，他兩人討論世尊的教法，談到夜半。及至上床睡覺時，他兩人將頭放在據說是世尊所在的方向，將腳向著我的方向，這使我既驚訝，又感動。

　　他們兩個是我的僕人，但他們對我的尊敬，遠比不上對世尊的恭敬，這可能是他們由世尊的說教裡，獲得了無上的法益。」

　　這一則故事之後，波斯匿王還說了六則深刻感人的小故事，在每一個故事的後面都說：「因此之故，我由衷的恭敬世尊為真正的正覺者。」

五、玉耶女的故事

　　玉耶女的故事，發生在舍衛城，是捐獻祇園精舍的須達多長者家族中的故事。

　　須達多長者為小兒子娶媳婦，娶的是同城另一位長者之女，名叫玉耶。這玉耶自幼嬌生慣養，長大後養成了一副驕縱任性的性格。出嫁之後，自恃年輕貌美，輕慢夫婿，不敬翁姑，與妯娌間也不能和睦相處。須達多長者老夫婦倆為這個憍慢無禮的兒媳婦，感到十分傷心。最後無計可施，他們到祇園精舍去求見釋尊，說明原委。最後說：「唯願世尊哀愍我等，並諸弟子明日請到舍間說經，令心開解。」

　　第二天，釋尊帶了一些弟子，來到須達多長者家中。長者一家大小都出來恭迎釋尊，唯有玉耶女躲在房中避不見面。須達多長者深感慚愧，釋尊安慰他說：「你不必難過，玉耶一會兒就會出來的。」

　　釋尊到廳中坐定，以神通力，把長者家中變成透明的琉璃房舍，內外無有障礙。玉耶女見釋尊莊嚴慈祥的坐在那裡，她的憍慢之心消除了一大半，她自知隱藏不住，只得心懷惶恐的走出來，合掌低頭走到釋尊前，默然無言。

　　釋尊說：「玉耶，女人不能以面貌姣好是美，要心地端正善良才是美。女人生來就有十種業障，我來說給你聽：

　　一者，重男輕女的觀念，生了女孩，父母心中不喜。

　　二者，女孩養大是人家的人，父母不喜。

　　三者，長大時選擇夫婿，賠送嫁妝，使父母操心。

　　四者，女孩害羞、膽小、惴惴不安，這是不如男孩之處。

　　五者，長大後必須委身他姓，離開父母，自己不能做主。

　　六者，懷孕之時，種種不便，苦不堪言。

　　七者，生產時，痛苦萬端，甚至因難產致命。

　　八者，依賴丈夫生活，常恐丈夫移情別戀。

　　九者，性好虛榮，裝飾打扮，其實身多不淨，甚於男人。

　　十者，多疑善妒，好談是非，身心不得自在。」

　　玉耶女聽到這裡，憍慢之心已全部消除，她惶恐的問：「世尊，婦女應該怎麼樣奉事翁姑夫婿呢？」

　　釋尊說：「奉事翁姑、長輩、夫婿，要做到下面五件事：一者早起晚睡，有美食要先敬進。二者翁姑夫婿責罵，不得心中懷恨。三者對丈夫忠實，不得別生邪念。四者照料丈夫生活起居，使他健康長壽。五者丈夫出門遠行時，要操持家務，不可懈怠。這叫

做五善。相反的，如果輕慢夫婿，不敬長輩；早睡晚起，美食自啖；夫婿教誡，瞋目相對的；或者不喜歡丈夫，心中懷念別的男人；甚至於願夫早死再嫁，這就叫做五惡。」

玉耶女心中慚愧，深感過去對翁姑丈夫憍慢的錯誤。

釋尊又說：「玉耶，世間做妻子的，有各種不同的類型。比如說，照應丈夫生活，如母親照應兒子似的，照應得無微不至，這叫做母婦。奉事丈夫，盡其誠敬，有如妹之事兄的，這叫做妹婦。奉事丈夫，敬順懇至，丈夫有過，婉言相勸，使其明慧的，這叫做知識婦。奉事長輩，竭情盡行，勤修婦禮，和睦處家的，這叫做婦婦。奉事丈夫，忠孝盡節，口不粗言，身不放逸，如民之奉王，這叫做婢婦。厭惡丈夫，常懷瞋恚，同床異夢，心常如寄。甚至於身行淫蕩，不知羞恥，陷入罪法，毀辱親里的，這叫做怨家婦。背夫通淫，恐夫察覺，毒心窺伺，欲與毒藥，或遣其情夫來殺害丈夫的，這叫奪命婦。玉耶，善良的婦女，人人尊敬讚美，邪惡的婦女，人人憎厭咀咒。你到底願做那種婦女呢？」

釋尊說到這裡，玉耶女慚愧得痛哭流涕，她跪下對釋尊說：「世尊，我過去愚昧無知，聽了世尊的教誨，才知道過去的錯誤。請世尊容我懺悔，今後我一定克盡婦道，不再起憍慢之心。」

釋尊讚歎她說：「人誰能無過？過而能改，最為可貴。」

於是為她說三皈依和五戒，玉耶女以後成了一個虔誠的優婆夷。

第十一章　佛教教團——僧伽

一、僧伽的由來

本文前面屢屢提「僧伽」二字，這僧伽二字究作何解？

僧伽，梵文 Sangha，音譯僧伽、僧加、僧佉、僧企耶。義譯為眾和會，和合眾。含有群眾的意義。僧伽一詞，在佛教興起以前，已在印度流行使用，當時印度恆河流域中部，許多新興的國家，隨著農業和手工業的發達，連帶著農工業產品的運輸和銷售也發達起來，這就促成水陸要衝都市的興起。像恆河北的迦尸，就是當時有名的工商業中心，恆河南岸的巴吒釐村，最初只是一個渡口，後來成為水陸交通要衝的城市——華氏城。

由於工商業的發達，富商大賈們自然的依其職業的性質，組織成不同性質的職業團體——有如現代社會的同業公會似的，這種團體，就稱為僧伽。

甚至於，那時毘舍離城人民所有的政治體制——會議政治的體制，也叫做僧伽。

這種社會上通用的名稱，後來也為宗教團體所採用。那時非正統宗教的沙門集團，弟子眾多的，也被稱為僧伽。釋迦牟尼世尊的教團，由度化五比丘開始，隨著人數的快速成長，於是也就成了僧伽——團體、眾。

《中阿含》卷六《教化病經》稱：

> 有若干姓異名族，剃除鬚髮，著袈裟衣，至信捨家無家，
> 從佛學道，是名為眾。

《大智度論》卷三曰：

> 僧伽，秦言眾，多比丘一處和合是名僧伽。譬如大樹叢聚，
> 是名為林，一一樹不名為林，除一一樹亦無林，如是一一
> 比丘不名為僧，除一一比丘亦無僧，諸比丘和合故僧名生。

僧伽在其他團體使用時，指的是整個團體而言。而在釋尊的
教團中，以後在使用上有了些變化。也就是說，如果是指教團全
體而言，自然是稱僧伽，但如果是指一部分，不是指全體而言時，
則至少要有二十位以上比丘，才可稱僧伽。到後來，因為遷就時
地制宜的情形，衍化到四位以上，就被承認是僧伽。

何以必須要四位以上呢？因為釋尊初轉法輪時，他的僧伽是
以男性為中心。即是以比丘為主體，但到後來，教團中有了四種
信徒——比丘、比丘尼、優婆塞、優婆夷。就是俗稱的「佛門四
眾」。因此，以上四種信徒，就是構成僧伽的成員。所以，在特定
的地區，人數至少四位以上，才被承認是「僧伽」。

本來，所謂僧伽，是包括出家、在家信徒集體的總稱。但是
在中國而言，僧伽二字只限於稱呼出家眾——出家的比丘、比丘
尼集團。似乎沒有把在家信眾算在僧伽內。

其實，組成僧伽的成員，最初是四眾，到後來演變為七眾。
釋尊住世時，他的教團中就有七種不同身分的弟子，這七眾弟子
的身分和名稱是：

（一）**比丘** 梵語 bhikṣu，音譯比丘、苾芻，漢譯為乞士。即是
年滿二十歲以上，出家受了比丘戒的男子。《大智度論》云：「云

何比丘，比丘名乞士，清淨活命，故名為乞士。復次，比名破，丘名煩惱，能破煩惱，故名比丘。復次，受戒時自言，我是某甲比丘，盡形壽持戒，故名比丘。復次，比名怖，丘名魔，能怖魔王及魔人名，當出家剃頭，著染衣受戒，是時魔怖，何以故怖，魔言，是人必得涅槃。」

其實，釋尊住世時，托缽乞食的沙門都稱比丘，後來才演變為佛教出家男子所專用的名稱。

㈡**比丘尼**　梵文 bhiṣuni，即是二十歲以上，受了比丘尼戒的出家女性。

㈢**式叉摩那**　梵文 Śikṣamāna——漢譯為學法女、定戒女、正學女等。女性出家，年在十八歲至二十歲之間者，允許其住於比丘尼團體中，學習六法——即不殺、不盜、不淫、不妄語、不飲酒、不非時食，以觀察其是否適合於出家生活。同時，也有觀察其是否有身孕的含意在內。

㈣**沙彌**　梵文 Śrāmaṇera：漢譯為息慈、行慈、求寂等。是依比丘而出家的少年。《四分律行事鈔》稱：「沙彌是梵語，此云息慈，慈濟群生故。」《南海寄歸傳》云：「授十戒已……最小十歲，至年十三者，皆云驅烏沙彌（會驅烏雀之謂），若年十四至十九，名應法沙彌，若年二十以上，皆號名沙彌。」

㈤**沙彌尼**　梵文 Śrāmaṇerikā，即是依比丘尼而出家的少女。沙彌尼是未婚少女出家者，滿二十歲以上，受比丘尼戒即成為比丘尼。而式叉摩那，約指少婦而言。

㈥**優婆塞**　梵文 Upāsaka，漢譯為清信士，或云近事男，是稱親近奉事三寶，受持五戒的在家男信眾。

㈦**優婆夷**　梵文 Upasakā，漢譯為清信女，或云近事女，是稱親近奉事三寶，受持五戒的在家女信眾。

二、戒律的制定

僧團成立的初期，團體中並沒有制定戒律，也許「六和敬」
法就是團體中的生活公約。據說，舍利弗曾要求釋尊預先制出戒
律，以為團體的規範，釋尊卻說：

> 舍利弗，我此眾中，未曾有法；我此眾中，最小者得須陀
> 洹果。諸佛如來，不以未有漏法而為弟子結戒。

釋尊的意思是，在弟子們沒有犯過失以前，如果先訂出一套
限制別人行為的戒律來，是對弟子們人格的不信任和不尊重。

最早的戒律，大約是在僧團成立的四、五年以後制定的。據
說僧團中有一個名叫須提那的比丘，他是毘舍離城迦蘭陀村的一
位長者之子。初出家時，頗為精進，僧團中人對他都十分敬佩。
有一年釋尊在毘舍離的大林精舍度雨安居,是年毘舍離發生饑饉，
僧團糧食補充困難。須提那稟明釋尊，帶了一些比丘回到迦蘭陀
村就食。到了家鄉，他父母堅欲他回家看看，他回到家中，禁不
住嬌妻挑逗，破了戒體，事後深為懊悔，回到大林精舍後，向釋
尊懺悔。釋尊為僧團前途著想，感到有制定戒律的必要，於是開
始制定戒律——當然，戒律，是點點滴滴陸續制定的，並不是一
次完成的。也就是說，遇到僧團中有問題發生，由釋尊加以處理，
這就成了一個案例，戒律是這樣累積而成的。

最早，皈依釋尊的在家信徒，釋尊多為之說「三論」——施
論、戒論、生天論。即是說，如果布施給沙門和窮人，並持守不
殺、不盜、不邪婬、不妄語、不飲酒諸戒，來生可生天。生天，
是隨俗而說的，傳統的婆羅門教，就是以生天為最高理想。在釋

尊的教法中，生天並不是究竟解脫，但比起八苦煎迫的人間總要好些，所以釋尊也講生天論。

至於五戒，也不是佛教僧伽所獨有，當時的耆那教——教主是六師之一的尼乾陀若提子，也有五戒的制定。耆那教的五戒是：不殺生、真實語、不盜、不婬、無所有。無所有，是指財物上一無所有。僧伽以五戒是在家信眾所遵守，所以將不婬改為不邪婬，將無所有改為不飲酒。

按說，殺、盜、婬、妄，全屬惡行，自然應戒。而酒的原料，唯米與水，若以淨財沽酒來飲，無損於人，為何也在禁止之列？殊不知酒能戕害身體，荒廢事業，迷亂心性，引發煩惱，造作殺、盜、婬、妄種種惡行。所以酒雖沒有直接威脅社會秩序，但許多破壞社會秩序的惡行多因酒而起，所以把酒也列在基本五戒中。

僧伽的在家眾持守五戒，而出家眾持守那些戒呢？從教團的發展和戒律制定的演變來看，在初期的僧伽中，出家眾所持守的，是由五戒開展而來的十戒。

這十戒的條文是：

㈠**不殺生戒**　不殺生，不僅是指不殺人而言，同時也包括不戕害一切有情——鳥獸蟲蟻的生命，這是慈悲心的推廣。進一步說，不但戒直接殺害生命，並戒殺因與殺緣，如漁獵為直接殺害生命，則販買漁具獵具即為間接殺害生命。至於為劫財殺人、私怨殺人，那就更所不許了。

㈡**不偷盜戒**　偷盜，有世俗的標準與戒律的標準。以世俗的標準說，有偷盜的行為與事實，才認定是偷盜。但在戒律上說，不與而取，皆謂之盜，雖一針一線之微，亦不許取。釋尊說戒的本懷，是維持人類和樂共存。要維持人類和樂共存，必須尊重他人生命，並推及於一切生命。所以第一戒曰：不得殺生。而人類

要維持生命，必須要有衣物糧食等資生之物。此資生物稱之為「外命」，如果資生之物被偷盜掠奪，必將威脅到物主的生存。所以第二戒曰：不得偷盜。

(三)**不婬戒** 對在家信眾來說，不得邪婬——不得與配偶以外之人發生性關係。但對出家眾來說，即是根本斷婬。以其志在淨行，應根絕婬欲也。

(四)**不妄語戒** 人類生存於社會，必須以語言來傳達意見，溝通感情。但必須以誠實語，質直語出之，若不聞言聞，聞言不聞，不見言見，見言不見，乃至未證言證，未得言得，皆屬妄語。進一步說，欺誑不實的「誑語」，柔順諂媚的「綺語」，挑撥是非的「兩舌」，刻薄謾罵的「惡口」，都在妄語的範圍以內。

(五)**不飲酒戒** 酒之為害，已如前說。

(六)**不非時食戒** 出家比丘，日中一食。日中之後，即不得進食，這是當時各沙門集團共同遵守的生活方式。

(七)**不著香華鬘、不香油塗身戒** 出家眾不戴花，不灑香水，這是為了避免虛榮心，也為避免男女之間互相誘惑。

(八)**不歌舞倡伎、不住觀聽戒** 出家眾不作唱歌、跳舞、伎藝等娛樂，亦不觀賞這些世俗娛樂，這是為了不使出家眾再為娛樂所迷，引發貪戀俗情，妨礙修持。

(九)**不坐高廣大床戒** 不坐華美輕軟的床座，應包括著不使用華美高貴的器物，以免因舒適放逸而忘了修道，所以要坐堅硬低下的床座。

(十)**不捉持金銀寶物戒** 出家眾不持金銀寶物，三衣一缽，日中一食，目的是減少對物欲的貪求，而忘了出家修解脫道的目標。

這十戒，可能就是早期僧伽所遵守的戒律，後來戒律因新事故的發生，形成的案例也愈多，到釋尊入滅時，比丘要遵守的戒

條已有二百五十條之多，而比丘尼要守三白四十八戒，這十戒就衍化成沙彌必須遵守的戒條了。

三、布薩、自恣

在僧團中，有一種「布薩」儀式，這是釋尊住世時就在僧團中施行的。據說，這種儀式，原是當時一些外道團體所制定並實行的，後來由於篤信佛教的頻婆娑羅王向釋尊建議，仿照外道的儀式舉行布薩，釋尊允許，於是僧伽中也施行布薩。

布薩，梵文 Uposatha，又譯曰布沙他、逋沙他。義譯為淨住、善宿、長養。其實就是每半個月一次的定期集會。時間定在每月的初一（太陰曆的新月）和十五（滿月）兩日的晚間，在一定的區域內，全部出家眾都要參加。由諸比丘輪流誦出波羅提木叉——戒律，參加的比丘各自反省，在此半個月內有沒有犯戒。沒有犯戒的比丘，則可保持沉默；若有違犯者，則犯戒的比丘，要在大眾面前把事實坦白的說出來，表示懺悔。由於這儀式是集合眾比丘說戒，使比丘住於淨戒中，能長養善法，故漢譯曰「長養」。至於布薩的日期，另一說每月月滿的十五日和月缺的二十九或三十日。

僧團中還有「自恣」的儀式，每年夏安居結束的次日——律上說是七月十六日，結夏的比丘，在一定的區域內，全來參加。時間也定在晚間，大家集於一堂，檢討各人在三個月的夏安居期間，在言行上有沒有違犯戒律。各人自行反省，也可以互相指出對方的過失，若有犯戒的，也要當眾懺悔。所以七月十六這一日，就稱作自恣日。

《增一阿含經》上記載有「佛自乞僧舉過」的故事。就是在

自恣日的會場上，釋尊坐在草座上——因為這是「恣僧舉過，捨憍慢故」，所以不坐本座而坐在草墊上——對諸比丘說：

> 我有沒有過失呢？我有沒有犯身口意三業呢？如果有的話，
> 你們可以舉出來，以便我反省懺悔。

至於夏安居制度，並不始自僧團，是那時傳統的習俗，僧團也是依照習俗而定的。事實上，印度的氣候，夏季燠熱多雨，外出諸多不便，釋尊定此制度，安居期間，比丘必須精進修道，不得遊走四方。

夏安居的時期，有前安居和後安居之分，大概是視雨季來臨的早晚而定的。前安居是從四月十六日到七月十五日；後安居是從五月十六日到八月十五日。安居時要「結界」——劃定區域，界內比丘無重大事故不得出界外。如果集中在精舍中安居，比丘不外出乞食，則房屋臥具的分配，檀越布施物的分配等，都有一定的制度。

此外，僧伽中還有遮布薩法，即不許犯戒比丘參加布薩說戒儀式，因為說戒是使僧團清淨、和諧的儀式，所以犯戒比丘沒有參與的資格。至於比丘犯戒而遮止說戒的如法不如法問題，則有所謂「羯磨」之制，就是僧團中的事務，以會議方式來決定，而羯磨大概就是議事的規程。即普通事務，向大眾宣告即可，稱為「單白」。重要事務，是先予宣告，再徵求大眾意見，稱為「白二」。更重要的事，是宣告之後，再三宣告，徵詢大眾意見，稱為「白四」。

這種方式，在今日看來，似乎是議事常規，本應如此。但在兩千五百年前的印度來說，用「民主方式」討論問題，可說是一項創舉。

在此附帶探討，釋尊住世時，出家比丘受戒時，要不要燃香——在頭頂上燒戒疤呢？答案是不要。因為小乘戒規定，不得故意損傷身體。正如中國《孝經》所說：「身體髮膚，受之父母，不敢毀傷。」所以比丘受戒並不燒戒疤。

比丘受戒燒戒疤，是中國大乘佛教的事。比丘燒戒疤是從《梵網戒經》衍化出來的，經上未提到燒戒疤，只提到燒指、燒臂，以至於燒身。《梵網戒經》中說：

> 見後新學菩薩，有從百里千里，來求大乘經律，應如法為說一切苦行，若燒身、燒臂、燒指，若不燒身臂指供養諸佛，非出家菩薩；乃至餓虎狼獅子，一切餓鬼，悉應捨身肉手足而供養之。後一一次第，為說正法，使心開意解。

《梵網戒經》不是原始佛教的經典，不知出於何時，也不知為何訂下如此殘忍的條文。要知道，佛代表的是法——《稻芉經》稱：「見緣起則見法，見法則見佛。」釋尊生平常說：「人能受法，能行法，斯乃名曰供養如來。」要人燒指、燒臂，以至燒身供養諸佛，決不是釋尊的本懷。

釋尊主張中道，並不主張苦行。大乘經典處處要人發菩提心，但菩提心若發得過了頭，就不合情理了。

四、僧伽的生活

僧伽由在家眾與出家眾所組成，所以其生活方式也要從兩方面來說。在家信眾的生活，除了持守五戒外，和一般人家沒有什麼差別。但亦有在家信眾，信仰虔誠，修持精進的，另持「六齋日」——即每個月八日、十四日、十五日、二十三日、二十九日、

三十日，在這六天之中，學習出家戒律和體驗出家生活。另有一種「八關齋戒」，即每月之布薩日，在家信眾在那一日一夜中，持守沙彌十戒的前八條，過一天精進修行的生活。《大乘義章》十二曰：

　　防禁故名為戒，潔淨故名為齋。

　　也就是藉著這一日，以清心之不淨，以禁身之過非，這就是齋戒。

　　至於出家眾，情形又不相同。出家的比丘和比丘尼，各自有各自的生活環境，沙彌依止比丘而住，沙彌尼和式叉摩那依止比丘尼而住。比丘尼眾的住所，原則上與比丘眾的住所保持適當距離，但也不能太遠，以便接受比丘的照顧與指導。每到布薩日，要請一位受過比丘戒二十年以上的比丘，到比丘尼眾的寺院說戒與指導。

　　出家眾的衣食問題，原則上都是靠布施為生。其實這是印度社會的傳統習俗，其他外道——沙門集團也是如此。出家修道者要努力修行，自不能在衣食問題上分心。

　　在衣著方面，僧團中「三衣」的規定，本文前面介紹過「袈裟」。袈裟，是出家人所著的法衣，有大、中、小三件。事實上，所謂三衣，只是三塊布，並且是小片縫綴起來的布。小號的布是五小片縫起來的，稱為五條衣，也稱安陀會衣，是裹在身上，掩蓋腰部以下用的，所以又稱下衣。中號的布是七片縫起來的，稱為七條衣，又稱鬱多羅僧衣，是披裹在身上，掩蓋上體用的，所以又稱上衣。大號的布，是九片縫起來的，稱為九條衣，又稱僧伽梨衣。這是披在外面用的，所以也稱大衣。大衣，最初大約是天寒時著用的，後來演變成大眾集會授戒說戒時的「禮服」。

三衣的來源，是接受檀越的布施。但也有修頭陀行的，從垃圾堆上撿些破布回來，縫綴成三衣，名之曰糞掃衣，或叫田相衣——以其一塊一塊的如田畔而得名。

三衣不一定是單層的，也可以用兩層或三層重疊起來。除了做衣外，還可以折疊起來做座具，也可以做夜間禦寒的寢具，一物三用，方便之至。

出家比丘食的問題，自然是托缽乞食。但關於飲食方面，律文中的規定很多，當待下節再述，此處先就僧伽住的問題加以探討。

佛教僧伽未成立以前，外道沙門——如苦行林中的修行者，住的問題如何解決，不得而知。教團成立之後，就有了精舍，由最早的竹林精舍，後來的祇園精舍，以及其他各地的精舍。精舍，是在雨安居時集中居住，聽釋尊說法或精進修道的地方。雨安居以外的時間，仍要出外乞食，也要個別的或結伴的出外傳道。

這種眾多比丘共住的精舍，在當時也稱做僧伽摩藍 Sangharama，意譯為眾園。這個名詞傳到中國，中國略稱為「伽藍」。

在雨安居時，集中於精舍修道的比丘，雨安居期中的生活所需，自然也是在家信眾支持供應的。像舍衛城的毘舍佉優婆夷，家資富有，有一年雨安居時，她請求釋尊帶領比丘眾到她家應供。第二天，釋尊和弟子們到毘舍佉家接受供養後，忽然天降大雨，有些比丘就冒著雨回去。這時，毘舍佉向釋尊提出請求說:「世尊，我有八件事情，請世尊慈悲允許。」

釋尊說:「你且說說看。」

毘舍佉說:「我有八點希望，一是允許我布施比丘們兩天所用的雨衣。二是允許我供養初入僧團的比丘。三是允許我布施出外

傳道比丘的齋飯。四是允許我供養生病比丘的湯藥。五是允許我供養生病比丘們的食物。六是允許我供養侍候生病的比丘。七是允許我經常供養僧團裡的乳粥。八是允許我供養比丘尼們的浴衣。」

像以上這種例子，可見在家信眾支持僧團的一斑。

比丘除了集中住精舍外，也有比丘個人得到在家信眾捐贈的建築材料，蓋一處個人修行所在的。這種建築多是避免雜沓之地，建在竹林或樹林中。像迦毘羅衛某聚落的一位長者，就特地建了一座精舍供養羅睺羅。

最後說到比丘眾的行，自然是「徒步行腳」。釋迦世尊最後一次行化，八十高齡，身上有病，還是一步一步的走路，由此就可概括其餘了。

五、乞食與素食

關於比丘飲食的問題，律文中的規定特別多。概略探討如下：

比丘的飲食，是靠托缽乞食得來的——比丘的本意就是乞士。乞食是印度的傳統習慣，婆羅門的遊行期、沙門集團的修道者，全是托缽乞食的。但是比丘乞食一般都在上午，而其進食的時間，是以拂曉到日影正中為限。一般都在午前吃，這叫做「時食」，過了日影正中的時間若吃東西，叫做「非時食」，非時食是不合律文的。

比丘進食，何以必須在日中呢？據說早晨是天人進食的時間，日中是佛陀進食的時間，下午是傍生進食的時間，夜間是餓鬼進食的時間，比丘為斷六道之因，所以效法佛陀日中進食。

不過律文中所說的日中，是日影正中，不是中國以子、丑、

寅、卯計算的午時。若以中國計時方式，一日十二個時辰，午時
應該是十一點到一點。但印度沒有這種以地支計時的方式，所以
日中就是日影正中，一點也差不得。《僧祇律》稱：「日中影過一
髮一瞬，即是非時。」如果正在吃的時候怎麼辦呢？馬上停下來，
甚至於日影正中時間到了，口中尚未吞下的還要吐出來。

　　日影正中之後，不得再有食物進口。不過飲水是可以的，但
飲水必先加以過濾，因為佛教重慈悲，愛惜物命。如果不加過濾
便予飲用或煮沸，就傷害了水中生物的性命。所以比丘出門，路
程較遠時，就必須攜帶一個濾水囊。萬一沒有帶，飲水時可用袈
裟角來過濾。

　　日中一食，常人還可以，萬一生病了怎麼辦呢？生病了可以
服藥石（食）──以食為藥，這不外是警惕自己，不是為了貪圖
口腹之欲而額外進食，是為了治病才服用的。

　　或問，釋尊住世時，當時的比丘是不是吃素？答案是不吃素。
因為比丘不自炊，托缽乞食，乞到什麼吃什麼，所以魚與肉都可
以吃。但《四分律》中有規定，象肉、馬肉、龍肉、人肉是不可
以吃的。除此以外，其他的肉都可以吃，但也有三個條件：1.不
是眼見為我故殺的；2.不是聽說為我故殺的；3.不懷疑為我而
殺的。

　　由於傳統的習慣，托缽乞食，檀越施給什麼吃什麼，所以小
乘佛教比丘並不素食。直到現在，南傳佛教的比丘不避魚肉。早
年有一位老居士撰文批評南傳佛教不素食，無慈悲心，有違佛制。
時在緬甸的樂觀法師撰文反駁，二人大打筆墨官司，文章收在《救
國護教集》中。原來南傳佛教不禁肉食，是佛制所允許的，素食
只是大乘佛教中國比丘的事，並且是南北朝梁武帝以後的事。素
食是梁武帝倡導的，當然這也與社會背景有關。中國比丘有寺院

可住，有飯頭炊食，素食自然辦得到，如果也托缽乞食，可能就有困難。因為中國民間素食的家庭不多，如果堅持乞素食，那只好「帶著乾淨的缽回去了」。

中國人所稱的素食，是指戒葷、腥兩項而言。腥是魚肉，葷是大蒜、革蔥、韮蔥、蘭蔥、興渠五種植物。但在印度，只禁食大蒜，以蒜有惡臭，食之有失威儀也。

說到食，附帶談談酒。酒是水果或糧食釀造的，既非腥，亦非葷，何以列在根本五戒之中？原來飲酒能使人神智昏迷，失去理智。酒本身不是罪惡，但飲酒後卻容易使人犯罪。試看社會上爭執、鬥毆、強暴、殺人等，往往於酒後犯之，可見酒之害人。

《四分律》中，列舉飲酒有十種過失，十過是：

> 一者顏色惡，二者少力，三者眼視不明，四者現瞋恚相，五者壞田業資生法，六者增致疾病，七者益鬥訟，八者無名稱，惡名流布，九者智慧減少，十者身壞命終，墮三惡道。

第十二章　回祖國傳道

一、回國度化

釋迦牟尼世尊，二十九歲出家，三十五歲成道。《本生經》上載，成道的第二年，釋尊曾回過故鄉一次。但是回去的情形並不十分愉快──並未受到故鄉父老一致的歡迎。所以《本生經》上說：「瞿曇初不容於故鄉。」

事實上，釋尊四十五年行化，並不是所到之處，天人擁護，眾生望風膜拜。而在傳道期間，遭遇到外道的排斥、挑釁，或民眾冷漠相待，也是不勝枚舉。本來，一位思想的改革者，或社會風氣的改造者，必然會遭遇到許多艱難與阻礙，這無寧是意料中事。至於初次還鄉未受到全體族人的歡迎，也自有其背景與原因。

所謂迦毘羅衛國，實際上是釋迦族的一個大聚落。淨飯王是國王也好，是共和國主席也好，但不是一個獨裁者。而部族政治，族中的老年人也有其地位與發言權。再者，釋迦族是貴族階級──剎帝利種姓，族人自然都是婆羅門教的教徒。於此諸種背景，我人可以推測出：

㈠悉達多太子放棄王儲之位，丟下父母妻子，出家雲遊，未必得到釋迦族人一致的同情──當然會有不以為然者。

㈡釋尊成道未久，教化區域僅在王舍城一地，迦毘羅衛地處山區，對他在國外的成就尚不夠了解。

㈢最使釋迦族人所不能接受的，是釋尊和一大群弟子，那一身乞士的打扮——身著壞色之衣，街頭托缽乞食。釋迦族一向以其族姓高貴而自豪，自尊心強烈到憍慢無禮的程度。如今悉達多離鄉多年，以這種情況回來，這也是族人反感的原因。

因此，釋尊回到故鄉，一些年老而頑固的族人，有一種「這樣不成材的後生小子，為什麼要歡迎他」的心態，而不為行禮。

——《本生經》中，還有一段「布施太子」的敘述。說是釋尊回到故鄉，不為鄉人禮遇時，忽然下了一場大雨。族人們認為這是祥瑞之徵，彼此交頭接耳的談論。釋尊宣說：「在前世，也有這種瑞雨為我而降下。」於是就說了一則故事，說從前有一位毘輸安咀羅太子，性喜布施。布施了他的白象，布施了他的兩個兒子給人做僕傭，甚至於布施了兩個兒子的媽媽——他的妃子。以後奇蹟出現，兩個孩子和妃子都又回到太子身邊，太子一家回國時，大雨沛然而降。這種聖化式的神話，殊屬「畫蛇添足」。一個修道者，可以布施他的國城財產，可以布施他的頭目髓腦，但不能布施妻子兒女，因為妻子兒女也有其獨立的人格。釋尊的教法主張眾生平等，尊重他人人格，豈有以人作物，用來布施之理？這類故事是後世添加的，無非是為了聖化。

釋尊行化四十五年，只是說法，並未著書。所有的一切經典，都是釋尊入滅後，輾轉口傳了數百年，再書於貝葉的。後人結集經典，出之於對釋尊的懷念與崇敬，因而誇張渲染的聖化、神化，不管其合理不合理。後世信佛而又學佛的人——尤其是在中國——不敢、也不肯對經典作客觀的批判。好像對經典稍存懷疑，就是冒瀆聖教。這樣一來，甚至於使西洋學者認為，歷史上根本沒有釋迦牟尼這個人。日本的佛教學者，懷疑許多佛經是偽造的。這對於佛教是得是失，值得我人的檢討與反省。

　　釋尊第二次返鄉，大約是成道後的第六、七年——住入舍衛城祇園精舍後兩、三年的事。拘薩羅國的波斯匿王，曾派使臣告知淨飯王，瞿曇是一位大徹大悟的佛陀，現在舍衛城度化眾生。淨飯王也立刻派了他的倖臣優陀夷到舍衛城迎接釋尊還鄉——這優陀夷後來也隨釋尊出家作了比丘。

　　釋尊第二次還鄉，得到舉國上下一致的歡迎。一則，釋尊多年行化，在國際上已有了崇高的聲望；二來，迦毘羅衛是拘薩羅的屬國，拘薩羅的波斯匿王對於釋尊的敬重，自然影響到釋迦族人的觀感。所以釋尊這次回鄉，駐錫於城外的尼拘律園，曾回王宮為淨飯王及百官眷屬說法，曾會見了姨母摩訶波闍波提和妃子耶輸陀羅，然後出宮回到尼拘律園。

　　釋尊此後還多次還鄉。自人的感情來說，父王和姨母都已年邁，不能不回鄉探視；自教團宗旨來說，度化眾生，天下的眾生皆要度化，又何能置族人於度化之外？所以，多次還鄉，省視父王和姨母，固然是原因之一；而度化眾生，也是重要的目的。

二、七王子出家

　　在許多有關佛傳的資料中，記載有所謂「七王子出家」的故事——釋迦族中的七位王子，受釋尊度化而出家修道。這出家的七個王子，有幾個對於釋尊和教團有重大的影響，在此不能不把七王子的身分來歷探討清楚。

　　釋尊的父親淨飯王，兄弟四人，淨飯王居長。以下依次是排行居二的白飯王、三弟甘露飯王和四弟斛飯王。有些資料中記載著淨飯王還有一個妹妹，名叫甘露，但與佛傳沒多大關係，一般都略而不談。

　　淨飯王的王妃摩訶摩耶，即佛經上所稱的摩耶夫人，生太子悉達多——釋迦牟尼世尊——後七日病逝，太子由其姨母摩訶波闍波提撫養。後來摩訶波闍波提也生有一子，名叫難陀，是釋尊的同父異母弟。難陀那年出生，不得而知。不過由釋尊度他出家時，他原準備要結婚這件事來看，可能要比釋尊年幼很多。

　　排行居二的白飯王有兩個兒子，長名提婆達多，小於釋尊，但不會相差太多。他出家後，最初頗為精進，但他領袖欲特強，後來要奪取釋尊教團的領導權，使教團分裂。白飯王的次子阿難陀，小於釋尊很多——有謂小於釋尊三十歲。他出家後，釋尊住世之年，他一直是釋尊的侍者，照應釋尊生活。後來的佛殿中造像，釋尊中坐，左邊立的老比丘是大迦葉，右邊的青年比丘就是阿難陀。

　　三弟甘露飯王也有兩個兒子，長子摩訶男，他不曾出家，後來淨飯王逝世，摩訶男繼位為王。到拘薩羅國的毘琉璃王領兵消滅迦毘羅衛時，他為拯救城中國人逃出，投入池中，以髮結在樹根上，殉國而死。甘露飯王的次子阿那律，隨釋尊出家，就是後來天眼第一的阿那律尊者。

　　排行四弟的斛飯王，也有兩個兒子，長名跋提，幼名婆娑，兄弟二人一同隨釋尊出家。

　　以上王族青年出家的，為難陀、提婆達多、阿難陀、阿那律、婆娑和跋提，共是六個人。再加上小王子羅睺羅，共為七個人——即所謂七王子出家。

　　這七個王子並不是同時出家的，核對多種資料，再加以推測判斷，這七個王子中，最早出家的是羅睺羅。

　　當釋尊回到王宮，為淨飯王和眷屬大臣說法完畢，離開王宮的時候，十餘歲的羅睺羅奉了母親之命，隨在釋尊身後，向釋尊

要財產——也許，耶輸陀羅的意思是，想藉著孩子為緣，來打動釋尊的心。所以，羅睺羅隨在釋尊後面，不停的說：「世尊，我是您的兒子，請把您的財產施給我吧！」

「世尊，請把您的財產施給我。」——財產，可能是指王位而言。

釋尊自然知道這是耶輸陀羅的安排，他伸手來牽著羅睺羅，慈祥溫和的說：

「羅睺羅，你要求財產嗎？何必求世上那些必定消滅的東西？讓我給你那些永久不會亡失的東西吧！那是我在菩提樹下聚集到的財寶，我可以全部給你作財產。」

就這樣，釋尊把羅睺羅帶出王宮，把他交給大弟子舍利弗尊者，要舍利弗尊者做羅睺羅的親教師，教育他如何出家修道。

羅睺羅年紀太小，不能算是比丘，因此他成為釋尊教團中的第一名小沙彌。

釋尊於度化羅睺羅後，下一個對象是去度化難陀——也許，這是下一次回國的事。一天，釋尊故意托缽走到難陀的門前。因為是釋尊親臨，守門者忙進去通報。難陀匆匆趕到門口，向釋尊行禮問候，然後就想離去。釋尊問他道：「難陀，你最近忙些什麼？」

難陀答道：「我和孫陀利姬快要結婚了，她是國內有名的美人，我得整天陪著她，討她歡心，不然她會生氣的。」

釋尊聽完後，也不說話，把手中的缽放在地面，返身往尼拘律園而去。

難陀見釋尊把缽留下來，他趕忙盛上滿缽的飯菜，追到林中。在他想，把缽送到釋尊處，他的任務已了，就可回家陪孫陀利姬了。

當他捧著缽到釋尊面前時，釋尊卻對他說：「難陀啊！你是我

的弟弟，我照顧一切眾生，就不能不照顧你。要照顧你，就不能不為你永久的幸福著想。為了你永久的幸福，你隨我出家好不好？」

難陀以為釋尊是試探性的問話，他就隨口應道：「好啊！」

釋尊馬上命身旁舍利弗等一眾弟子為難陀剃度，難陀見釋尊竟如此認真，不免大吃一驚。孫陀利姬尚在家中等候，自己如何能就此出家？但釋尊莊嚴的站在旁邊，自己又親口答應說好，又怎能拒絕？就這樣心不甘情不願的被剃去髮鬚，披上袈裟。

做了比丘的難陀，他整日裡想念孫陀利姬，意亂神馳，那有心情修行？釋尊自然明白，唯有再施善巧方便，來度化他的癡迷。據說釋尊以神通力，帶難陀到天界，天界有無數美貌如花的天女，釋尊問難陀道：「這些天女和釋迦族的女子比較起來，那個美麗？」

「比起這些天女來，世間女子就有如猿猴一般了。」

「難陀，精進修行，我保證將來你可以得到這些天女。」

回到祇園精舍，難陀果然專心修行。後來比丘間有流言說：「難陀是為了得到天女而修行的。」難陀聽到這種流言，心中十分氣憤。但他不與人計較，更加努力修行。過了一段時間，他終於開悟了。他主動去見釋尊，請求釋尊取消前約。釋尊知道，開悟了的難陀，給他天女他也不會要了。就說了一首偈，大意是：

> 踏越出煩惱的泥沼，
> 斷絕了愛欲的纏縛，
> 滅盡了心中的愚癡，
> 不再為苦樂欲染所動者，
> 這才是真正的比丘。

這個故事有濃厚的神話色彩，由此也可看出，釋尊是以善巧方便，度化這個為愛欲所煩惱的青年。

三、理髮匠優波離

佛經中「七王子出家」故事，說法不一。若以七個王子來說，如本文上節所述，七人中除了羅睺羅外，都是釋尊的兄弟——異母弟和堂兄弟。但另一說，有一次，釋尊離開迦毘羅衛城向南方傳道，途經未羅族的阿奴夷聚落，忽然釋迦族的幾位少年王子追上來，要隨釋尊出家。他們一行七人，這七個人是釋尊的堂弟提婆達多、阿難陀、阿那律、跋提、婆娑，另外二人，一名金毘離，一名優波離——以這件事為七王子出家。但這七個人中只有五個是王子，若加上羅睺羅和難陀，才湊足七王子之數。

釋尊度化釋迦族七王子出家，最先度的羅睺羅和難陀——一個是兒子，一個是弟弟。並且，幾乎是有點強制的方式要他二人出家。按說，淨飯王其時年已老耄——釋尊三十五歲成道，六、七年後返鄉，淨飯王總該八十多歲了。釋尊自己出家時，曾使老父傷心欲絕，如今在老父老耄之年，又把他的次子、幼孫，帶去出家，這是不是有點不近人情？

要解釋這一點，就要從當時的「國際情勢」說起。那時國際兼併，習以為常，摩揭陀國時時想討伐恆河對岸的跋耆國，就是一例。蕞爾小邦的迦毘羅衛，無「四兵」之戰備——四兵是步兵、騎兵、車兵、象兵——有強鄰之覬覦，其所以能倖存於一時者，是靠釋尊的「國際聲望」來維繫——諸國國王所敬重的「佛陀」頭銜。及至回到國中一看，朝中君老臣惰——八十多歲的老人，還有何作為？族人驕矜自大——自詡為日之種姓，高人一等，那些足不跨出國門一步的族人，老一輩的根本不了解國際間的風雲變化，一味奢侈宴安；年輕一輩的王子們，生長富貴之中，履豐

席厚，不辨麥菽。至於王弟難陀，庸碌無能，沉湎女色；羅睺羅年幼無知，難當大任。念及國家前途，唯有接引二人出家，俾將來國政由賢者繼任，或可挽救國家存亡於萬一，這就是釋尊戲劇性的接引羅睺羅和難陀出家的原因。

——觀二十年後，釋迦族卒以驕惰亡國，為毘琉璃王所滅。城破之日，王族被殺，幾無遺類，可見釋尊之先知。

優波離，是迦毘羅衛國中「首陀羅」種姓的賤民。賤民不齒於上三姓，路上有婆羅門或剎帝利種人經過，賤民要躲在一旁讓路；如果偷窺貴族人，可能被挖掉眼睛。如果和貴族人爭辯，可能被割掉舌頭，這就是階級制度上的不平。

——距釋尊住世的一千七、八百年後，蒙古人入主中國，也將全國人分為四個階級。蒙古人是「國人」，是戰勝的統治者；西域各部族是「戰鬥夥伴」，稱為「色目人」，地位次於國人；北方原受遼金統治者稱為「漢人」；新征服的南宋人民，叫做「南人」。蒙古人可以擄掠南人為奴隸，蒙古人殺死漢人、南人，只判罰金，漢人、南人殺死蒙古人就必須償命。時地不同，而制度之不平則相似。

優波離自幼學得一份理髮手藝，好不容易進入王宮，為王族的人理髮，王族的幾位小王子自幼都是由他來侍候理髮的，他為人謙卑謹慎，幾位小王子都很喜歡他。

一次，釋尊離開迦毘羅衛，南下傳道。釋尊離開後，族中幾位王子，嚮往釋尊的道法，計議著一同去追尋釋尊，出家修道。這其中，甘露飯王的小兒子阿那律，回家同他母親商議，他母親不願他出家，給他出了個難題：

「如果跋提也出家的話，你就可以和他同去。」

跋提是斛飯王的長子，他在王宮中有職位，身分重要，自然

丟不下職務出家，阿那律的母親無非以此做藉口罷了。阿那律去找到跋提，跋提果然以職務為理由而婉拒。並且說：「等我七年，七年後我同去隨世尊出家。」

阿那律鍥而不捨，和跋提談判，跋提由七年減為一年，一年減為一月，一月再減為七日，約定七日之後，大家一同出家。

——這無非是表現阿那律求道心切，而跋提能看破紅塵，棄功名如敝屣罷了。

七天之後，幾位王子——提婆達多、阿難陀、阿那律、跋提、婆娑五人，外加一位金毘離——可能也是王族青年——六個人要一同出門去追趕釋尊的教團，貴家子弟出門，不能不帶個隨從人員，也許是跋提的主意吧！帶著宮中老家人兼理髮匠優波離，既可途中服侍大家，到時候又可為大家剃髮，這樣就把優波離也帶上了。

他們一行人追尋釋尊的教團，追到末羅族所在地的阿奴夷聚落，追趕上了。找個適當處所，跋提要優波離為眾人剃髮，優波離為諸王子剃著頭髮，想到諸王子即將隨釋尊出家，自己身為奴隸，豈敢存此妄想？想到此處，不覺流下眼淚。

跋提王子以為優波離因即將與大家分別而難過，安慰他說：「優波離呀！不要難過了，我們要隨世尊出家了，我們把身上的瓔珞佩飾都留給你，你回家可以過富人的生活了。」

眾王子理過髮，解下身上的瓔珞佩飾，換上袈裟，興沖沖的去拜見釋尊。

他們走後，優波離對那些珍貴的瓔珞飾物看都不看一眼，仍在傷心流淚。

這時，一位威儀莊嚴的比丘走進來，問他：「你為何在此傷心？」

優波離抬頭一看，這位比丘他認得，正是釋尊的大弟子舍利

弗尊者。他立即轉身跪倒說:「尊者啊! 我是宮中的理髮匠優波離,我想請問您: 像我這種首陀羅奴隸身分的人,能不能出家做世尊的弟子呢?」

舍利弗慈祥的說:「優波離呀! 佛陀的教法,是究竟的平等、慈悲,不論他的種姓、貴賤,只要尊從佛陀教示,持守清淨的戒律,誰都可以做佛陀的弟子,來吧! 我帶你去見佛陀吧!」

釋尊欣然的接受優波離出家的請求,要人為他剃髮,為他說出家比丘戒,並勉勵他說:「優波離呀! 你有善根,將來一定可以弘揚我的正法。剛才跋提王子幾個人來要求出家,我雖然允許他們可以做我的弟子,但要他們去靜思七日,忘掉他們王子的身分後,再加入僧伽。七日後他們會禮貌的和你相見了。」

優波離達到了出家的願望,並且做了諸王子的師兄。

四、淨飯王的逝世

照一般佛傳資料上說,淨飯王是「晚年得子」。以印度人的年齡來說,晚年,假定是四十五歲上下,到釋尊成道之年,淨飯王已高齡八十了。釋尊數次返鄉,羅睺羅十餘歲出家時,淨飯王已快九十歲了。

三數年後,釋尊在王舍城靈鷲山的鷲嶺精舍中,有迦毘羅衛的使者求見,報告淨飯王病情沉重,希望和釋尊再見一面。釋尊一生說法,處處以孝順父母教誡眾生,可見孝道在釋尊心中的地位。釋尊聞知淨飯王病重,立刻帶著難陀、羅睺羅和阿難等一行人趕回迦毘羅衛。

九十多歲的淨飯王──一說淨飯王活到九十三歲──見到釋尊回來,心中又悲又喜,對環侍左右的眷屬說:

「佛陀說過：『諸行無常』，我活到九十多歲，眼見我的兒子成為人間最尊貴的佛陀，我深以為榮。現在我再見到佛陀一面，好像見到了死後的光明，你們不必為我悲傷。」

釋尊在病床前為淨飯王說法，淨飯王證得阿羅漢果，含笑而逝。

淨飯王的遺體，依照當時的習俗，抹以香油，纏以布帛，入棺收殮。靈堂中佈滿香花，釋尊和難陀、羅睺羅、阿難等在靈堂守護，到了出殯之日，釋尊和難陀等親抬著棺木，送往火葬場火化。淨飯王葬禮完畢，釋尊辭別了繼攝國政的摩訶男——甘露飯王的長子，釋尊的堂兄——到城外尼拘律園住了幾日，又繼續了他遊行傳道的旅程。

釋尊成道後，究竟回到故鄉過多少次，經典中沒有明文記載，不敢妄測。不過淨飯王逝世之後，釋尊仍回過故鄉，並且不止一次。這一點是可以肯定的。因為釋迦族五位王子和優波離的出家，淨飯王的妃子摩訶波闍波提夫人帶五百名釋迦族的婦女出家，都是淨飯王逝世以後的事。

釋尊還鄉，還有一件事值得一述的，是為鄉人調解了一件爭水的糾紛。故事出在《雜阿含經》，一般稱這個故事為《執杖經》，故事的經過是這樣：

釋迦族的迦毘羅衛城是在羅泊提河的西岸，羅泊提河的東岸住的是拘利族。兩族人都是靠羅泊提河來灌溉農田的，但羅泊提河的水量，常因天時季節而有差異。也就是說，河水偶爾也有枯涸的時候，到了河水不足灌溉，兩岸人為了爭水，偶爾就會有「械鬥」的場面發生。所謂械鬥，用的並不是兵器，而是手執木杖，所以就叫《執杖經》。

有一年，又趕上河水枯涸，河流變成了山溪，水量不敷灌溉之用，這時就出現了爭水的場面。爭之不足，繼之以鬥。雙方各

召集鄉民，手持木棒，趕到現場。這些鄉下農民，雖然手持木杖，
雙方列陣相峙，但並不見得人人都同仇敵愾，有必勝的信念。一
旦打敗了，被追趕棒打的滋味並不好受，所以這些人雖然手持木
杖，而內心並不是沒有恐怖，甚至於有手持木杖身卻戰慄的。

就在雙方對峙，鬥毆一觸即發的時候，適巧釋尊帶著一群比
丘經過。雙方都是鄉人親族，他自不能視若無睹，因而釋尊出面
調解，勸雙方面和平相處，平均用水，以度難關。一場爭執，由
此而解，釋尊特說一偈，可意譯為：

> 試看手執木杖的人，
> 見別人手執木杖亦心生恐怖，
> 為爭水而殺貴重之人命，
> 這豈是聰明者應有的舉動？

五、僧團中的比丘尼眾

釋尊的僧團中，最初只有男眾——比丘。古本的佛經中譯為
苾芻。後來羅睺羅出家，僧團中有了沙彌。至於僧團中之有比丘
尼，那是以釋尊的姨母摩訶波闍波提夫人出家為始。

摩訶波闍波提，義譯為大愛道。大愛道對於幼年間的悉達多
太子，可說是視同己出，親情深厚。及至太子出家修道，大愛道
牽腸掛肚，思念無已。後來太子成道，幾次回宮，成道後的佛陀，
慈悲莊嚴，一舉一動都給大家留下深刻的印象。特別是在宮中為
眾人說法，大家聽到一些聞所未聞的新道理，連淨飯王都皈依了
三寶，證得預流果。後來羅睺羅出了家，難陀出了家，許多王子
也出了家。大愛道心中常想，出家既然這麼好，男人可以出家，

女人是不是也可以出家呢？這種念頭在心中不時盤旋，但並沒有對別人說。

　　淨飯王逝世之後，有一次釋尊又回到故鄉，大愛道下了出家的決心，她向宮中婦女宣佈，她要隨佛陀出家了。宮中婦女，與她有同一想法的人很多，只是沒有人敢說出來。如今是夫人這麼宣佈的，消息傳出去，王族中有許多婦女都來宮中，求夫人帶她們一起出家。幾天下來，要求隨大愛道出家的釋迦族婦女，竟有「五百」人。這其中，也包括著釋尊出家前的妃子耶輸陀羅在內。

　　——經中這一類數字，我們不必過分認真，這應該只是一個大約的成數，不必是確數。例如說某外道有弟子五百人，某者有弟子二百五十人，未必是一個不多、一個不少的確數。這五百婦女，也可做如是觀。

　　《根本說一切有部毘奈耶雜事》二十九，記載著大愛道率五百釋迦族婦女出家的經過：

> 佛在劫比羅城多根樹園，時大世主與五百釋女，往詣佛所，禮雙足已，退坐一面，佛即為說種種妙法示教利喜。爾時大世主即聞法已，深已歡喜從座而起，合掌向佛白言：世尊，頗有女人，於佛法中出家，近圓成苾芻尼性，堅持梵行，得第四沙門果不？
> 佛言：大世主，汝應在家著白衣服，修諸梵行，純一圓滿清淨無諍，此能獲得長夜安穩利益快樂。
> 如是三請，佛皆不允，頂禮佛足，奉辭而去。

　　經文中的「劫比羅城」，就是迦毘羅衛城。「多根樹園」，就是尼拘律園。「苾芻尼」，就是比丘尼。「沙門第四果」，就是「阿羅漢果」。「大世主」，是大愛道的別譯。

大愛道請求出家，釋尊未允，但是她並未灰心，回到宮中，她要隨她出家的眾婦女，一致剃除了頭髮，披上了壞色的袈裟，第三天再度去見釋尊。但她們到達多根樹園時，釋尊已先一天帶著弟子往販葦聚落而去了。大愛道仍不退轉，就帶著眾婦女一路追趕下去。她們與釋尊始終相距一天的路程，直到釋尊一行在一個名叫相思林的地方停下來，她們才算追趕上了。可憐數百王族婦女，從不曾經驗過這樣的長途跋涉，一個個足底起泡，塵土滿身，疲憊不堪。

釋尊見她們這樣辛苦的趕來，便安慰她們一番，又依照習慣給她們說法。釋尊說法畢，大愛道又提出出家的要求，這次釋尊告訴她說：你們可以剃除頭髮，披著漫無條縫的袈裟，在家修清淨梵行，同樣可以得到利益安樂。

大愛道再三懇請，釋尊仍是不允。

這一次大愛道傷心了，她在釋尊門外「啼淚而立」。這時釋尊的侍者阿難走過來了——阿難出家後，一直隨在佛陀身邊為侍者。而大愛道，於阿難是伯母，所以阿難趨前問候。在他了知原委後，對大愛道非常同情，他安慰大愛道說：「您不要傷心，讓我去向佛陀再求求情看。」

阿難在釋尊前，很技巧的請示釋尊：「世尊！頗有女人，於佛善說法律中，出家近圓成苾芻尼，堅修梵行，證得第四沙門果不？」

釋尊說：「得有。」

阿難再請：「若如是者，願許女人出家。」

釋尊這時對阿難說出不允女性出家的原因：「阿難陀，汝今勿請女人於我善說法律之中，出家近圓成苾芻尼性。何以故，若許女人為出家者，佛法不久住。譬如人家男少女多，即被惡賊破其家宅，女人出家破壞正法，亦復如是。又復阿難陀，如作田家苗

稼成熟，忽被風兩霜雹所損，女人出家損壞正法，亦復如是。又復阿難陀，如甘蔗田成熟之時，遭赤節病便被損壞無有遺餘，若聽女人出家損害正法，不得久住速當滅盡，亦復如是……」

後來經阿難一再懇請——他認為大愛道對釋尊有撫育之恩，不能不報。釋尊最後在有「附帶條件」的情況下，允許大愛道和王族婦女出家。這附帶條件，叫做「比丘尼八敬法」。大意是：

㈠比丘尼要依照比丘受具足戒。

㈡於布薩日，到比丘眾所，受比丘教誡。

㈢安居處不能離比丘太遠（為便於請求教誡故）。

㈣不罵比丘。

㈤不舉比丘過失。

㈥雖年長比丘尼，亦要對初受戒的比丘頂禮。

㈦夏安居以後，得於比丘之前，自說「見、聞、疑」的三種自恣。

㈧比丘尼犯誹謗罪時，應在二部僧伽中懺除。

——釋尊不允許婦女出家，原因已如經文中所述。我們探討當時的社會背景，婦女出家，不便之處頗多。第一，男性出家為比丘，三衣一缽，林下一棲。女性出家，且不說能不能吃這種苦，首先在安全上就有顧慮。第二，婆羅門教和外道，都是男性，沒有女性。經中記有大迦葉的妻子妙賢，曾從裸體外道出家，竟遭到裸體外道的輪暴，由此可見婦女不宜出家。第三，婦女好說是非，後來僧團中有比丘尼偷雞難陀者，經中說她：「喜行惡法」，事實上就是長舌婦行徑，專說別人是非，這可能都是婦女不宜出家的原因。

大愛道出家時，可能年已七十多歲。二十多年後，她在超過一百歲的時候，先釋尊而逝世——入於涅槃。

第十三章　與外道的衝突鬥爭

一、婆羅門的墮落

　　釋迦牟尼世尊，三十五歲在菩提樹下初成道時，曾反覆思考：究竟是深入世間，宣揚真理，去普度眾生呢？還是明哲保身，潔身自好，來獨享法樂呢？

　　固然，釋尊所證悟的真理：「微妙甚深，難知難解」，恐怕一般頑愚憍慢的眾生難以接受。但是另一方面，傳統的婆羅門教雖然為思想界所反對，但其在社會上仍然根深蒂固，難以動搖。自己去傳播一種與婆羅門思想相左的新思想，是否會遭遇婆羅門的抵制與排斥呢？

　　釋尊出世的時代，社會上反對婆羅門的風氣非常濃厚。連剎帝利種姓也對婆羅門的特權表示不滿,而支持各種非婆羅門思想。要問婆羅門何以為各方面所反對，一言以蔽之，無非是因長久享受特權，導致其生活腐化與墮落而已。

　　關於婆羅門的墮落，巴利文《經集》和《雜阿含》的《婆羅門經》中，曾把古代的婆羅門和當代婆羅門作過一番比較，經文的大意是：

　　古代的婆羅門，都是善行的人，他們個個都相當自制，他們摒棄一切逸樂，全力盡他們的義務。

　　古代的婆羅門，他們沒有羊群，沒有金子，沒有財產和穀糧。

他們的財富和糧食就是持誦的經文。他們堅守著使他們成為完善婆羅門的戒律。

曾經有堅守獨身四十八年的古代婆羅門，為的是追求他的信仰，實踐他的信仰。

古代婆羅門不與其他種姓人結婚，他們不「買」妻子，他們與妻子共享愛與和諧的婚姻生活。

古代婆羅門，嚴守道德戒律，他們貞潔、誠實、柔順、懺悔與努力，這些都是為人所稱頌的。

古代的婆羅門，舉止優雅，身體宏偉，名聲卓著，行為正當。他們不但熱衷於善行，而且竭力的阻止邪惡。因此，他們使人民獲得無比的幸福與快樂。

可是，墮落以後的婆羅門呢？經文中的大意是：

隨著時日的消逝，這些婆羅門逐漸的誤入歧途。他們眼裡只看到奢華的生活，和打扮得美麗入時的美女。

他們的車篷上畫滿了圖畫，邊緣上加滿彩飾，用上等的馬拉車。他們豪華的住宅蓋在風景優美、交通便利的地方，並有高大的門闕和花園。

世俗的財富：乳羊、珍寶、美女，全是婆羅門們所想要的。於是，他們杜撰經文，對國王說：獻給我們金銀，獻給我們財產，你們有的是，這樣你們來生就會擁有更多的財富。

而這些國王，居然信了婆羅門的話，不但舉行馬的祭獻禮，還舉行人的祭獻禮。所有的祭祀都作了許多的奉獻。經過慶祝之後，這些東西都歸於婆羅門所有。

等到聚集了許多財富之後，他們把珍寶儲藏起來。由於利欲薰心的緣故，對愛欲的渴望，在他們的心中燃燒得更加熾烈。

當戒律不再有效，敵意在奴隸和群眾間升起。武士和貴族分

裂而互鬥，妻子們也輕視他們的丈夫。

　　這些武士、貴族和婆羅門，還有其他受種姓制度庇蔭的人，對於他們的血統、地位不再顧慮許多，而任由他們自己沉迷於淫逸和歡樂中。

　　婆羅門不但墮落，並且也十分迷信。例如載於《摩奴法典》中的許多規定：不可吃祭過神的食物，不可飲用尚未哺小牛之母牛所擠出來的牛乳，不可吃洋蔥、蕈類的食物。還記載著：不可跳過繫著小牛的麻繩，不可觀看自己由水中反射的影子，白天不可面向北方汲水，夜晚不可面向南方汲水。不可踩踏陶器裡面的頭髮、骨灰或骨頭及碎物。並認為：面向東方吃東西可得長壽，面向南方可得名譽，面向西方可得快樂，面向北方可得廉潔等等，都是迷信而又可笑的事。

　　婆羅門的司祭者認為，在聖河——即恆河中洗浴其身，可使自己清淨無瑕，死後得升天享樂。直到現在，印度人還保留著這種傳統的思想。

　　由於婆羅門的墮落、迷信，並以其神祕繁瑣的祭祀儀式，杜撰經文，索取供物，過著放逸宴安，奢侈淫亂的生活，而表面上仍舊道貌岸然的勸人為善，這就引起了各階層——包括王族與庶民中的有識之士，認為婆羅門不足信賴，而否定其傳統的權威。

　　——像當時信徒眾多的耆那教，就認為婆羅門日常按照吠陀聖典祭祀，無意義且無價值。而尤其反對祭祀時宰殺動物，耆那教非難婆羅門的祭祀儀式說：如果人可以藉聖河的水而洗清惡業，則善業是否也一起洗掉了呢？如果每日藉著點聖火而清淨，那麼鐵匠就是最清淨神聖的了。

　　諸如此類的否定婆羅門教，社會上興起了許多革新的思想家，他們也出家修道，時而在森林中潛修，時而入街市聚落乞食，以

說法換取到食物。這些人被稱為遁世者或遊行者，這就是當時的沙門集團。這些沙門，在宗教界思想界出了名，也得到國王的禮遇，和社會人士的支持。

這些沙門集團，在早期的佛經中稱之為「外道」。

二、外道的異端邪說

因反對婆羅門思想而興起的自由思想家，在當時社會上稱之為沙門集團，後來佛教教團興起，稱他們為外道。《佛學辭典》解釋說：「於佛教外立道，為邪法而在真理之外者。」這當然是一種貶抑性的稱謂。中國春秋戰國之世，思想界百家爭鳴，有所謂諸子百家之學。後來儒家定於一尊，並不能貶抑他家學說為邪說。不過那時印度的自由思想家，其理論之謬誤荒唐，確也是實情。

當時的自由思想家——外道有多少派別呢？諸說不一。如《四宗論》有四外道之說；《維摩經》有六師外道之說；《唯識論》有十三外道之說；《瑜伽論》有十六外道之說；《大智度論》及《華嚴經》有九十六種外道之說。不過一般都以六師外道為代表。

關於六師外道，本文第二章已有所介紹。我們再回顧一下他們的思想理論，實在是非常荒謬。像富蘭那迦葉，是道德否定論者，他否定業報，否定善惡。「於恆河南岸臠割一切眾生亦無有惡報；於恆河北岸為大施會，施一切眾生，利人等利，亦無有福報。」而這種破壞社會道德秩序的思想，在當時居然頗為風行。也許這正是對於婆羅門表面上道貌岸然，勸人布施為善，而自己卻過著奢侈放逸生活，使世人思想陷於迷失混亂狀態的一種反抗吧！

像末伽梨瞿舍離的理論：「人之善惡淨穢，悉由命定，非由戮力懈怠而得……既定之苦樂，於輪迴中，不增不減……」這是否

定個人努力意志，一切聽命的安排。後來釋尊批評這種思想，有
如用人的毛髮織成的衣服，夏不吸汗，冬不保暖，不但全無用處，
且給社會帶來迷惑與傷害。這一派沙門，在當時被稱為「邪命派」。

　　阿夷多翅舍欽婆羅是徹底的唯物論者，只認定地、水、火、
風四大元素為實在，否認物質之外有精神或靈魂的存在。這在當
時被稱為「順世派」。

　　婆浮陀伽旃延，也是唯物論者，也否認善惡業報。

　　若把當時各家各派──包括婆羅門教和各種外道思想加以分
析研究，這些謬誤思想可歸納為五類：

　　㈠神意論　這是婆羅門教的主張，即是認為人和世間一切，
悉由大梵天所創造，也為大梵天所支配。不認為人有自由意志，
人為解脫煩惱所作的努力與修行終歸徒然。人既沒有自由意志，
其善惡行為便沒有責任可言。

　　㈡宿作因論　事實上就是宿命論。此種主張以為，今生的吉
凶禍福，都是過去作為所結的果，所以今生的命運就是前生的果
報。人今生的努力和作為，只能改變來生的命運，而不能改變今
生的命運。

　　㈢結合因論　此論主張人生與世界，是由地水火風諸要素結
合而成，由結合的良窳而決定人生的吉凶苦樂。此種結合在出生
時即已決定。所以今生的努力不能改變其命運，這一點和宿命論
相似。

　　㈣階級因論　此論主張人生的命運，生來就被分為黑、青、
紅、黃、白、純白六種階級，由此而決定了人的個性、智愚、貧
富、苦樂等等，後天的努力不能改善此種決定。

　　㈤偶然論　此論主張，人生的命運，不是由業報法則所支配，
亦不是由個人的努力或懈怠可改變。社會上不乏為善者遭遇不幸，

為惡者卻得享幸福，這一切都是憑著偶然的機會而決定。

　　像以上種種謬誤的異端邪說，否定業報，否定善惡，否定個人努力的意志，使世人的思想陷入迷失混亂的狀態。待到釋迦牟尼世尊出世，由他證悟的真理，以緣起法則說明宇宙人生的生起；以諸行無常、諸法無我說明宇宙人生的實相；以四聖諦、八正道說明人生之苦相，苦由何而來，以及由八正道修持的解脫之道。

　　語云：「天不生仲尼，萬古如長夜。」兩千五百年前的印度，由於釋迦牟尼的出世，以他的真理之光照耀世間，才予眾生以光明和希望，才予眾生的努力和善行以肯定，才予眾生以追求光明希望的目標。

　　然而，釋尊由成道到涅槃之間，四十五年，席不暇暖，四方行化，宣揚真理，而卻遭遇到婆羅門教和外道的排斥、阻撓、非難和攻擊。釋尊住世之時，不斷的和外道作思想上的鬥爭，這種事例，在《四阿含經》、《南傳相應部》經典中隨處可見。以下，我們就選出一些釋尊和外道鬥爭的故事來。

三、何謂賤者、何謂聖者

　　在《雜阿含經》卷四中，有一段釋尊與事火婆羅門婆羅豆婆遮，對於「賤者」一詞的爭論，故事的經過是這樣：

　　「如是我聞，一時佛在王舍城，迦蘭陀竹園，爾時……」爾時，釋尊身著袈裟，手中持缽，到王舍城「次第乞食」，到得一個婆羅門的門首，釋尊停了下來。通常，於托缽乞食時，還有一套儀式，先唱偈子，也就是傳道，然後乞食。這時，釋尊尚未開口，房內一個名叫婆羅豆婆遮的婆羅門——他是事火婆羅門，正端著供品，要行祭祀的儀式。一眼看到有托缽的沙門上門，便粗言惡

語的叫道:「去、去，我正在作神聖的祭祀，賤者是不能進來的。」

　　這正是婆羅門憍慢自大的心態。他們一向自認為婆羅門是天生的種姓高貴，高出賤者三等。賤民是沒有祭祀權利的。

　　釋尊出身剎帝利種姓，並不是賤者，也不會為對方輕視自己而有瞋恚之心。但是這是一個原則問題——基於眾生平等的原則，不能不辯。釋尊反問對方:「你可知道，什麼樣的人是賤者? 什麼樣的人是人格低下的賤者?」

　　這一問，使那位事火婆羅門瞠目結舌，回答不上來。他這時也認出上門托缽的沙門是誰了,他也用反問的方式說:「我不知道，沙門瞿曇，你知道嗎? 你說說看。」

　　釋尊說:「我知道。」

　　於是那婆羅門放下手中的供品，敷了個座位，請釋尊坐下，為他解釋「何謂賤者」。釋尊說偈道:

　　　瞋恚心懷恨，隱覆諸過惡，犯戒起惡見，
　　　虛偽不真實，如是等士夫，當知領群特。

釋尊像這樣說了二十七首偈，歸納起來，大致就是說:
㈠對人瞋怒且懷恨者。
㈡偽裝為善且無慚愧心者。
㈢傷害生命而無慈愍之心者。
㈣行為損人利己者。
㈤竊掠有主無主之物而為己有者。
㈥妄語欺人詐有財物者。
㈦作惡而自行覆隱者。
㈧貢高我慢而藐視他人者。
㈨自造過惡而誣謗他人者。

㈩沙門婆羅門如法乞食而訶責不與者。

㈠父母年老不加奉養者。

㈢生於婆羅門種姓，習誦婆羅經典，而行諸惡業者。

具有以上這種行為之一的人，就算是賤者。最後結論是：

> 不以所生故，名為婆羅門，
> 業為領群特，業為婆羅門。

意思是說：沒有天生的聖者，也沒有天生的賤民。應該是以其業力行為來決定其為聖者、為賤民——領群特，是賤民的意思。

這就是思想上的鬥爭——雖然只是口頭上爭論。而婆羅門以為他天生就是高貴的，而視首陀羅種姓天生就是賤民。

在《小部經典》，《經集三》的《九婆斯吒經》中，有一段關於「聖者」的解釋。經文大意是：有兩個婆羅門種姓的青年，為「什麼樣的人才可稱為聖者」這個題目而爭論。爭論不出結果，兩人去請教釋尊。

經文全用韻文寫成，釋尊答覆兩個婆羅門的話，洋洋灑灑，有六十三節之多。例如：

「斷絕種種束縛，心中不懷恐怖，解結而獲自由者，這樣的人，可以稱為聖者。

無怒、勤勞，有德、無貪，克制而不再迷惘，這樣的人，可以稱為聖者。

智慧深、思慮廣，辨別道與非道，到達至高的道理，這樣的人，可以稱為聖者。

貪念、憤怒，驕傲、偽善，有如芥子落於錐尖上，悉數脫落，這樣的人，可以稱為聖者。

對此世無所求，對彼世無所求，無迷戀而自由，這樣的人，

可以稱為聖者。」

　　釋尊全部的解答，其重點是說：決定一個人的尊卑——是否為聖者，不在其出身的種姓，而在其業力——行為。行為本身才是決定其是否為聖者的要素。

　　——這和賤民的標準一樣。沒有天生的賤民，也沒有天生的聖者，全是以他的行為來決定他是為賤民，還是聖者。

四、婆羅門的挑釁

　　婆羅門教是印度傳統的宗教，婆羅門種姓是印度最尊貴的階級，所以無疑的，婆羅門都支持婆羅門教。唯因釋尊領導的僧團發展迅速，各階層的人都有皈依釋尊的，這就引起了婆羅門的嫉妬與敵視。僧團中的比丘眾且不必說，釋尊本人也常遭遇到婆羅門的辱罵。以下幾個小故事，全是婆羅門的挑釁行為——這幾則小故事，都是出之於《雜阿含經》中。

　　第一個故事，發生在舍衛城，是時釋尊住在東園鹿母講堂，早晨起來，盥洗已畢，著衣持缽，到舍衛城乞食。走在路上，一個婆羅門迎面走過來，走近釋尊時，他立定腳步，伸出手指，指著釋尊破口大罵。

　　但是釋尊不予理會，安詳的繼續托缽，這就使那個婆羅門更為忿怒。他彎腰抓起一把土，向釋尊擲過去。無巧不巧的，正好有一陣風順著釋尊走路的方向吹過去，這一來，那婆羅門所擲出的一把泥土，正好被風吹回來，灑了他滿頭滿臉，那婆羅門驚慌失措，很尷尬的怔在那裡。

　　這時釋尊很安詳的對那婆羅門說偈道：

若人無瞋恨，罵辱以加者，清淨無結垢，

彼惡還歸己，猶如土岔彼，逆風還自污。

這首偈子如果加以語譯，就是說：

「如果有人，無緣無故的口出惡語，謾罵一個清淨無垢的人，他將自作惡自己受，就如舉土擲人，遇到逆風，結果是污穢了自己。」

第二個故事，是發生在王舍城的竹林精舍。有一天，一個婆羅門來勢洶洶地衝進竹林精舍，衝到釋尊面前，粗言惡語的大罵——因為他族中的一個青年皈依釋尊出了家，他忍不下這口氣而來挑釁。

釋尊默默的聽他罵詈，直到他罵夠了，稍微安靜下來，才平靜的問他：「婆羅門呀！你家中偶爾也有親戚朋友來訪的時候吧！」

婆羅門說：「自然有呀！那又怎麼樣？」

「到那時候，你偶爾也會以酒食款待客人吧！」

「那是當然的事呀！瞿曇。」

「如果你備下菜餚，而客人不接受你的款待，那些菜餚應該歸於誰呢？」

「如果他們不吃的話，那些菜餚當然仍歸於我呀！」

「婆羅門呀！」釋尊注視著他說：「你剛才所罵我的許多話，我決定不接受它，所以那些話只好再歸之於你自己。婆羅門呀，如果你罵我，我和你對罵，就如同主客相對用餐一樣，因此，我不接受這些菜餚。」

這時釋尊又說偈道：

無瞋何有瞋，正命以調伏，正智心解脫，

慧者無有瞋，以瞋報瞋者，則是為惡人，

不以瞋報瞋，臨敵伏難伏，不瞋勝於瞋。

三偈如前說。

釋尊的意思是說：一個智者，是沒有瞋恚之心的。如果以瞋報瞋，以罵還罵，則不能算是智者；如果不以瞋報瞋，不以罵還罵，不但調伏了對方，也調伏了自己。

還有一個故事，也是發生在舍衛城的東園鹿母講堂中。有一天，釋尊坐禪已畢，走出講堂，在講堂東側樹陰下經行，這時有一個以善罵聞名的婆羅門婆羅豆婆遮——婆羅豆婆遮，是婆羅門十姓之一，釋尊遊化時，常遇到這一姓的婆羅門。這時婆羅豆婆遮來到鹿母講堂，到釋尊身邊大罵。釋尊經行，他就跟在後面罵。

釋尊經行完畢，停下來了，婆羅豆婆遮以勝利者的姿態說：「瞿曇，你敗了吧！我已經勝利了。」

這時釋尊安詳的為他說偈道：

勝者更增怨，伏者臥不安。
勝伏二俱捨，是得安穩眠。

釋尊說的意思是：以惡語污言辱罵別人，愚者就自以為是勝利了。如果他敗了呢？他會痛苦得寢食難安。真正的勝利者，是捨棄勝負觀念，不以忿怒對付忿怒的智者。

當然，按經典文學的體裁，這幾節經文的結尾，都是說：「婆羅門聞佛所說，歡喜隨喜作禮而去。」以和平收場。但是，我們探討的是前一半，婆羅門挑釁事件層出不窮，由此也可見釋尊的「遊行教化」，遭遇到過多少困難與阻礙。

五、外道的陰謀

與外道不擇手段的污衊來比較，婆羅門的登門辱罵，已算是微不足道的小事了。

巴利文三藏的《本生經》上，記載有一段釋尊為外道污衊的故事，這故事發生在拘薩羅國舍衛城的祇園精舍中。

釋尊的教化之傳入拘薩羅國，較之在摩揭陀國的發展要困難得多。摩揭陀國的頻婆娑羅王，於釋尊初出家時就有了友誼。釋尊成道後，二度重入王舍城，由於受全國百姓尊敬的三迦葉兄弟皈依了釋尊，上千比丘隨行，聲勢浩大；頻婆娑羅王也給予最盛大的歡迎，和最崇高的禮遇。

入駐竹林精舍後，又有舍利弗、目犍連、大迦葉等婆羅門種姓的貴族青年皈依座下，連有名的論師長爪梵志也依佛出家，以此種種因緣，教團在大王舍城地區得以順利發展。

而拘薩羅國則不然。舍衛城地區，外道的勢力非常龐大，除了傳統的婆羅門教外，要以末迦梨瞿舍離一派的外道——亦稱之為邪命外道的苦行者，最具影響力。祇園精舍建造之初，諸外道曾與舍利弗開辯論大會，後來也與目犍連鬥過神通，結果都一一輸敗。在六師外道的理論中，以末迦梨瞿舍離一派最為卑劣。他主張沒有善惡業力的果報，故不必努力，一切聽其自然。釋尊曾批評這種理論是：如漁人撒網於河口，戕害魚蝦之類的性命，末迦梨瞿舍離亦對世人張網，以其邪惡的教義，戕害眾生慧命。

由以上種種因素，舍衛城外道對僧團之敵視，尤超過於婆羅門對僧團的敵視。於是，一件醜惡的陰謀製造出來了，他們買通了一個名叫戰遮的少女——戰遮，亦譯旃闍。《大智度論》二曰：

「旃闍，婆羅門女，帶盂謗佛。」——戰遮於每天晚上，於釋尊信徒聽法完畢，離開祇園精舍的時候，她就打扮得花枝招展，向精舍的方向走去。到第二天早上，信徒們去精舍向釋尊問安的時候，她又從精舍門前，迎著大家向城中走去。

——釋尊的說法活動，雖也有時在白天，但多數是安排在晚間。因為在家信眾白天要工作，晚上才抽得出空暇。再者，晚間天氣涼爽，對說法的人或聽法的人都較為理想。

過了一段時間，她見人就宣揚她在精舍中和瞿曇過夜了。又過了幾個月，她用布片裹在腹部，看起來像是懷孕的樣子。並且對人宣揚說她肚子裡是瞿曇的孩子。

到了八、九個月的時候，她用個小木盆綁在腹部，外罩紅衣，並做出一副即將生產的疲憊相。有一天，正當釋尊在講堂中對大眾說法的時候，她出現於釋尊之前，指著肚子責問釋尊何以始亂終棄，置她於不顧。

頓時，講堂中一陣譁然，所有的目光都集中在釋尊和戰遮身上。這時釋尊莊嚴平靜的坐在法座上，而戰遮呢？扭動著她的腰部想走近釋尊時，嘣的一聲，腰間用以繫木盆的帶子斷了，接著噗通一聲，腹部的小木盆掉在地上。戰遮見奸計敗露，抱頭鼠竄而去，一場陰謀就這樣以喜劇收場了。

另一件陰謀，是出於巴利文三藏的《小部經》。這件陰謀是針對僧團而發的，事情也是發生在舍衛城祇園精舍。外道買通了一個名叫孫陀利的女人，叫她經常到祇園精舍隨信徒們去聽法，這樣出出進進的，很多人都認識她。後來，外道重金僱了幾個暴徒把孫陀利殺了，並把屍體丟在祇樹給孤獨園中，然後向官廳報案，說釋尊僧團中的人姦淫了孫陀利，並把孫陀利殺害了。這成了一件轟動舍衛城的社會新聞，街頭巷尾議論紛紛，比丘們出外托缽

乞食的時候，也受到市人的辱罵。受辱罵的比丘紛紛向釋尊報告，釋尊安慰他們說不必著急，七天之後真相就會大白。

果然，那幾個暴徒在外道處取得賞金，在酒店裡大吃大喝，由於賞金分配不均而發生爭執，繼而打鬥起來，當場被官廳邏卒捕獲。鞫訊之下，得知孫陀利是他們所殺，並且是由外道主使，案情終於大白，行兇者和主使者也都受到法律的制裁。

——佛經中有《孫陀利宿緣經》，收於《興起經》內，就是佛說其往昔的因緣。

以上這兩則故事，說明外道對僧團的敵視與妒恨，及鬥爭手段之激烈。釋尊晚年，目犍連為外道用山石砸死，是鬥爭中最嚴重的一件悲劇。

第十四章　原始佛教的根本思想

一、與外道共通的思想

　　個宗教的創立，必有其創立的時代背景。相對的，此一宗教亦必受到傳統思想與時代背景的影響。原始佛教的基本理論，有受到傳統思想影響的部分，也有為佛教所特有的部分，現在先自受傳統思想影響的部分說起。

　　佛教受傳統思想影響的理論——亦即與其他宗教共通的理論，主要是業與輪迴的思想。

　　業與輪迴的觀念，早在《奧義書》的初期——西元前六〇〇年的時候便已建立了。《奧義書》上說，人從欲而有，從欲而生意向——善惡的行為，從意向而有業，從業而有果。有情的生命，由其業力而分向兩個方向進行，一個方向是照現象化繼續，就是輪迴；一個方向是回到本體——梵界，就是解脫。這種思想，是以梵是宇宙的本源衍化而來的。

　　本來，善有善果，惡有惡報，應該是人類社會的共同原則。中國古代也有「為善之家必有餘慶，積惡之家必有餘殃」的說法。如果為善無善果，為惡無惡報，如六師外道諸論師的思想——否定善惡，否定業報，則社會道德秩序將無以維持，世人必將為所欲為，無惡不作了，為了維持社會道德秩序，這種善惡有報的因果律自有其存在的價值。

業報思想的特點，是自造業、自受果、因果連鎖於本人之一身，同時因果也通於三世——過去、現在、未來。

佛教從俗的接受了這種「業與輪迴」的思想，但是也有與傳統思想不同的地方，那便是不承認有一個輪迴的主體「靈魂」，而主張是業力自身的輪迴——到大乘佛教時代，發展衍化為輪迴的主體是阿賴耶識。

具體說明業力與輪迴事相的，是所謂「三論」——施論、戒論、生天論。釋迦牟尼世尊初組教團時，對皈依者說三論，那也是與其他外道相通的說法。施論，婆羅門教一向就有以食物衣物布施比丘，布施者可得功德果報之說。戒論，其他宗教也各有其戒條，甚至於佛教基本五戒的前四戒——戒殺生、戒偷盜、戒婬亂、戒妄語，與婆羅門教及耆那教完全相同，只有第五條不同。

生天論，也是當時流行的思想，婆羅門教將死者去向分為梵界、天界、人界。學習吠陀、祭祀、布施苦行、出家修習禪定，具有梵我一如的正智，就可轉生於不生不滅的梵界，可以獲得解脫，不受輪迴。其次，持戒、布施、修禪定，可以生入天界，當時的外道也以修禪定或修苦行為生天的途徑。生天，本不是究竟的解脫，但為引導不信業力果報的人具有正當的觀念，釋尊也從俗的接受了這種思想。

佛教受傳統思想影響的，還有修行可以解脫的思想。修行可以解脫，是婆羅門教的傳統思想，也是其他沙門集團的共同思想，雖然其修行的方式並不相同。《奧義書》上說，一個人——指上三種姓的再生族而言，一生族的賤民首陀羅種姓不在其中——如果恭謹虔誠的祭祀，則死後便能由天道而生於太陽的世界——獲得解脫。而外道有以修習禪定為獲得解脫的方法者。如悉達多太子初出家時，訪問阿羅邏仙人，阿羅邏仙人對太子說：

> 若欲斷此生死本者，當先出家修持戒行，謙卑忍辱，住空
> 閑處，修習禪定。離欲惡不善法，有覺有觀，得初禪。除
> 覺觀，定生入喜心，得第二禪。捨喜心，得正念具樂根，
> 得第三禪。捨苦樂，得淨念，入捨根，得第四禪。

亦有以修苦行為獲得解脫的方法者，如苦行林中的眾多修行
者，或著草衣，或衣樹皮，或臥於荊棘之上，或臥於水火之旁。
或食草木，或食水果……目的無非是為求得解脫。

佛教以修行可以解脫的思想，與其他外道是共通的，不過佛
教所修的是八正道。八正道，見第七章〈初轉法輪〉。

二、十二緣起

原始佛教的根本思想，有受傳統思想或當時環境影響——與
一般外道共通的部分；也有佛教本身所特有的根本思想。佛教本
身所特有的根本思想——即原始佛教的基本理論，是「緣起」。緣
起的定義，如《雜阿含》二九八經說：

> 此有則彼有，此生則彼生；此無故彼無，此滅故彼滅。

在《雜阿含經》中有更進一步解釋說：

「佛說：這裡有兩根束蘆，互相依倚纔能直立。朋友們，緣
名色而有識，緣識而有名色；此生則彼生，此滅則彼滅，正復
如是。

朋友們，兩根束蘆，拿去這根，那根便豎不起來；拿去那根，
這根也豎不起來，名色滅則識滅，識滅則名色滅，正復如是。」

關於識與名色，後文將有詮釋。此處所要說明的，是緣起法

則，以宇宙萬有，無獨立的個體，皆為相對的、關係的存在。關係條件具備，而有生起與存在，關係條件變異，則有壞滅與消滅。所以，原始佛教是以緣起——因緣生起攝持一切。不過，最初的緣起，是指生命緣起而說的。

關於生命緣起，《雜阿含經》中屢有述及，不過在《過去現在因果經》中敘述得最為具體。經文中說，釋尊出家修道，經過六年苦行，最後在尼連禪河畔的畢波羅樹下，結跏趺坐。經中稱：

爾時菩薩，至第三夜，觀眾生性，以何因緣，而有老死？即知老死，以生為本。若離於生，則無老死。又復此生，不從天生，不從自生，非無緣生，從因緣生。因於欲有色有無色有業生。

又觀三有業從何而生，即知三有業從四取生。又觀四取從何而生，即知四取從愛而生。又復觀愛從何而生，即便知愛從受而生。又復觀受從何而生，即便知受從觸而生。又復觀觸從何而生，即便知觸從六入生。又觀六入從何而生，即知六入從名色生。又觀名色從何而生，即知名色從識而生。又復觀識從何而生，即便知識從行而生。又復觀行從何而生，即便知行從無明生。

若滅無明則行滅，行滅則識滅，識滅則名色滅，名色滅則六入滅，六入滅則觸滅，觸滅則受滅，受滅則愛滅，愛滅則取滅，取滅則有滅，有滅則生滅，生滅則老死憂悲苦惱滅。

如是逆順觀十二因緣，第三夜分，破於無明，明星出時，得智慧光，斷於習障，成一切種智。

十二因緣，是釋尊純就人生的觀點立論，後來由生命的緣

起——生命由因緣生起，而及於宇宙萬有皆為因緣所生起。

十二因緣，在因果相續上，是：「無明緣行，行緣識，識緣名色，名色緣六入，六入緣觸，觸緣受，受緣愛，愛緣取，取緣有，有緣生，生緣老死。」這是順觀，又稱流轉門。而釋尊觀察十二因緣時，是以老死的事實往上追溯，即「以何因緣，而有老死？即知老死，以生為本」。再追溯「又復此生……因於欲有色有無色有業生」。以後再追溯，三有業從四取生，四取從愛生……最後追溯到「即便知行從無明生」。這是逆觀。但，如何跳出這生死輪迴的圈子呢？釋尊告訴我們：「若無明滅則行滅，行滅則識滅，識滅則名色滅，名色滅則六入滅，六入滅則觸滅，觸滅則受滅，受滅則愛滅，愛滅則取滅，取滅則有滅，有滅則生滅，生滅則老死憂悲苦惱滅。」這是十二緣起的還滅門。

在《雜阿含》二九八經中，對十二因緣有詳細的解說。如果以現代觀念和文字簡略的加以說明的話，則是：

㈠**無明**　無明是迷昧，是不覺，是無所其明的意思。也可說是惑，是癡闇，沒有智慧。

㈡**行**　行是造作，也可說是迷昧癡闇下的衝動。

㈢**識**　識是眼耳鼻舌身意六識身——後來大乘佛教發展為八識，而以受生死輪迴的第八阿賴耶識為代表。

㈣**名色**　名是四無色陰——即受、想、行、識四陰；色是四大種所造成的物質。亦可說是識入胎後精神物質的混合體。

㈤**六入**　又名內六處，又稱六根。也就是眼耳鼻舌身意六識的根。是指在母胎中發育至六根具備。

㈥**觸**　觸是感覺，六根對六境而生六識，但嬰兒初生，天真未鑿，根境相對的感覺尚在觸的階段。

㈦**受**　受是領納、是感受。有苦受、樂受、中容受。兒童漸

長，由好惡刺激而有不同的感受。

　　⑻愛　愛有欲愛、色愛、非色愛三種，因感受而對五欲六塵的貪愛。

　　⑼取　取有四種：欲取、見取、戒取、我取。因貪愛而攫取、執持，固執不捨。

　　⑽有　有是存在，有欲有、色有、無色有三種，有也是行為的結果，就是業——業有與報有。

　　⑾生　生是生命，由無到有曰生。也就是因業力而致的五蘊之身。

　　⑿老死　住世衰變名之為老；最後敗壞名之曰死。

　　在此我們探討，釋尊在菩提樹下，是觀察十二緣起而成道的。而釋尊初轉法輪，何以不說緣起而說四諦？那是因為「緣起甚深」——緣起「甚深最甚深，微細最微細，難通達極難通達」，不是一般人所能了解的。因此，釋尊把緣起說加以整理、組織，而以四諦說表達出來。所以，四諦就是緣起的另一種說明。

　　將十二緣起歸納起來，可歸納為苦、集、滅、道四諦；將苦、集、滅、道四諦開展起來，則演繹為十二緣起。十二緣起有流轉、還滅二門，其流轉門相當於苦、集二諦；其還滅門相當於滅、道二諦。

　　關於四聖諦，見本文第七章，此處不贅。

三、諸法因緣生

　　釋迦牟尼世尊在菩提樹下：「觀眾生性，以何因緣，而有老死？即知老死以生為本。若離於生，則無老死。又復此生，不從天生，不從自生，非無緣生，從因緣生。」由此可知，有情生命之生——

生起、存在，「不從天生，不從自生，非無緣生，從因緣生。」基於此一原則，而擴及於宇宙萬有，皆是「不從天生，不從自生，非無緣生，從因緣生」。因此，經典中常說：「諸法因緣生。」

　　諸法一詞的「法」字，有狹義和廣義兩種解釋。自狹義而言，法是軌持、是法則；但自廣義來說，法是通於一切的意思。舉凡世間一切——大的、小的、有形的、無形的、真實的、虛妄的、事物其物的、道理其物的，皆可謂之法。簡單的說，宇宙萬有，都是一一的法。

　　「諸法因緣生」的因緣二字，因是「造」義，也是「親生」義。《大毘婆娑論》白二十七稱：「造是因義」；《大乘義章》稱：「親生義，目之為因。」何以說因是親生義呢？以「因」能致「果」，因者能生，果者所生。

　　至於緣字，在此處是「由藉」的意思。依藉於他者謂之緣。《大乘義章》曰：「緣者由藉之義，緣別不同，故分為四。一者因緣，二者次第緣，三者緣緣，四者增上緣。」

　　關於「四緣」，此處不再詮釋。而「諸法因緣生」者，意謂宇宙萬法之生起、存在，皆是憑藉因緣而有——也可以說，一切事物的生起，皆要有其生起的因素和條件。即親與強力者為因，疏添弱力者為緣。經典中常以五穀的生起為例：以種子為因，以播種者及陽光雨露土壤為緣。有因無緣，不會有五穀的生起；有緣無因，也不會有五穀的生起。所以，《大乘入楞伽經》二曰：「一切法因緣生」；《楞嚴經》二曰：「彼外道常說自然，我說因緣。」

　　「彼外道常說自然」，是指釋尊住世時印度的思想界，對於人生問題的主張，有指為神意論者——人和世間悉為梵天所創造，人的意志是來自神的意志，人為解脫所作的努力與修行全是徒然；有主張宿命論者——或主張今生的命運，是前生的果報；或主張

人是由地、水、火、風、苦、樂、靈魂所結合而有，以結合的良
窳決定人生的命運。全是否定個人努力的價值，一切聽其自然。
亦有主張偶然論者，主張宇宙事物和人生命運只是偶然生成，人
生的苦樂貧富也是偶然而有的。亦有主張人死之後，一切散滅。
這種種主張，或為常見，或為斷見，都不是究竟的真理。唯有釋
尊證悟的緣起法則，皆隨著因緣聚散而生住異滅，這是原始佛教
特有的根本思想，也是唯一的真理。故經典中說：「彼外道常說自
然，我說因緣。」

　　緣起法則，顯示出宇宙萬有生滅變異的關係，也說明人生煩
惱的來源。進一步顯示在何種因素條件下消除煩惱，以達到離苦
得樂的理想境界。

　　照經典上說，緣起法有內緣起與外緣起兩種，內緣起是指有
情生命體的緣起，外緣起是指宇宙萬有的緣起。《大乘入楞伽經》
稱：

　　　　佛言：大慧，一切法因緣生有二種，謂內及外。外者謂以
　　　　泥團、水、杖、輪、繩、人工等緣合成瓶，如泥缽、縷疊、
　　　　草蓆、種芽、酪蘇，悉亦如是，各外緣前後轉生；內者謂
　　　　無明、愛、業等生蘊、界、處法，是謂內緣起，此但愚夫
　　　　之所分別。

　　「此但愚夫之所分別」，是說在一切法的空性上，無所謂瓶、
缽、蘊、處等名稱，但為隨順世俗假立名稱，為愚夫——我輩凡
夫分別之用。我們試觀宇宙萬有，何者非因緣和合所生之法？以
我們眼前的書桌為例，不就是木料、油漆、工具、匠人等因緣和
合下的產品？以我們手中這本書為例：人、事的因緣，如著書者
的理念、書寫、刪改、謄稿，而後定稿；物質的因緣，如紙、印

刷、裝訂，加封底面而後成書，不也是許多因素條件的配合嗎？

　　宇宙萬有，在因緣和合下而生起、存在。但當因緣變異或離散時，生起存在的事物也隨著變異或壞滅。書桌或書，將來或天然的因素，或人為的因素，終有毀壞、消失的一天。因此，所謂緣生或緣起，也包括著緣滅或緣散的含意在內。此所以舍利弗聽到烏斯西那比丘所說的偈子：

　　　諸法因緣生，諸法因緣滅，是生滅因緣，佛大沙門說。

　　他即遠離塵垢，得法眼淨。他並約了同學目犍連，一同皈依到釋尊座下。

　　緣起法則，是原始佛教所特有的思想，此思想是釋迦牟尼世尊所證悟得的真理。

四、無常與無我

　　原始佛教的根本思想，是「緣起」——宇宙萬有，都是相對的、關係的存在。這是宇宙萬有普遍的、必然的法則，這法則不是釋迦牟尼創造或制定的，而是「法爾如是」，由釋尊證悟所得。因此，在《雜阿含》二九九經中，釋尊說：

　　　緣起法者，非我所作，亦非餘人作。然彼如來出世及未出世，法界常住。彼如來自覺此法成等正覺，為諸眾生，分別、演說、開發、顯示。

　　原始佛教思想，是以緣起為中心而開展的。像四諦法門的苦與集，是緣起的流轉；滅與道，是緣起的還滅。緣起是由流轉、還滅作豎的說明，而四諦是以染淨因果作橫的解釋。此外，像五

蘊、十二處、十八界,也都是以緣起為中心,作某一部分的說明。於此,三法印也是在緣起的基礎上開展的。

三法印,是「諸行無常」、「諸法無我」、「諸受皆苦」。法印的法,是軌持、是法則,法印的印,是印證、是鑑定。依此印證,以判斷「法」的真偽,故稱法印。也可以說,三法印就是佛法的標誌。現在先由諸行無常說起。

諸行無常的行,一是「遷流造作」的意思。此行,也是十二緣起中的行支,五蘊中的行蘊。因緣集起的有為法,遷流變化,曰「行」。《大乘義章》曰:「有為集起,名之曰行。」

諸行無常,是指世間一切法——一切由因緣和合生起的有為法,生滅遷流,剎那不住,就謂之無常。釋迦牟尼世尊語:「一見不再見」;莊子云:「交臂非故」;孔子曰:「逝者如斯夫,不捨晝夜」;以至於禪宗語:「嬰兒垂髮白如絲」,都是剎那無常的注腳。

由嬰兒到髮白面皺,不是突變而成,而是剎那剎那的漸變累積而致的。一件器物的由新到舊,一朵鮮花由含苞到凋謝,也不是突然變舊或突然凋謝,也是由剎那剎那的變化而來的。

無常二字,在中國社會上常被普遍的使用,一般人常說:「世事無常。」其實豈止世事無常,萬法皆是無常。如曹孟德〈短歌行〉云:「對酒當歌,人生幾何,譬如朝露,去日苦多。」譬如朝露,是生命無常;白居易〈離亂詩〉云:「時難年饑世業空,弟兄羈旅各西東,田園寥落干戈後,骨肉流離道路中。」骨肉流離,是聚散無常;李太白〈越中覽古〉:「越王句踐破吳歸,義士還鄉盡錦衣,宮女如花春滿殿,只今惟有鷓鴣飛。」由宮女如花到鷓鴣飛舞是盛衰無常;劉禹錫〈烏衣巷〉:「朱雀橋邊野草花,烏衣巷口夕陽斜,舊時王謝堂前燕,飛入尋常百姓家。」王謝燕子,入百姓家,是世事無常。

因緣所生法，無實體，無自性，不能常住，所以「無常」無寧是必然的法則。但一般人說到無常，帶有悲觀沮喪的意味，以為由好變壞，由有到無是無常。事實不然，由好變壞，由有到無固然是無常，反過來說，由壞變好，由無到有，又何嘗不是無常？富貴者以驕奢淪為貧賤固然是無常，貧賤者以發憤至於富貴又何嘗不是無常？如果萬法常住，不能有新陳代謝，這社會豈不僵滯？

三法印的第二法印，是「諸法無我」印。諸法何以無我？因為宇宙萬法均為因緣和合的產物，其間無一絕對的存在，是故有情及萬法，都沒有實體、沒有自性，所以曰：「諸法無我」——這包括著「人無我」和「法無我」。茲以人無我為例加以說明。

我——有情的生命體，是以何因緣所組成？在原始佛教的經典中，以組成有情的要素為「五陰」——後世譯為五蘊。也就是五類要素，稱為色、受、想、行、識。這其中精神的要素有四，曰受、想、行、識；物質的要素為一，曰色。受想行識四者又稱為「名」，與物質的要素合稱為「名色」。就是十二因緣的第四支，按名色二字，為梵書時代以來常用的術語是「現象」或「個體」的意思，釋尊亦採用來作為有情組成的一個單位。現將五蘊略釋如下：

㈠色蘊　大致說，色蘊是物質現象。經典上說：「色蘊何相，謂四大種及四大種所造色。」四大種，是地大、水大、火大、風大。地大性堅，支持萬物；水大性濕，收攝萬物；火大性煖，調熟萬物；風大性動，生長萬物；換句話說，宇宙間的物質現象，是四大種所造成的。

㈡受蘊　受是領納的意思。分苦受、樂受、憂受、喜受、中容受五種。以現代語言說，就是我人生理上及心理上的感受。

㈢想蘊　想是「於境取像為性」，在現代心理學上，是一種概

念作用。

　　㈣行蘊　行者以造作為義，是一種意志活動。另一方面，我人的心識，念念生滅，剎那不停，也謂之行。

　　㈤識蘊　識是以了別為義，有眼、耳、鼻、舌、身、意六種，前五種是感覺器官，意識是認識判斷的作用。

　　生命個體，是由四大五蘊所組成，既然是多種因素條件的組成物，就無以避免生住異滅四相，也就是無常。如《大方廣佛了義經》稱：

> 我今此身，四大和合，髮毛爪齒，皮肉筋骨，髓腦垢色，皆歸於地；唾涕膿血，津液涎沫，痰液精氣，大小便利，皆歸於水；煖氣歸火，動氣歸風。

　　五蘊既然是無常的有為法，自然也虛幻不實，如《大莊嚴經》所謂：「色如聚沫，受如水泡，想如陽燄，行如芭蕉，識如幻事。」

　　五蘊虛幻不實，這其中當然沒有一個主宰而常住的我。《雜阿含》八十三經中，釋尊對眾弟子說：

> 五蘊不是我的主體；五蘊不是我該執取的；五蘊不在我之中，我不在五蘊中的平等正覺，如實知見……如果在上色領會到：色不是我的主體，色不是我應該執取的；色不在我之中，我不在色之中的三種有關我的認識，就叫做有了如實正觀。如在受、想、行、識中也領會到這三種有關我的認識，也同樣有了如正觀。

　　在原始佛教思想中，「諸法無我」是三法印之一，但同時又接受了婆羅門教的業力與輪迴思想，肯定業力的作用。但如果沒有了輪迴的主體，則業力與輪迴的意義又何在呢？這在原始經典中

無具體解釋的。至於經典中以第八阿賴耶識為輪迴主體，那是後來發展出來的。

五、涅槃思想

三法印，是諸行無常印、諸法無我印、諸受皆苦印。這三者是釋尊論證人生的三項特徵。後來有加入「涅槃寂靜」印，稱為四法印者。亦有認為無常、無我中已包括著苦，又把苦去掉，所以仍是三法印。

涅槃自字義講，有熄滅的意思，指的是貪欲、瞋恚、愚癡諸煩惱火燄的止熄。釋尊初組僧團時，對眾比丘說法，曾說過：「萬物皆在燃燒。」萬物燃燒，指的是眾生內心的煩惱；火燄的熄滅，就是涅槃。所以，涅槃就是四聖諦中的「滅」聖諦——滅聖諦，見〈初轉法輪〉章。

涅槃又譯為解脫。所有的高級宗教與哲學思想，都著重於身心苦惱的解脫。釋尊住世時代，婆羅門教和沙門集團，都具有以修行達到解脫的思想。佛教以修行證得涅槃，這一點和其他宗教是共通的。甚至於往深一層探討，涅槃思想，也是受《奧義書》解脫觀的影響。《奧義書》中嘗謂：

> 脫離住於彼胸一切之愛欲時，是時死為不死，而體現為梵。
> 破壞胸中一切之繫縛時，是時死為不死，此實優波尼沙陀
> （《奧義書》）之教也。

文中的「體現為梵」一句，也就是以梵為「解脫」境界。雖然理論上如此說，但婆羅門以此而達到「梵我一如」境界的，實絕無僅有。嘗有梵志對釋尊稱：「婆羅門能以五法，而得大果，即

真實苦行、梵行、貞潔、學習、離欲五種。」釋尊反問：「婆羅門中以此五法而得大果者，果有其人耶？」梵志無話可說。

當時的外道，有以為禪定可以達到解脫者——如釋尊初出家時所訪問的阿羅邏和伽蘭二位仙人，阿羅邏仙人以無所有處定為最高的解脫境界；伽蘭仙人以非想非非想界定為最高的解脫界；亦有以修苦行可以解脫——如許多苦行林中的修道者。這些方法，釋尊都修過，但都不能使他證得涅槃。所以他放棄苦行，離苦樂兩極端，處中道而行，因而證得涅槃——斷於習障繫縛，成為佛陀。

中道，經典上解釋說是：「中者不二之義，絕待之稱，雙非雙照之目也。」中倫偈亦云：「因緣所生法，我說即是空，亦名為假名，亦是中道義。」所以，中道，不是二邊折中謂之中道，中道的中，含蘊著圓滿、究竟、真實、無欠無缺的意義。釋尊初轉法輪，為憍陳如等五侍者說中道曰：

> ……形在苦者，心則惱亂，身在樂者，情則樂著……今者若能捨棄苦樂，行於中道，心則寂定，堪能修彼八聖正道，離於生老病死之患。我已隨順中道之行，得成阿耨多羅三藐三菩提。

在四聖諦中，釋尊說：「苦應知，集當斷，滅應證，道當修。」知苦就當斷集，證滅則須修道。修什麼道呢？修八聖正道。修八聖正道可證得涅槃——證得阿羅漢果。

釋尊住世時，佛弟子依八聖正道而修行，其境界循序漸進，在證果的程序上有四個階段，名為羅漢道之四果。第一階段為預流果——須陀洹果，是預於聖賢之流的意思，得此果者，再經七次的輪迴即證得涅槃；第二階段為一來果——斯陀含果，得此果

者，僅一次輪迴即得涅槃；第三階段為不還果——阿那含果，此為已證得涅槃，死後不再受生的意思；最高階段為阿羅漢果——義譯應供，以其已至無學地，應受人天供養，故稱應供。又譯曰不生，以其永入涅槃，不再來三界受生。

依照經典說，涅槃有兩種形式，一為有餘涅槃——指已得解脫輪迴之境界，而尚有現身之位；一為無餘涅槃，謂已得解脫輪迴之境界，其現身亦捨——即生命體亦不存在。但此說亦有別解，謂證得不還果者為有餘涅槃，證得阿羅漢果者為無餘涅槃，唯一般仍採現身亦捨為無餘涅槃之說。

上述證果的四個階段，或為一般之常規，亦有不依次漸進，而得超越解脫者。如目犍連於皈依釋尊後七日即證阿羅漢果，大迦葉皈依釋尊八日證阿羅漢果，舍利弗則於皈依釋尊後十五日證阿羅漢果。最早皈依釋尊的耶舍，亦於皈依後七日即證阿羅漢果。而亦有多年不能開悟者，如阿難為釋尊侍者二十五年未能開悟，直到釋尊入滅後，第一次經典結集的前一晚，他才開悟證果。

證果的阿羅漢是何境界呢？概略言之，當是心地開朗，情執解脫，超越了世俗的苦樂毀譽得失，而入於常恆的內心法悅的生活中。至於猝遇事故，或處於逆境時，阿羅漢以其正念正智，有超越常人的堅忍與定力。例如釋尊住世時，有優婆先那比丘者，一日於洞穴中坐禪，為毒蛇所嚙，毒氣周布全身，自知不免於死，乃請同修移其於穴外。舍利弗見之，見其諸根面貌一如平時，詰其緣由，優婆先那答：「因悟五根，非我及我所，肉體之死，殆無所關。」於是遂從容死去。

經典中載，證阿羅漢果者，均具神通力，如騰身空中等，唯釋尊認為神通是教化眾生的手段，而不是目的，在必要時可偶一行之，卻禁止弟子任意使用神通。

佛教與傳統的婆羅門教及其他外道所不同者，是在當生今世
證得涅槃，而不是死後獲得解脫。釋迦牟尼是三十五歲證得涅槃，
數以千百計的佛弟子亦於釋尊住世時證得阿羅漢果——有餘涅
槃，而最使我人難於理解者，則為無餘涅槃——色身死亡後的境
界。有一個外道思想家婆蹉曾問釋尊以如來死後，其解脫心之有
無的問題，釋尊答以：

> 如是，婆蹉，依於色而計如來，如來已捨其色。恰如多羅
> 樹之絕其根，而無生分，於未來為不生法。婆蹉，解脫此
> 色之如來，深遠不可計量如大海，謂再生亦不再生固不當，
> 謂不再生、亦非再生亦不當。依於受而計如來，如來已捨
> 其受⋯⋯（乃至想、行、識亦如上）

釋尊意思是：脫離五蘊的無餘涅槃境界，是離四句、絕百非，
言語道斷，心行處滅，唯聖者所知的境界，不能以經驗上的有無
來去之概念計度，亦不是以我人的語言文字所能表達的。

第十五章　釋尊的容色言行

一、釋尊如孔子——即之也溫

《論語》一書中，有幾處刻劃孔子容色的句子，十分傳神。

> 子溫而厲，威而不猛，恭而安。（〈述而〉）

——厲是嚴肅，不是嚴厲。

> 君子有三變：望之儼然，即之也溫，聽其言也厲。（〈子張〉）

——望之儼然，是莊重貌。聽其言也厲，厲是言辭正確。

> 顏淵喟然歎曰：「仰之彌高，鑽之彌堅，瞻之在前，忽焉在後！夫子循循然善誘人……」（〈子罕〉）

很遺憾的，在《四阿含經》中，我們就找不到這樣生動傳神的句子，給我們以刻劃釋尊容色的空間。因為所有的佛經，全是千篇一律的固定格式：

> 如是我聞，一時，佛在……佛說此經已，諸比丘聞佛所說，歡喜奉行。

按說，釋尊住世，約與孔子同時。《論語》，是孔門弟子記錄夫子的言行錄。《四阿含經》，是釋尊弟子記錄釋尊的言行錄。何

以前者生動翔實，後者卻千篇一律呢？我想那是因為，孔子時代，我們有普遍使用的文字——大篆；有書寫文字的工具——刻刀和竹簡。孔子的言行，當代就由弟子們刻在竹簡上傳下來。釋尊所處的社會，當時沒有書寫的工具，語言也不統一，有雅語、有俗語，更有上百種的土著方言。釋尊的言行，和他說的法，是弟子們以口傳口的傳誦下來。傳了數百年，到有文字記錄的時候，根本不是原來的語言，這中間已經轉譯過多少次了，如何還能保持語言的原貌？所以我們讀到的佛經，是千篇一律的固定格式。

　　要想在文字中捕捉釋尊的容色，我想在「莊嚴」、「慈悲」四個字中探索，雖不中亦不遠矣！

　　經典上說，釋尊有「三十二相」、「八十種好」，雖然是聖化的形容詞，但釋尊莊嚴慈悲的德相，是古今中外所公認的。

　　釋尊身心健康——在身體方面，他少年練過武，英勇非凡。出家後修過苦行，對於身體也是一種鍛鍊；在心理方面，釋尊斷除了習障煩惱，所以內心寧靜、安詳、和諧，而恆常處於法樂——即愉悅狀態。經典中說，證道後的釋尊，有十種法樂。摘錄幾條如下：

　㈠永恆而絕對的信心所產生的法樂。

　㈡最深的禪定境界所引發的法樂。

　㈢無限慈悲心所發出的法樂。

　㈣解脫一切煩惱和束縛而獲得的法樂。

　㈤遠離一切妄念，常保寧靜的法樂。

　㈥自由自在，沒有任何障礙和負擔的法樂。

　　——曾在某一本書上看到這樣的句子：「你可曾看到過愁眉苦臉的觀世音菩薩（像），你可曾看到過橫眉豎目的釋迦牟尼佛（像）」。這兩句話十分雋永，同時也顯示出佛菩薩在世人心目中

的形象。經典中有許多描寫釋尊身心儀表的詩偈，有一首稱：

> 佛面猶如淨滿月，亦如千日放光明。
> 圓光普照於十方，喜捨慈悲皆俱足。

釋尊的莊嚴，正如孔子的望之儼然；釋尊的慈悲，正如孔子的即之也溫。釋尊是人中的覺者，不受喜怒哀樂情緒的影響，故所以成其莊嚴；釋尊有超越常人的同情心與憐憫心，故所以成其慈悲。

經典上說，釋尊是「天人師」，是「眾生父」。誠然，釋尊有教無類，誨人不倦，是偉大的導師；釋尊演說正法，拯人慧命，如眾生的慈父。可是十分遺憾的是，出之於後代弟子對釋尊的崇敬與懷念，甚而出之於宗教的需要，釋尊不斷的被聖化、神化、偶像化，給他生平披上了神祕的色彩，掩蓋了他本來的真面目。

尤其是在中國，由於傳統的權威君父思想，更拉遠了釋尊與眾生的距離——佛祖高在雲端，法相莊嚴，光芒耀眼，不可瞻視。世間凡夫，想親近釋尊時，下意識中不覺就泛起「自慚形穢」與「冒瀆神明」的感覺。這種聖化釋尊，拉遠釋尊與眾生的距離，我想這不是釋尊的本懷。

事實上，釋尊住世時，只有僧伽安居的伽藍，並沒有塑著佛、菩薩、四大金剛、十八羅漢等等的寺院。釋尊住世時和弟子生活在一起，共同作息。釋尊涅槃時，並沒有遺命要人為他「造像」。釋尊入滅後數百年間，印度也沒有佛像的雕塑，直到西元一、二世紀，印度才開始雕塑佛像。傳到中國後，雕塑佛像，建造寺院成為佛教的象徵。

釋尊說：「見法者即見我，見我者即見法。」

釋尊說：「人能受法，能行法者，斯乃名曰供養如來。」

我們現在所見到的，只是寺院佛像，鐘聲梵唄，我們是以燒香膜拜、鮮花水果來供養如來的——只是，以「能受法、能行法」來供養如來的人，太難得一見了。

二、釋尊為病比丘浴身

釋迦牟尼世尊住世時，他三十五歲成道，八十歲入滅，其間四十五年，四方遊化。他和僧團中的眾比丘一樣，三衣一缽，入市乞食。往返於恆河南北岸王舍城與舍衛城之間時，他赤足徒步，托缽而行，千里路程，無車無馬，在僧團中他是導師，但在生活上他無異於一般比丘。

僧伽安居時，釋尊與眾比丘共同生活，並不享受特權，他與大家共同作息，說法說戒。他並不以教主自居，他是眾比丘的導師，「身教重於言教」，他以身示範，來達到教化的目的。

他的容色言行，在早期的經藏《四阿含經》——《長阿含經》、《中阿含經》、《雜阿含經》、《增一阿含經》；律藏的《四分律》、《五分律》、《十誦律》中，可找到一點線索。我們在此抄錄幾則小故事，以見釋尊住世時的本來面目。

㈠佛為病比丘洗浴　釋尊在祇園精舍時，僧團中有一比丘生病，釋尊去探視他。見病比丘身有垢污，就把病比丘扶起來，為他洗浴。洗拭畢，復為病比丘洗衣、曬乾。把病比丘臥身處舊草丟棄，打掃乾淨，牆壞處以泥漿補之，再鋪上新草，草上敷以袈裟，扶持病比丘睡好，再以一袈裟覆蓋在病比丘身上。

以上這個故事，出於《四分律》。玄奘三藏的《大唐西域記》云：「祇園東北有塔，即如來洗病比丘處。」又云：「如來在日有病比丘，含苦獨處。佛問：『汝何所苦，汝何獨居？』答曰：『我性疏

懶不耐看病，故今嬰病，無人瞻視。』佛慇而告曰：『善男子，我今看汝。』」

（二）**佛自掃地**　此事載於《根本說一切有部毘奈耶雜事》。釋尊在逝多林時，見地面不淨，就親自拿起篲——竹掃把，在林中掃地。這時舍利弗、大目犍連、大迦葉、阿難陀等一眾弟子，見釋尊親自掃地，大家趕快各執竹掃把一同去掃。釋尊與眾弟子把園林打掃乾淨，回到食堂中，就座而坐。這時釋尊對諸比丘說：「凡掃地者，有五種利益。一、自心清淨。二、令他人心清淨。三、使諸天歡喜。四、植端正業。五、命終之後常生天上。」

（三）**佛自修房門**　此事出於《十誦律》。釋尊在阿羅毘國時，見安居處房屋的門楣——門框上的橫梁損壞，釋尊就自持工具把門楣修好。

（四）**佛汲水洗比丘**　此事出於《四分律》。有一個名叫婆伽陀的比丘，律中說是「以降龍故」，得酒醉，搞得衣缽縱橫，丟了一地。釋尊與阿難共同把這個醉比丘抬到井邊，釋尊親自汲水，與阿難同把醉比丘洗淨。由此釋尊就制定下了不得飲酒戒。

（五）**佛自乞僧舉過**　這是《增一阿含經》上的故事。說是釋尊及弟子們夏安居結束，在「自恣」儀式的時候，釋尊坐在草座上——就是敷草於地而坐。因為這是「恣僧舉過，捨憍慢故」。所以不坐本座而坐在草上——告諸比丘說：「我無過咎於眾人乎？又不犯身口意乎？如是至三。」

（六）**佛自為盲比丘穿針**　這是阿那律的故事，出自《增一阿含經》。阿那律，是釋迦族七王子出家的王子之一，是釋尊的堂弟。「一時」——某一個時候，釋尊在舍衛城祇園精舍給眾比丘說法，阿那律於座中打起瞌睡來——這像是「宰予晝寢」，朽木不可雕也。釋尊說法畢，告誡阿那律說：「阿那律，你是良家子弟，抱著堅定

意志出家修道，為什麼在說法席上打瞌睡呢?」

　　阿那律慚愧得無地自容，他跪在地上頂禮釋尊，自誓曰:「世
尊，從今以後，縱使我身體腐爛，手足溶化，也絕不再有這種事
發生了。」

　　這以後，阿那律精進修行，以頭懸梁、椎刺股的精神來抗拒
睡魔。長期睡眠不足的後果，使他眼睛出了毛病。釋尊勸導他:
「阿那律啊! 不要過於刻苦，雖說應該避免懈怠，但也不可過於
苛刻自己，你要謀求中道才是啊!」

　　阿那律有一股執拗的脾氣，他回答說:「世尊，我已在如來面
前發過誓，我不能違背我的誓言。」

　　後來，阿那律眼睛不幸失明了——經中說，阿那律失去了肉
眼，卻得了天眼。本來，親契真理，用的是心而不是眼，但眼睛
失明，在日常生活上究竟有許多不便。有一次他為了縫衣服，千
試萬做，都不能把線穿到針孔裡。他自言自語的說:「諸位得道的
聖者們啊! 那位願意為我穿針?」

　　釋尊聽見，立刻走過去說:「阿那律，讓我來吧!」

　　《中阿含經》上也說:「佛親為阿那律裁三衣，諸比丘同時為
之連合，即成。」

三、魔羅的誘惑

　　釋尊於成道之前，在菩提樹下，金剛座上，戰勝魔軍，使得
魔王波旬丟盔卸甲而逃。釋尊由此入定思維真諦，於第三夜分，
破於無明，明星出時，睹明星而成道。

　　世尊戰勝魔軍，並沒有消滅了魔軍，所以魔羅仍時時在他身
邊窺伺，相機誘惑。

——俗語云：「道高一尺、魔高一丈。」有道就有魔，道與魔始終在相拒相持之中，雖大覺者如釋迦世尊亦所不免。《雜阿含經》中有兩個小故事，說的就是魔羅對釋尊的伺機誘惑，第一個故事是：

「一時」，釋尊在拘薩羅的喜馬龐德地方——喜馬龐德，就是喜馬拉雅，即古時的雪山。釋尊在山下林中的小茅屋裡，獨自沉思冥想：「人類間的政治，為何不能避免殺、被殺；征服、被征服；自己悲傷、也使人悲傷。而照著互相支持、互相協助的道理進行呢？」

這個時候，隨時窺伺於側的魔羅認為有機可乘，他現身於釋尊之側，輕聲細語的說：「世尊呀！做一個人間的轉輪聖王，親自操作政治吧！親自統治，實現沒有殺、被殺；征服、被征服；沒有悲傷、也不使人悲傷的遵從道理的政治吧！」

釋尊當然一眼就看透了魔羅的用心，於是很嚴肅的問魔羅道：「魔羅呀！你為什麼要叫我自己操作政治呢？」

魔羅又溫和的細語道：「世尊呀！您不是已經修成了四如意足，不是有力量可以使任何事情都依照您的意思做嗎？所以，如果您決意想做的話，把雪山化成黃金，也不是不可能的。」

釋尊就以下面的偈言，來答覆魔羅道：

> 正使有真金，如雪山王者，一人得此金，
> 亦復不知足，是故智慧者，金石同一觀。

這偈言的意思是：把雪山化成黃金，甚至於把它變成兩倍，也滿足不了一個人的欲望，領會了這個道理，還是行正道吧！

第二個故事是：

「一時」，釋尊在摩揭陀國傳道，一天，到了一個名叫五葦的

聚落。托缽的時間到了，釋尊像平常一樣，身著袈裟，持著缽，
從容安詳的步入村中。

　　沒有想到，這一天剛好是這一聚落中青年男女互相交換禮品
的祭祀之日，全村的人都忙於祭典，青年男女一顆心飛向所愛慕
的對象身上，沒有一個人想到拿食物來供養沙門。釋尊托缽遊村
一周，一無所獲，就是經中常說的：「帶著乾淨的缽回來」。

　　在歸途中，魔羅又抓住機會，悄然現身了。他輕聲的問：「世
尊呀！得到食物了嗎？」

　　「沒有得到，魔羅。」

　　「那麼」，魔羅建議說：「再折回村裡去，這一次，我設法讓
您得到食物。」

　　釋尊不上魔羅的當，毅然以偈言回答道：

　　　　正使無所有，安樂而自活，如彼光音天，常以欣悅食。
　　　　正使無所有，安樂而自活，常依欣悅食，不依於有身。

　　這就是說：即使沒有得到食物，我仍快樂的活著。像光音天
人一樣，我是以幸福為食而生。

　　這兩個故事，第一個，分明就是權力欲的誘惑。當時印度諸
國林立，政治動盪不安，釋尊以對理想政治的思索，而有由自己
來操作政治的欲念。但釋尊立刻警覺，向真理和聖者之境邁進，
與充滿貪欲和鬥爭的王者之道，究竟是兩條相異的道路。

　　第二個故事，是食欲的誘惑。即使是釋尊，每天托缽，也不
是天天都得到好的供養，甚至於有時會「帶著乾淨的缽回來」——
一無所獲。在這種情況下，為了生理需要，而興起重回村中一趟
的念頭，也不是一件不可思議的事。但如果真回去了，可能就與
戒法——乞食法不合，所以釋尊立即就拒絕了魔羅的建議。

——釋尊是人，所以他也偶爾興起種種欲望。釋尊是人中的覺者，所以他能抗拒種種欲望的誘惑。

四、十四無記

子不語：怪、力、亂、神。（《論語·述而》）
季路問事鬼神。子曰：「未能事人，焉能事鬼?」「敢問死?」曰：「未知生，焉知死?」（《論語·先進》）

儒家主入世，故其思想注重於倫理實踐，而不涉及於鬼神；釋家主出世，故其思想著重於精神解脫，但釋尊更主張實踐——以精神體驗的實踐行持以求解脫。而對於超越於吾人經驗認知之外的形而上的問題，他和孔子抱著一樣的態度，是不予討論，也不予答覆別人的詢問。這一類問題，就是當時流行的十無記或十四無記的問題。

十四無記問題，可分之為三組，第一組是關於宇宙最終的時空問題。第二組是關於人的靈魂和身體的問題。第三組是關於如來死後的還有或歸無的問題。十四無記，見之於《雜阿含》的四〇八經，其內容是這樣：

故事發生在王舍城的竹林精舍中，當時，有許多比丘聚在食堂中，討論當時思想界所流行的一些問題。

㈠這世界在時間上是有常的——能恆久不變而存在?
㈡這世界在時間上是無常的——不能恆久不變而存在?
㈢這世界在時間上是有常的，也是無常的。
㈣這世界在時間上既不是有常的，也不是無常的。
㈤這世界在空間上是有限的。

㈥這世界在空間上是無限的。

㈦這世界在空間上是有限的，也是無限的。

㈧這世界在空間上既不是有限的，也不是無限的。

㈨人的靈魂與肉體是同一的。

㈩人的靈魂與肉體是相異的。

㈣如來（覺悟者）死後是存在的——保留了某種主體。

㈤如來死後是不存在的——什麼也不存在。

㈥如來死後是既存在的，也是不存在的。

㈦如來死後既不是存在的，也不是不存在的。

這時釋尊走進食堂，在大眾前鋪好座位坐下來，問大眾在討論什麼問題，比丘把上述的問題向釋尊報告。釋尊教誡眾比丘說：

「你們不必討論這些沒有意義的問題，因為這些問題對於你們理解教法，修持梵行沒有任何幫助的。你們應該討論的是：這是苦聖諦的道理，這是苦集聖諦的道理，這是苦滅聖諦的道理，這是苦滅道跡聖諦的道理。為什麼呢？因為這對理解教法是有益的，這對修持梵行是有益的，這是智慧、正覺的表現，也是向涅槃之路前進。所以，比丘們，對於四聖諦的道，應該勤修方便法，興起往上學習的欲望，不間斷的去修習。」

把上述十四無記加以分析，不外是常見、斷見、懷疑說三種，都是探究形而上的本體論。探究這種無用的理論，對於法——合乎知的真理和道德的正義；對於義——有意義且有實用等，都沒有什麼用途。而討論四聖諦，對於理解教法、修持梵行才有幫助。

《中阿含》二二一的《箭喻經》，更明白的說明釋尊對於這類問題的態度。《箭喻經》是這麼說的：

釋尊在舍衛城祇園精舍的時候，有一個捨棄外道皈依釋尊的比丘，名叫鬘童子。他滿以為加入僧伽，釋尊會為他講解這些問

題的。可是加入僧伽後，釋尊從來不談這些問題，他忍耐不住了，決心找釋尊問個明白，如果得不到滿意的答覆，他就離開僧伽別往。

釋尊聽完了鬘童子的申訴以後，凝視著他說：「鬘童子啊！我並未向你說過，到我座下來修行吧！我為你講說十無記。而你也不曾告訴我說，你來我座下修行，是要我為你講說十無記。

如果有人要我解說十無記之後才來修行，這個人在了解我的教法以前便已經死亡了。因為這些問題，是無法以理性經驗解決的，是永遠無法解決的問題。

鬘童子，譬如有人中了毒箭，他的朋友見了，趕快為他叫醫生。而他卻說：『且慢，我不願把箭拔出來，除非我知道射我的人是男的、是女的，是誰主使他的，和主使人的姓名與氏族、年齡與面貌；我不願把箭拔出來，除非我知道那弓的大小，弓弦是蔓籐的還是筋絲的，箭桿是籐做的還是葦做的；箭翎是鷲翎，還是孔雀翎，綁在箭桿上的是牛筋還是鹿筋，箭鏃是鐵製的還是骨製的，上面塗的是什麼毒藥。』鬘童子，在這些問題還沒有弄清楚以前，這人恐怕早已毒發而死了。

鬘童子，世界是有限或無限，靈魂與身體是同一或是相異，人死後存在或不存在，這些問題縱使找到了答案，對於人生苦惱的解脫亦毫無裨益。」

五、釋尊的社會倫理觀

一般人以為，佛教是出世的宗教，佛經中說的都是出世修道的法門，對於社會上的倫理道德很少談及。其實不然，佛教是出世而又入世的宗教，所以有世間法與出世間法之分。不過是以世

間法為權假,而以出世間法為究竟。在世間法中,釋尊處處訓誡
世人孝順父母,和睦親族。對師長要尊敬,對朋友要誠信。這許
多訓誡,見之於《父母恩重難報經》、《演道俗業經》、《十善業道
經》、《善生經》等經文中,這一類訓誡,我們可名之為「釋尊的
社會倫理觀」。並以《善生經》為例,來加以說明。

《善生經》,是《中阿含經》的一品,經文的內容,是釋尊對
一個名叫善生的青年,解說一個人立身處世的準則。經文開始說:
「我聞如是,一時佛遊王舍城,在饒蝦蟆林,爾時……」

這時,有一個名叫善生的青年,一大早在水邊向東南西北上
下六方禮拜。釋尊適於這時經過,就問善生何以一大早在此向六
方禮拜。

善生認出向他問話的就是佛陀,恭謹的回答說:「世尊,我名
叫善生,我父臨命終時,遺命於我,教我禮拜六方。」

釋尊說:「善生,在宇宙虛空之中,哪有東南西北的方向呢?
所以你所禮拜的六方,只是一個名稱。在我的聖賢法中也禮拜六
方,但與你所禮拜的不同。」

善生懇求釋尊說:「世尊,請您指示,什麼是聖賢法中的禮拜
六方?」

釋尊見善生心意誠懇,就開示他說:

「善生,眾生有四種結業是要戒絕的,何者為四呢?就是殺
生、不與而取、邪淫、妄言。

善生,眾生有四種惡行是要遠離的,何者為四呢?就是貪婪、
瞋恚、愚癡及所作行業之後的恐怖。

善生,有六種損財造業的事是不能做的,云何為六呢?一者
耽於飲酒,二者喜好賭博,三者閒遊放蕩,四者迷於歌舞,五者
結交惡友,六者懈怠放逸。

善生，有四種人不可結交為友，結交了將使你蒙受禍害。這四種人是：心懷貪欲而假作畏伏的人；心有所求而甜言蜜語的人；偽作敬順而當面諂諛的人；為圖享樂來攀緣結交的人。

善生，有四種人是可以結交的益友，這四種人是：具有同情慈愍心的人；樂於幫助他人的人；朋友有過即予規勸的人；朋友患難絕不相棄的人。」

善生聽到釋尊的開示，字字皆金石之言，他滿心歡喜，伏地頂禮，請釋尊為他開示禮拜六方的意義。釋尊見他求法心切，就繼續說道：

「善生，在我的聖賢法中也禮敬六方，就是以父母為東方，以師長為南方，以夫妻為西方，以親朋為北方，以沙門為上方，以僮僕為下方。

善生，為人子者，當以五事侍奉東方的父母。一者供養父母，不令匱乏；二者凡有所為，必先稟告；三者父母所為，恭順不逆；四者父母正令，不可違背；五者父母正業，不為中斷。父母亦應以五事對待子女：一者制子不聽為惡；二者指授示其善處；三者慈愛入骨徹髓；四者為子慎選婚配；五者為子供給所需。

善生，弟子敬奉南方的師長，也有五事：一者對師恭敬；二者善加承事；三者見師速起；四者不違師教；五者從師明理，善持不忘。師長亦以五事善念弟子：一者付出愛心，善加教導；二者論其未聞，增廣智識；三者隨其所問，詳予闡釋；四者盡己所知，誨授不倦；五者選擇善友，使與交遊。

善生，為人夫者，當以五事對待西方的妻子：一者相待以禮，互相敬重；二者行為端正，使妻信任；三者供應衣食，不使匱乏；四者應季飾物，量力供應；五者委託家務，悉任主使。妻子亦應以五事對待其丈夫：一者先夫而起，灑掃庭院；二者請夫先坐，

然後入席；三者和顏悅色，言語溫柔；四者敬順夫意，不可違逆；五者先承意旨，而後作為。

　　善生，對待北方的宗族親友，也有五事：一者親友困乏，布施濟助；二者對待親友，恭敬禮遇；三者同營事業，利益均分；四者彼有困難，全力相助；五者誠實相待，不存欺心。親友亦以五事回報：一者時加勉勵，不令放逸；二者時為勸導，不令失財；三者善言規諫，不令作惡；四者當其危急，互相扶持；五者隱惡揚善，時予讚揚。

　　善生，作為一個檀越——布施的人，敬奉上方的沙門，也有五事：一者心存慈悲，不殺不盜；二者注重口業，不說妄語；三者不起貪念，不生瞋恚；四者供養四事（衣服、臥具、飲食、湯藥），不令缺少；五者門不設禁，聽令出入。沙門亦以五事對待檀越：一者常對檀越，說以正法；二者聞者令解，多施法益；三者善為防護，不令為惡；四者適時指導，令做善事；五者常加勸誡，不起惡念。

　　善生，做主人的對待下方的僮僕，亦有五事：一者隨能使役；二者飲食隨時；三者賜勞隨時；四者病與醫藥；五者縱其休暇。僮僕亦以五事對待主人：一者早起工作；二者為事周密；三者不與不取；四者工作盡職；五者稱揚主名。」

第十六章　十大弟子

一、智慧第一的舍利弗

司馬遷著《史記》，於〈仲尼弟子列傳〉篇中，稱：

> 孔子曰：受業身通者七十有七人，皆異能之士也。德行，
> 顏淵、閔子騫、冉伯牛、仲弓。政事，冉有、季路。言語，
> 宰我、子貢。文學，子游、子夏。師也辟，參也魯，柴也
> 愚，由也喭，回也屢空。賜不受命，而貨殖焉，億則屢中。

孔子教化三千，受業身通者七十餘人，而為夫子提及者僅十
餘人。釋迦世尊一生行化，教團中究竟有多少比丘、比丘尼，不
得而知。大約估計，一定較夫子門下弟子為多——教團初成立，
有大比丘眾千二百五十人；釋迦族五百婦女出家，加上平時皈依
出家的，為數不啻千萬——在這為數數千上萬的出家弟子中，也
有一些傑出弟子，即佛經中所稱的「十大弟子」。這十大弟子，各
有專長，在眾比丘中號稱「第一」。於此，我們把十大弟子生平事
略作一概要敘述。這十大弟子的名字和專長如下：

㈠舍利弗　智慧第一　　　㈡目犍連　神通第一

㈢富樓那　說法第一　　　㈣須菩提　解空第一

㈤迦旃延　論議第一　　　㈥大迦葉　頭陀第一

㈦阿難陀　多聞第一　　　㈧阿那律　天眼第一

(九)優波離　持戒第一　　　　(十)羅睺羅　密行第一

除此以外，還有一些「第一」的，像憍陳如於比丘中法臘第一，摩訶波闍波提於比丘尼中法臘第一，婆耆沙在僧伽中詩才第一等，都不在十大弟子之列。

十大弟子中，最早皈依釋尊的，是舍利弗和目犍連，現在先由舍利弗說起。

舍利弗是摩揭陀國王舍城人，家住王舍城迦羅臂拏迦村。他是婆羅門種姓，父親優婆提舍是婆羅門中有名的論師，母親舍利也是有名的學者。他的舅舅摩訶俱絺羅——就是有名的外道論師長爪梵志。他出身於這樣一個學術氣息濃厚的家庭，所以自幼就通達《四吠陀》和五明之學。成年之後，他辭別父母，出外訪師求道，後來投到刪闍耶吠羅胝子門下，但刪闍耶懷疑派的理論使舍利弗不能感到滿足，他和同學目犍連約定另訪明師，後來在王舍城遇到烏斯西那，聽烏斯西那說緣生偈，因而與目犍連皈依於釋尊座下。

加入僧團後的舍利弗和目犍連，是釋尊左右兩大助手，祇園精舍興建的時候，舍利弗奉釋尊之命，到王舍城去監工，中間受到外道的阻撓，他與外道開辯論大會，折服外道，使祇園精舍工程得以順利進行。

後來他隨釋尊到迦毘羅衛城，釋尊度羅睺羅出家，要羅睺羅禮舍利弗為親教師，羅睺羅在舍利弗座下做了小沙彌。

舍利弗自幼穎悟，智慧絕高，釋尊說的教法，他都能徹底了解，所以在十大弟子中，號稱智慧第一。在《雜阿含經》中，有一則舍利弗為摩訶俱絺羅解釋緣起道理的故事。摩訶俱絺羅就是長爪梵志，他皈依到釋尊座下後，由於他為過去那些先入為主的理論所拘縛，對緣起理論不能深入了解，經舍利弗為他多方譬喻

解說，他終於明白了緣起的道理。

有一次，釋尊帶著弟子們出外傳道，一天晚間來到一處精舍過夜。第二天，釋尊聽到外面樹下有人咳嗽，釋尊問道：「是誰在那邊？怎麼不在室內靜坐？」

「世尊，是我，我是舍利弗。」

釋尊詢問之下，才知道昨晚大家進駐精舍時，眾比丘爭先搶住房間，舍利弗晚到一步，沒有房間住，就在一棵大樹下坐了一夜。釋尊聽了，很讚許舍利弗忍讓的美德。

是日，釋尊召集了眾比丘問道：「比丘們呀，在你們之中，誰應該坐首座，先進水，先進食呢？」

比丘們回答不一，有人說，應該是剎帝利出身的比丘；有人說，應該是婆羅門出身的比丘；有人說，應該是具有神通力的比丘。最後，釋尊莊嚴的教諭他們說：「比丘們！你們是依靠教法和戒律出家的，所以必須互相尊敬，互相和合。因此，你們必須按照出家的前後，尊重長老，長老才是應該坐首座，先進水，先進食的人。」

——僧伽是和合、平等的團體。在這個團體中，只有以出家先後來區別其長幼，而不問他出身的種姓。長老一詞，也是由此次事件開始使用的。

釋尊晚年，提婆達多想爭奪僧團領導權未逞，帶著五百名附和他的比丘另立新僧團。不久之後，舍利弗於新僧團集會時出現於會場中，以義正辭嚴的語言說服了附和提婆達多的眾比丘，五百比丘深受感動，隨著舍利弗回到竹林精舍，使分裂的僧團復歸合一。

晚年，他在釋尊之前逝世，釋尊為此十分傷感。

二、目犍連和富樓那

目犍連，又稱摩訶目犍連，或大目犍連。他是婆羅門種姓，最初與舍利弗同師六師外道的刪闍耶吠羅胝子。刪闍耶是一個既不肯定也不否定的詭辯論者，這種理論，不能使追求人生解脫的舍利弗和目犍連感到滿足，他二人相約另找名師。後來舍利弗遇到釋尊弟子烏斯西那，聽了「諸法因緣生」一偈而開悟，得法眼淨。他立即約了目犍連同皈依到釋尊座下。

目犍連皈依釋尊，在釋尊指導下依法修持，在第八天就證了阿羅漢果。

目犍連在十大弟子中號稱神通第一，據說他這種神通，是過去生中發願修得的。他過去生中是一個捕魚的漁夫，在海邊捕捉魚蝦出賣。後來他感到傷害魚蝦性命，為自己謀生活，心中不安，就改了行業，一心向善。沒有多久，他就遇到一位證辟支佛果的修行者，他把這位辟支佛請到家中供養。可是這位辟支佛不善於說法，唯有用神通化世，食後就躍身升入空中，或左或右，或前或後，上下自如。那漁夫一見心生歡喜，發願來世求得神通，後來果然如願。《增一阿含經》三曰：「神足輕舉，飛到十方，所謂大目犍連比丘是。」

事實上，釋尊對自恃神通的弟子時加呵斥，不許他們賣弄神通。因為神通不是根本之法，與了生脫死是毫無關係的。同時，神通不敵業力。釋尊晚年，拘薩羅國的毘琉璃王帶兵入侵迦毘羅衛國，把釋迦族圍在迦毘羅衛城中。目犍連企圖以神通力營救釋迦族人，傳說他飛入城中，營救了五百名釋迦族的優秀人物，攝入缽中再升空飛出城外，到了平安地帶，打開缽想放出眾人，而

被營救的人都已化成血水，這是神通不敵業力的證明。

目犍連一生顯示神通的事跡極多，因過於神化，此處不再介紹。在釋尊晚年，目犍連弘法途中，經過伊私闍梨山，為裸形外道推落山石砸死。他是佛教中以身殉教的第一人。

富樓那在十大弟子中，號稱說法第一。他皈依釋尊的因緣，在經典未查到資料。《雜阿含經》記載有一則富樓那「忍辱」的故事，頗值一讀：

釋尊在舍衛城祇園精舍的時候，有一天，富樓那去見釋尊，說明他想到西方的輸那國去傳道，請釋尊給他做行前的教誡，釋尊問富樓那說：「富樓那呀！西方輸那國是個山區未開化的地方，民性凶悍，且未聞正法。你到那裡傳道，如果他們謾罵你，侮辱你，你將怎麼辦呢？」

「世尊。」富樓那恭謹的回答：「到那個時候，我會這麼想：何等善良的輸那國人啊！你們並沒有用手打我。」

「如果他們用手打你的時候，你將怎麼辦呢？」

「世尊呀！到那時我會這樣想：何等善良的輸那國人啊！你們打我，並沒有用笞和杖，我將這麼想。」

「那麼，富樓那呀！如果他們用笞和杖來打你的時候，你將怎麼辦呢？」

「世尊呀！到那個時候，我將這麼想：何等善良的輸那國人呀！你們打我，還沒有用刀砍我。」

「富樓那呀！如果他們用刀砍你，要奪去你的性命的話，你將怎麼辦呢？」

「世尊呀！世尊的弟子中，有人苦惱於肉體的負擔，想自絕其生命。然而，現在我不是不求而得了嗎？世尊，到那個時候，我將這麼想。」

釋尊讚歎富樓那堅固的道心，允許他到輸那國傳道，對他說：「善哉，富樓那，良哉，富樓那。你有如斯忍辱之心，必然能到那邊陲的輸那國，達成你的心願。去吧！富樓那。」

富樓那在十大弟子中號稱「說法第一」，而他這種忍辱慈悲的態度，更勝於機敏的辯才。

經典中關於富樓那的故事很多——如以神通力到獄中為頻婆娑羅王說法等，都不必再細述。值得細述的，是釋尊入滅後，他為結集之事對大迦葉的抗議。

釋尊八十歲那一年，在拘尸那的沙羅雙樹下進入涅槃，這時富樓那在外面傳道，沒來得及趕上參加釋尊的葬禮。大迦葉與五百比丘，在王舍城外的耆闍窟山進行經典結集的時候，富樓那趕到時，結集的工作已將完成。大迦葉等親切的接待富樓那，並向他說明結集的經過。富樓那了解結集的內容，提出了他的意見：「諸位尊者，你們把世尊的教法結集出來，我很感佩，也沒有異議。但對律中有關食法的八事，列為禁止，我很難同意。因為這一點有違世尊的本意。世尊允許內宿、內煮、自煮、自取食、早起受食、從彼受食、雜果、池水所出可食物。為的是饑饉或米荒的時候，予比丘以方便。如今全部禁止了，遇到上述情況，會給比丘造成不便。」

大迦葉在僧團中的地位，是僅次於釋尊的長老，他的意見沒有人敢表示異議的。但是富樓那提出來了。雙方一番辯論，並沒有辯出結果。最後，富樓那說：「既然這樣，我只有把我從世尊那裡聽來的，隨自己的領悟，自己遵守，永遠保持下去。」

富樓那說後，辭別眾比丘，又踏上他傳道的行程。

三、須菩提與迦旃延

解空第一的須菩提，對於讀過佛經的人來說，應該不是一個陌生的名字。像家喻戶曉的《金剛經》，經文開頭就是：

> 如是我聞，一時佛在舍衛國祇樹給孤獨園，與大比丘眾千二百五十人俱……時長老須菩提，在大眾中，即從座起，偏袒右肩，右膝著地，合掌恭敬而白佛言……

須菩提生長在一個富有的婆羅門家庭，他自幼生性慷慨，常以身上的錢財濟助窮人。他受過婆羅門的傳統教育，對於傳統的宗教理論和流行的哲學思想都很有心得。

有一次釋尊到須菩提的家鄉傳道，他為釋尊莊嚴慈悲的威儀所吸引，也隨著眾人聽法。當時為釋尊圓融無礙的妙理所折服，他就此出家，成為釋尊座下的十大弟子之一。

須菩提在十大弟子中，號稱解空第一。有一次，釋尊有事外出，不在鷲嶺精舍——一說是到忉利天為聖母摩耶夫人說法——到釋尊回鷲嶺精舍時，許多弟子都爭先恐後的去迎接。這時須菩提也在山中，他本想趕去迎接釋尊，繼而一想：佛陀的法身，不是在眼耳鼻舌身意上可見的。我現在去迎接，那是把佛陀的法身認作是四大種和合相，這就是沒有認識到諸法的空性，沒有認識到諸法的空性，就見不到佛陀的法身。我奉行佛陀的教法，體證到諸法的空理，不該為事相所迷才對。

釋尊回到精舍，蓮花色比丘尼第一個趕到釋尊面前說：「世尊，弟子蓮花色第一個來迎接您。」

這時其他弟子也都擁上來，釋尊慈祥的說：「蓮花色，你不是

第一個迎接我的，第一個迎接我的人是須菩提。他在石窟中觀察諸法空性，見法的人，才是第一個見到佛陀的人，也是第一個迎接佛陀的人。」

有一次釋尊為眾比丘說法的時候，叫須菩提為大眾解說菩薩與般若波羅蜜相應之法。須菩提對大眾說：「我奉世尊之命宣說菩薩與般若波羅蜜相應之法，但是什麼法名為菩薩呢？什麼法名為般若波羅蜜呢？我不見有法名為菩薩，不見有法名為般若波羅蜜，連這些名稱我也不去分別，我的這種認識，不知道對不對？」

釋尊嘉許他說：「如是，如是。所謂菩薩，所謂般若波羅蜜，只不過是個名稱，為了便於宣說才假立的。這個假名，不在內、不在外、不在內外之間。譬如說『我』，亦只是個假名。我的本體，本來就是不生不滅的。有為的諸法，如夢、如響、如影、如幻、如陽燄、如水中月。可是，須菩提，菩薩要證得不生不滅，仍然要學菩薩法與般若波羅蜜的假名與假法。」

十大弟子中，號稱論議第一的迦旃延，是南印度阿槃提國人，是婆羅門種姓。迦旃延譯稱剪剃種，是婆羅門十姓之一。迦旃延是以姓為名。他父為國師，家資富有。自幼受婆羅門傳統教育，精通《四吠陀》，且辯才無礙。他曾從南方優禪耶尼城頻陀山的阿私陀仙人受學——阿私陀仙人是他的舅父，愛他聰明穎悟，盡傳其所學。阿私陀仙人臨命終前，遺命迦旃延去尋訪釋迦族的瞿曇學道。這是後來迦旃延皈依釋尊的原因。

迦旃延善於議論，他能以簡明扼要的言辭，三言兩語就把問難的人說得心悅誠服。有一次他在街上托缽乞食，一個婆羅門修道者迎面走過來，對迦旃延說：「我想向尊者請教一個問題：在這世間，婆羅門和婆羅門爭，剎帝利和剎帝利爭，究竟是為了什麼呢？」

「是我見和貪欲在作祟。」迦旃延簡短的回答。

「請問，什麼人才能離開我見和貪欲呢？」

「只有佛陀，他是無上正等正覺者，他沒有貪欲煩惱，沒有我見執著，他是天人的導師。」

這位婆羅門去皈依了釋尊，成為在家修道的優婆塞。

另有一次，迦旃延在一處齋堂進餐時，一個年紀很老的婆羅門持著手杖，走到迦旃延的身邊，他以為迦旃延一定會站起來讓座給他，意外的，迦旃延瞧也不瞧他一眼。

「你這算什麼？」他倚老賣老的責問：「你對我這樣的長者，為什麼不起立讓座？」

「你是什麼人，在此嚷嚷？這裡並沒有我的長輩。」

「像我這種年紀，不可以做你的長者？」

「長者不是自稱的，你也不應該受我恭敬。」

老婆羅門暴跳如雷，以手杖指著迦旃延說：「你簡直是目無尊長。」

迦旃延冷靜的說：「從你講話的聲音，和你粗暴的舉動，我就認為你不配稱長者，也不值得我尊敬。就算是婆羅門，到了八、九十歲，如果耽於色聲香味觸，未離開貪婪瞋恚的煩惱，則仍是少年。反之，一個二十歲的少年，如果他已經解脫了愛欲的束縛，對世間沒有貪求，我們也可以稱他為長者。」

老婆羅門面紅耳赤，無話可說，只好默默走開。

四、大迦葉與阿那律

大迦葉皈依釋尊的因緣，於本文第九章中已經敘述。

大迦葉出家後，修習頭陀苦行——頭陀，漢譯抖擻，意謂「抖

撇煩惱，離諸滯著」。修頭陀行者，要遵守十二條規定。這十二條中，關於衣服者二條，關於食事者四條，關於住處者六條。大致說來，在衣服方面，可以持有三衣，但平常恆著糞掃衣；關於食事方面，要自乞食——不受他人之請待及僧中之食，一日一食，不作餘食；關於住處方面，住於遠離人家之空閒處，或住於塚間，或住於樹下，或坐於露天，並且常坐不臥。

大迦葉年老時，釋尊曾勸他放棄苦行，舍利弗和目犍連勸他發菩提心從事弘法利生。他說：「弘揚正法，教化憍慢惡智的眾生，我沒有這份毅力和勇氣。我只能豎立一個艱苦的修行榜樣，讓後學者對於少欲知足的頭陀苦行知道遵從與實行罷了。」

釋尊在鹿母講堂的時候，想到年已衰邁的大迦葉生活在塚間林下，想勸他中止苦行，就命人找他來相見。大迦葉去見釋尊的時候，身著破爛的糞掃衣，髮鬚雜亂，蹣跚而行。一些新比丘根本就不認識他。釋尊在座上看見，就大聲喊他：「大迦葉，你過來，我這裡留了半座給你坐。」

那些新比丘這時才知道他就是長老大迦葉尊者。

大迦葉辭謝了釋尊留給他的半座，也婉拒了釋尊勸他改變苦行的關懷，仍然過他苦行頭陀的生活。

釋尊八十歲涅槃的時候，大迦葉不在身邊，他在那耆國領著五百比丘行化。他得知釋尊涅槃的消息，領著眾比丘趕到拘尸那城，當大眾都在為釋尊涅槃而哀痛的時候，一個名叫跋難陀的比丘——他是六群比丘中的一個——卻揚言說：「世尊在世時，處處以戒律約束我們，使我們不得自由，今後我們可以隨心所欲了。」

大迦葉聽到這話，十分憂心。他恐僧團戒律廢弛，「如來甚深妙法成灰燼」。於是發起為釋尊的遺教「結集」。後來得到摩揭陀國阿闍世王的支持，在王舍城的畢波羅窟結集，結出了《四阿含

經》和《八十誦律》。

釋尊涅槃後，僧團由大迦葉領導，由於他苦行第一，齒德俱尊，眾無異言。二十多年後，大迦葉年齡已逾百歲，他把僧團交給阿難領導——阿難這時也七十多歲了——他到王舍城西南的雞足山入定。據說，雞足山的山峰自然裂開，大迦葉以草蓆而坐，以糞掃衣覆身，山峰復合，隱藏了他的身體。他要到五十六億年之後，彌勒菩薩下生成佛時，他才出定，協助彌勒菩薩教化眾生。

阿那律尊者，他是釋迦族甘露飯王的兒子，當初七王子出家，他也是其中之一。後來，釋尊為眾比丘說法時，阿那律在座中打瞌睡，受到釋尊的教誡。於是他發誓要精進修行，通宵不眠，時間久了，眼睛出了毛病，釋尊曾勸他不要過分苛刻自己，要依中道而行。但他脾氣執拗，依然發憤用功，不計晝夜，終於使他的眼睛久累成疾，以至於失明。

後來釋尊教導他修定可以見到光明，他如法修持，終於獲得了天眼。所以他在十大弟子中號稱「天眼第一」。

獲得了天眼後的阿那律，很熱心的參加弘法活動。他到沒有人佈教的地方去遊行，去為沒有聞過正法的人說法，度化了許多人。甚至於一群打家劫舍的強盜，也因受了阿那律的感化，放下屠刀，皈依釋尊，信奉了佛教。

釋尊在拘尸那城外涅槃的時候，阿那律也隨侍在釋尊身邊。釋尊涅槃前，問弟子們說：

「比丘們啊！我說的四聖諦、十二因緣，是我所證悟的真理，這是世間的明燈，苦海的慈航。對於四聖諦、十二因緣深信不疑的人，這就是他的入道之門。我將要涅槃，你們如還有疑惑，可提出來問我，我為你們解說。」

眾弟子以釋尊將入涅槃而心懷哀痛，沒有人提出問題。這時

阿那律右膝著地，合掌白佛曰：

　　「世尊，我們弟子都深信解四聖諦和十二因緣的真理。在這世界上，太陽可以變冷，月亮可以變熱，而四聖諦和十二因緣的教法是不可變易的。」

　　釋尊涅槃後，早期經典中就不再有阿那律事跡的記載了。

五、優波離、阿難陀、羅睺羅

　　優波離，出身於首陀羅種姓的賤民，在迦毘羅衛國王宮中擔任理髮匠的工作。釋迦族七王子出家的時候，為追趕釋尊，帶他隨行，以便途中照應。追到釋尊時，他為諸王子剃髮之際，想到自己身為奴隸，沒有出家的福分，不覺流淚。後來遇見舍利弗尊者，舍利弗引他面見佛陀，佛陀不但接受他出家，並且立即命人為他剃度，使他做了諸位王子的師兄——諸位王子剃髮後要先靜思七日，忘掉王子的身分後才能加入僧團，這樣都成了優波離的師弟。

　　優波離出家以後，由於他出身微賤，個性拘謹，所以對於佛陀制定的戒條，以及生活上行住坐臥的威儀，一絲不苟的遵守，從不毀犯，這樣反而成就了他的戒行，後來在僧團中大家一致公認他「戒行第一」。

　　由於他自己遵守戒行，他就常常向佛陀請示有關戒行方面的問題。經典中有一本《優波離問佛經》，就是優波離向佛請示戒律的記錄。

　　優波離老年時，由於他持戒嚴謹，且經常處理僧團中的糾紛，態度公正，漸漸的養成了崇高的聲望。佛陀涅槃之後，由大迦葉領導下的畢波羅窟結集，大家公推多聞第一的阿難陀誦出經藏，

也公推持戒第一的優波離誦出律藏。他升座誦律的時候，於一一
條目，都說明此戒佛陀於何時、何地、對何人、以何因緣所制。
這樣前後八十次誦述完畢，所以後來稱此次結集的律藏叫《八十
誦律》。這是以後一切戒律的根本。

　　阿難陀，是白飯王的兒子，據說他小於佛陀三十歲，二十餘
歲出家，一直在佛陀身邊做侍者，照應佛陀的生活起居。前後二
十五年之久——一說為二十七年——在這悠長的歲月裡，他遵照
佛陀的意旨行事，從來沒有隕越之處。佛陀在精舍說法，或出外
弘化時，他都隨侍在身邊，以這樣的因緣，如大海似的佛法，一
一流入阿難陀的心田中，以此他獲得了「多聞第一」的稱號。《增
一阿含經》三曰：「我聲聞中，第一比丘，知時明物，所至無疑，
所憶不忘，多聞廣遠，堪忍奉上，所謂阿難比丘是。」

　　阿難相貌端莊，性情和善，佛經上說他：「相如秋滿月，眼似
淨蓮花，佛法如大海，流入阿難心。」但也以此為他惹麻煩——招
來幾次女難，像佛經上「摩登伽女」的故事，就是其中之一。

　　不過，阿難作了佛陀的侍者以後，他謹言慎行，保持著虔敬、
慚愧的心情，他的修養變得成熟而持重了。《大涅槃經》四十記載，
佛陀稱讚阿難，具有八種不思議：1.受特別之請待，不住施主之
家，住必與眾共。2.如來之衣物，雖故物不受之。3.見佛以當見
時。4.見女人不生慾心。5.聽法不再問。6.知佛所入之定。7.知
眾會之得益。8.知佛所說之法。

　　佛陀涅槃時，阿難隨侍在側，眾比丘提出四個問題——有名
的「四問」，由阿難代表大眾向佛陀請示。關於「四問」的問答，
後文再詳述。

　　佛陀涅槃後，大迦葉集合五百上座比丘在畢波羅窟結集，由
多聞第一的阿難誦出達摩——法，就是經藏。

　　大迦葉於釋尊滅度後，領導僧團，二十年後，大迦葉把僧團交給阿難領導。阿難此時已七十多歲了，又過二十多年，阿難已一百歲以上了，他把僧團交給弟子末田地領導，而進入涅槃。

　　十大弟子中最後一個是羅睺羅，他是釋尊的獨子，據說十五歲時就隨釋尊出家，禮長老舍利弗為師，做了僧團中的小沙彌。釋尊怕他因身分特殊而心生憍慢，不時告誡他要修忍辱行，不得有憍慢心。

　　有一次，他的住室為一個雲遊的比丘佔住了，他不敢告知釋尊和舍利弗，他竟在廁所中端坐了一夜。

　　十多歲的羅睺羅，到底是小孩子的心性。有一次，他從外面乞食回來，面色不豫，為釋尊看到了，問他有何不快。他扭捏良久，才憤憤不平的說：「世尊，我們做沙彌的，不該講長老的過失。但是上座長老帶我們出外乞食，信眾給他們的供養，都是上等美食，而給我們做沙彌的，只在米飯中拌點胡麻渣和野菜。長老沒有慈悲的照顧我們，讓信眾的供養有差別。」

　　——托缽乞食，是信眾施什麼就吃什麼，不能挑選的。舍利弗可能是無心的疏忽，忘記了照顧羅睺羅。

　　釋尊問羅睺羅道：「羅睺羅，你離開王宮，到僧團中來，就是為了受好的供養嗎?」

　　「不是，世尊。我是來學道修行的。」羅睺羅接著振振有辭的說：「但是吃了胡麻油和酥酪，才能增長力氣，安心修行。只吃些胡麻渣和野菜，身體疲倦，就沒有精神修行了。」

　　釋尊對羅睺羅安慰了一番，然後提醒舍利弗，要關懷少年比丘和沙彌，不要讓他們有不平的感覺。舍利弗虔心受教。

　　有一次，他隨著舍利弗到王舍城乞食，途中遇一惡漢，那惡漢以沙子投入舍利弗的缽裡，並以木棒打破了羅睺羅的頭。羅睺

羅怒容滿面，舍利弗勸誠他說：「羅睺羅，是佛陀的弟子，就應有忍辱的精神。在受辱的時候，心中不懷瞋恨，當以慈悲憐憫眾生。」

羅睺羅聽了師父的開示，默默走到水邊，洗去頭上血跡，用布把傷口紮起來，隨舍利弗回到竹林精舍。

佛陀知道了這件事，嘉勉羅睺羅說：「能忍惡行才能平安，才能消除災禍。不知道忍辱的人，就不能見到佛陀，是背法背僧。忍是助道的增上緣，可使你早證聖果。」

羅睺羅二十歲時受了比丘戒，取得比丘的資格，因為他是佛陀的獨子，佛陀對他的限制也較多。所以他默默的修道，認真的持戒密行——密行，是修持三千威儀，八萬細行，蘊善於內、不著於外的意思。有一次，羅睺羅隨佛陀在舍衛城行乞，佛陀對他說：「羅睺羅，你要觀色無常，觀受想行識無常，對於人的色身和心識，及世間萬法，都作無常之想，不要執著。」

羅睺羅聽了這幾句話，心中好像透過一線光明，他立即與佛陀告別，回到精舍，結跏趺坐，入定思維。待到佛陀回到精舍時，他起座向佛陀頂禮說：「世尊，我的煩惱已盡，我已證悟了。」

佛陀滿心歡喜，讚歎著說：「眾弟子中，羅睺羅可算是密行第一了。」

經典中說，羅睺羅早逝，大約三十歲不到就入於涅槃了。

第十七章　四十五年遊化

一、釋尊遊化的區域

在經典中，把釋尊到各地傳道，稱做「遊化」。遊化者，「遊行處處而教化也」。原來遊行的目的，是為了教化。釋尊成道之後，遊行教化了四十五年，究竟遊化過那些國家呢？這要由當時印度諸國林立的情形說起。

經典上說，釋尊出生前後，恆河流域下游的中印度，建立有十六個大國，還有許多小國。不過到釋尊住世時，形勢已經有了變動，有些國家被併吞了，有些國家更強大了，那時恆河兩岸的國家，以摩揭陀國、拘薩羅國、跋蹉國、阿槃提國等最為強大。雖然如此，經中仍可見到十六國的名稱。例如《長阿含》中的《闍尼沙經》中，有一段經文說：

> ……有佛弟子，處處命終，佛皆記之，某生某處，某生某處。鴦伽國，摩竭陀國，迦尸國，居薩羅國，跋祇國，末羅國，支提國，跋沙國，居樓國，般闍羅國，阿濕波國，阿槃提國，婆蹉國，蘇羅婆國，乾陀羅國，劍浮沙國，彼十六大國，有命終者，佛悉記之……

在這段經文中，只有十六國名，看不出釋尊所到過的國家。我們由釋尊所走過的路線，來看他所經過的國家，比較能得到較

具體的概念。

釋尊二十九歲出家時，由迦毘羅衛城南下——事實上是偏向東南，首先經過末羅國的拘尸那城。再向東南走，經過婆蹉國的彌薩羅城，仍向東南走，到達跋耆國的首都毘舍離城。由毘舍離一直南下，渡過恆河，是波吒釐——後來的華氏城，波吒釐再南下就是王舍城。而釋尊修道的伽耶山，是在王舍城的西南，這一條路線，全程約為五百公里。

釋尊初次傳道，到鹿野苑度化五侍者，鹿野苑在波羅奈國迦尸城附近。由伽耶出發，經王舍城，由波吒釐渡口渡過恆河，向西而行，即到波羅奈國。由伽耶到迦尸城的路程約二百五十公里。

釋尊遊化期間，往返於王舍城與舍衛城之間，走的仍是老路線，即由摩揭陀國的王舍城出發，北上渡過恆河，經過跋耆國的毘舍離城，婆蹉國的彌薩羅城，然後向西北到達末羅國的拘尸那城——即後來釋尊涅槃之處——由拘尸那分路，向北到迦毘羅衛國，向西北到拘薩羅的舍衛城，這一條路線，全程大約也是五百公里上下。

這樣看來，釋尊南北往返所經的國家，計有拘薩羅國、末羅國、婆蹉國、跋耆國、摩揭陀國。在遊化期間，往東到過鴦伽國，往西到過波羅奈國。

還有一個跋蹉國，以憍賞彌為首都，位於恆河南岸上游——摩揭陀國西方，隔河的東北方是波羅奈國，跋蹉國當時也是佛教中心。跋蹉國的西南方，有一個阿槃提國，在當時也是大國之一。釋尊也可能到過該國，釋尊弟子中有些是阿槃提國的人。

跋蹉國首都憍賞彌，建有瞿師多園，釋尊曾在此度過幾次雨安居。憍賞彌附近有個小國婆祇國，是跋蹉國的屬國，該國也是佛教的教化區域，釋尊在憍賞彌遊化時曾到過該國。

　　釋尊一生遊化的區域，大約南北五百公里的長度，東西二百公里的寬度，在這個範圍以內的十餘國家，都有他的足跡。不過其間居留最久的，仍是在南為王舍城，在北為舍衛城，尤其是舍衛城，在成道後的前一半時間，在該城度過兩次雨安居，而後一半時間，在該城度過十九次雨安居。何以在舍衛城居住得這麼久，也許與經濟因素有關。舍衛城在當時是非常富足的大城市，城中居民除了教團的在家弟子外，大半非教團弟子也對佛教有好感。例如前有給孤獨長者捐獻的祇園精舍，後有毘舍佉女捐獻的鹿母講堂。她並且向釋尊要求供應比丘八事——飲食、湯藥、雨衣等。只有在這樣經濟力雄厚的大城市中，才供養得起數以千百眾的比丘。這也許就是釋尊長住舍衛城的原因。

　　釋尊各國遊化，許多地方都建有在家信眾捐獻的精舍以供駐腳——主要是度雨安居。經典中有「五精舍」之說，事實上不止五處，經典中出現名字的有下列各處：

　　摩揭陀國的王舍城：建有竹林精舍，鷲嶺精舍。

　　拘薩羅國的舍衛城：建有祇園精舍，鹿母講堂。

　　跋耆國的毘舍離城：建有菴羅樹園，獼猴池精舍，大林重閣講堂。

　　波羅奈國的迦尸城：建有鹿苑精舍。

　　跋蹉國的憍賞彌城：建有瞿師多園。

　　迦毘羅衛城：建有尼拘律園。

二、釋尊一生大事記

　　印度是一個不重視歷史的國家，尤其是在古代沒有文字記錄的情形下，古印度就只有傳說，沒有歷史。並且，不同的傳說可

以同時並存，不以為怪。以釋尊入滅年代來說，就有數十種不同的異說，所以要想編出一份釋尊正確的年譜，根本是不可能的事。

　　現在我們採用一般公認的說法，釋尊入滅於西元前四八六年，釋尊世壽八十，那麼其出生則為西元前五六五年。另外，有一本《僧伽羅剎所集經》，其中記載著釋尊成道後，四十五年遊化期間，每年雨安居時所居住的地點。我們根據這些資料，來編寫一份釋尊一生的大事記。這種編寫法未必正確，只是聊供參考而已。大事記中的年份，是西元前的年份：

　　前五六五年：是年釋尊生，父淨飯王為之命名曰悉達多。母摩耶夫人產後七日病逝，由姨母波闍波提夫人撫養。

　　前五六四至五四八年：釋尊二至十八歲，幼年在王宮中受婆羅門的傳統教育，學習《四吠陀》與五明之學，並曾習武。釋尊自幼好沉思冥想，十餘歲時同父王郊遊，見農夫烈日下赤體耕作，老牛奮力拖犁仍遭鞭打，田中小蟲為鳥雀競相啄食，心生悲憫。

　　前五四七年：是年十九歲，娶拘利族的天臂城主善覺王之女耶輸陀羅為妃。

　　前五四六至五三八年：二十歲至二十八歲，十年宮廷生活，極盡人間富貴，唯填不滿釋尊心靈的空虛，曾因「四門遊觀」，以人生生老病死諸苦的啟示，促成他出家修道的決心。

　　前五三七年：二十九歲，子羅睺羅生。是年出家，先訪修苦行的跋伽仙人，繼而南下摩揭陀國王舍城，頻婆娑羅王有意以國相讓，釋尊辭謝。訪修禪定的阿羅邏仙人和伽蘭仙人，習禪定。後以其非究竟解脫之道，辭去。

　　前五三六至五三二年：三十歲至三十四歲，數年間遊行各方，尋師學道，後來於伽耶的尼連禪河畔苦行林中修苦行，有憍陳如等五侍者相隨。

前五三一年：三十五歲，於菩提樹下成等正覺——佛陀。隨之赴波羅奈國鹿野苑，初轉法輪，度化五比丘。是年在鹿野苑度雨安居，並度化耶舍父子及其親友。

前五三〇至五二八年：三十六至三十八歲，首次重到摩揭陀國，到優婁頻羅村度化三迦葉，率比丘千人入王舍城，頻婆娑羅王建竹林精舍以居之。以後有舍利弗、目犍連、大迦葉等的皈依。據說釋尊於成道的第二年，曾返回故鄉迦毘羅衛城一次。

前五二八年：三十九歲，是年遊化跋耆國，在毘舍離城度雨安居。

前五二七年：四十歲，是年遊化拘薩羅國，住祇園精舍。

前五二六年：四十一歲，是年雨安居期間，據說到忉利天為母說法。可能於是年重返故鄉。

前五二五至五二四年：這兩年在跋蹉國首都憍賞彌西北的森林區度雨安居。這可能是個非常落後貧困的地方，俗稱鬼神界。

前五二三年：四十四歲，在枝提山度雨安居，枝提山在何處，不詳。

前五二二年：四十五歲，是年在憍賞彌度雨安居。

前五二一年：四十六歲，是年在摩揭陀度雨安居。

前五二〇年：四十七歲，是年在憍賞彌度雨安居。

前五一九年：四十八歲，是年在王舍城度雨安居。

前五一八年：四十九歲，是年在迦毘羅衛城度雨安居，淨飯王可能於是年病逝，或者在此前一、二年間。

前五一七年：五十歲，是年在迦毘羅衛城度雨安居。釋迦族七王子出家，可能在這一年。

前五一六至五一五年：五十一、五十二歲，這兩年在王舍城度雨安居。

前五一四年：五十三歲，此年在舍衛城度兩安居。

前五一三年：五十四歲，此年在王舍城度兩安居。

前五一二年：五十五歲，此年在舍衛城度兩安居。

前五一一至四八七年：五十六歲至七十九歲，這二十餘年中，出入鬼神界四次，在舍衛城度過十九次兩安居。有幾件大事記錄如下：

㈠提婆達多的叛逆可能發生於七十歲前後。

㈡摩揭陀國政變，阿闍世王幽禁頻婆娑羅王自立，可能發生在七十歲前後。

㈢拘薩羅國政變，毘琉璃王奪位自立，以及迦毘羅衛國滅亡，是七十多歲的事。

㈣舍利弗和目犍連的逝世，是釋尊七十九歲那一年的事。

前四八六年：釋尊八十歲，是年春由王舍城出發，作最後一次遊化。在波吒釐渡過恆河，遊化至毘舍離城，時屆兩季，釋尊在毘舍離城外大林精舍度兩安居，阿難隨侍，釋尊生了一場病，又告康復，兩季後帶了一批弟子往西北進行，可能是想往舍衛城去，途中受了鍛工純陀的供養，吃下了一種名叫旃檀耳的蘑菇，引起了食物中毒。行到拘尸那城外，在一片樹林中的沙羅雙樹下進入涅槃。

三、遊化中的小故事

釋尊遊化人間先後數十年，發生了許許多多的小故事。這些小故事以口傳口的傳誦下來，到釋尊涅槃後，第一次結集時都收編起來，就是後來書之於貝葉的《四阿含經》。現在由《雜阿含》中選錄出幾則來，以見釋尊「遊行」時「教化」眾生的情形：

有一次，釋尊在拘薩羅國遊行，到一處名那羅聚落的地方，這聚落中有一個地主，名叫婆羅豆婆遮的婆羅門，他正在為耕田工人分配食物，看到釋尊走近，他就說：「沙門呀！我們播種、耕田，才得到食物。你也應該播種耕田，以得食物才對呀！」

釋尊說：「婆羅門呀！我也播種、耕田而得到食物。」

「你也播種耕田？」婆羅門迷惑的問：「你的犁在哪裡呀！你的牛在哪裡呀！你播的什麼種子？」

釋尊說偈回答婆羅門所問：

> 信心是我所播的種子，
> 苦行就是雨。
> 智慧是我所用的犁，
> 精進就是牛。
> 以慚愧心為轅，
> 以正念來守護，
> 以這種方式來耕作，
> 能得到甘露般的果實。

婆羅門經釋尊開導，以滿缽香美的飲食供養釋尊，並成為釋尊的皈依者。

另一則故事，是發生在摩揭陀國。釋尊在王舍城附近的靈鷲山時，有一個富家子出家的輸那比丘，在附近的林中修行。他出家不久，一片熱忱，日以繼夜的專心勤修。但是由於修持過於偏激，反而難於達到開悟的境地。這時他迷惘的想：「我這般努力用功，還不能斷除煩惱，達到悟境，我不如回家去過世俗的生活。我有的是財產，一方面可以享受欲樂，一方面也可以拿財產布施做功德。」

　　釋尊知道了輸那心生退轉，就由靈鷲山到輸那修行的地方去看他，探問他為何對修道有了悔意，輸那坦白的把自己的心事說出來。釋尊問他道：「輸那，聽說你在家的時候彈得一手好琴，是嗎？」

　　「是的，世尊，懂得一點彈法。」

　　「那麼，我問你，彈琴的時候，如果琴弦拉得太緊會怎麼樣？」

　　「太緊的話，發不出好音色來。」

　　「琴弦太鬆了又會怎樣？」

　　「太鬆了也彈不出好音色來，世尊。」

　　「那麼，怎樣才能彈出好音色來？」

　　「世尊，弦不能過緊，也不能過鬆，要調整得適當合調，才能發出好的琴音。」

　　「輸那呀！修道也是如此，操之太急，就心煩氣躁而不能鎮定。放之過鬆，又會陷於懈怠，你要不急不緩，行於中道，適當的用功才是呀！」

　　經過這一番教訓後，輸那謹記著這個彈琴的比喻，不急不緩的修行，終於除去煩惱，到達最高的悟境。

　　還有一則釋尊探視病比丘的故事，釋尊在竹林精舍時，有一個名叫跋迦梨的老比丘，臥病在王舍城的金師精舍中，另一位富鄰尼尊者去探視他，跋迦梨自知病重，恐來日無多，他請富鄰尼尊者轉告釋尊，希望釋尊憐憫他，到他住處，由他再瞻拜釋尊一次。

　　釋尊自富鄰尼口中得知此事，立即到金師精舍去看跋迦梨。跋迦梨看見釋尊來了，忙從床上坐起來。釋尊勸他躺下，坐在床邊問他：「跋迦梨呀！近日好一點沒有？耐得住嗎？」

　　「世尊呀，我的病軀一天不如一天，恐怕沒有康復的希望了。所以，在去世之前，想瞻仰世尊，頂禮尊足，以慰崇敬之思。只

因病軀不能去見您，才請世尊來此。」

「跋迦梨呀！」釋尊開示他說：「你看我這個老耄的身軀，是沒有用的。跋迦梨，你還記得我從前教誨你的話嗎：『見法者即見我，見我者即見法。』」

釋尊說到這裡，跋迦梨也恍然大悟了。

——本來，佛陀的法身，不是在眼耳鼻舌身上去見的。《金剛經》云：「若以色見我，以音聲求我，是人行邪道，不能見如來。」須菩提不去迎接釋尊的故事，那是他已證得諸法的空理，不為事相所迷惑了。

釋尊一生遊化，席不暇暖，他也不時以正精進、不放逸來勉勵弟子。有一次，他對弟子讚美毘舍離的人民：

「比丘們呀！毘舍離城的人民，夜裡枕著稻藁而眠，黎明即起，熱心的忙於各人的工作。所以摩揭陀國的阿闍世王，雖然時時窺伺這個國家，終不得機會而入。

比丘們呀！如果他們將來墮入放逸的生活，枕著羽毛的枕頭，睡在柔軟的床上，睡到太陽高升的時候，那將是阿闍世王出兵攻打這個國家的時候了。」

釋尊的話，不僅是說毘舍離的人民，也是勉勵眾比丘。釋尊接著說：

「比丘們呀！現在你們也枕著稻藁而眠，心不放逸，努力修道。所以魔羅雖想侵入你們的心中，也因不得機會而入。但是，如果你們也墮入放逸的生活，臥於柔軟的寢床上，枕著羽毛，睡到太陽高升才起床；那就是魔羅侵入你們心中的時候了。」

四、提婆達多的墮落

　　提婆達多的墮落，是釋尊晚年的憾事，也是僧團中的大事。這件事，在《阿含經》和律藏中都有記載，大致的經過是這樣：

　　提婆達多是白飯王的長子——是阿難的哥哥，也是釋尊的堂弟。當初七王子出家時，他也是其中之一。出家之後，最初他也十分精進，但並未列入十大弟子之列，也就是未充分得到釋尊的重視，他嫉妒心重，且有野心。若干年後，摩揭陀國的阿闍世王子飯依了他，這使他野心增長，想取代釋尊而成為僧團的領導者。最初，他採用「釜底抽薪」的辦法，暗中策動阿難和其他一些比丘，希望比丘們不參加布薩。這自然是「拆臺」的行為，這時釋尊正在跋蹉國的瞿師多園。後來釋尊回到竹林精舍，阿難和一些比丘們把這件事向釋尊報告，並說阿闍世王子，經常用許多車子，載運食物用品，供養提婆達多。

　　釋尊心中明白，但仍想以感化的方法，來化解提婆達多的野心。釋尊對比丘們說：「比丘們呀！不要羨慕提婆達多的聲望或利養，這種事對提婆達多並無益處，過分的聲聞利養，會把一個人引導到破滅的地步。」

　　釋尊並說了一首偈，大意是：

　　　　芭蕉結了果實就會枯萎，竹葦據說也是如此。
　　　　驢馬懷胎產後即將死亡，小人暴得名利必將墮落。

　　過了不久，一次釋尊正在對眾比丘說法的時候，提婆達多當面提出要求：「世尊呀！您已經年邁，且健康衰退，把僧團交給我來領導吧！這樣您就可以度安樂的餘年了。」

釋尊當然予以拒絕，並且說：「我不攝眾。」意思是，領導僧團的，不是我個人，而是佛陀的教法和戒律，即所謂「依法不依人」。提婆達多再三要求，釋尊最後以較嚴厲的語言把他斥退。

就在這段時間內，摩揭陀國發生政變，阿闍世王子幽禁了他父親頻婆娑羅王，取得政權。這其中，也可能有外道集團參與其事，一方面發動政變，爭取阿闍世王的支持；一方面利用提婆達多，來瓦解釋尊的僧團。他們日以若干車的物資支持提婆達多，以致附和提婆達多的比丘也有數百人之多。

資料中記載，釋尊不肯把領導權交給提婆達多，提婆達多曾僱用刺客去行刺釋尊，曾從山上推下大巖石想壓死釋尊，甚至於教唆御象者，放出凶猛的醉象去衝撞釋尊，但都沒有得逞。

最後一次，他在一次眾比丘的集會上，提出「五法」的問題，要眾比丘表決，結果僧團中有五百比丘附和他的主張，提婆達多就帶著五百比丘，到伽耶山另立新僧團。

據說，後來在一次提婆達多新僧團的集會中，舍利弗莊嚴地走進會場，以義正辭嚴的語言說服了附和提婆達多的眾比丘，這五百人深受感動，隨著舍利弗又回到竹林精舍，提婆達多也因氣憤吐血而死，一說是為大地吞沒。

提婆達多提出的「五法」是什麼呢？《大毘婆娑論》一百十六記載說：

> 云何五法，一者盡壽著糞衣（終生穿糞掃衣），二者盡壽常乞食（終生托缽乞食），三者盡壽唯一坐食（終生日中一餐），四者盡壽常居迴露（終生野居），五者盡壽不食一切魚肉血味鹽酥乳等。

這其中值得檢討的是，是不是提婆達多為反對釋尊的「中道」

修行，而提出復古的苦行修持呢？釋尊初轉法輪時，曾說苦行與欲樂，皆非可取，要行於中道。可是，僧團在發展過程中，得到以國王為首的剎帝利種姓，及吠舍種姓中大富長者的支持，為僧團建造精舍，供養衣食，甚至於也有供養比丘個人精舍的。比丘們有夏安居的所在，甚至於更多的時間留在精舍中不出外乞食——有人供養，這就和傳統修行者的生活方式不一樣了。

如果自另一角度來說，也許，提婆達多所領導的一派比丘，實踐著傳統的苦行生活，也得到部分社會人士的支持，甚至於阿闍世王也向他皈依。並且他這個派系也流傳了下來，西元七世紀時，玄奘三藏西行求法，還提到當時尚有人保持著這一派苦行的戒律。

同時，釋尊晚年，各大弟子都有了再傳弟子，已有了小派別的存在。釋尊滅度後，結集經律，是大迦葉一派主持的，這其中是不是有派系的成見在內，把提婆達多說得十分不堪，這就不得而知了。

五、萬法無常

原始佛教的基本理論之一，是「三法印」——諸行無常、諸法無我、諸受皆苦。諸行無常，即是萬法無常，也包括著世事無常在內。不錯，由於世事無常，釋尊晚年，許多事情都發生了變化。這其中，與提婆達多分裂僧團有關連的一件事，是摩揭陀國的宮廷政變。

摩揭陀國的頻婆娑羅王，在年齡上小於釋尊五歲。釋尊出家學道，在王舍城托缽的時候，頻婆娑羅王才即位未久，青年國王，意氣風發，也頗有作為。他初見釋尊托缽時，為了好奇，曾親到

靈鷲山相訪，一見之下，惺惺相惜，甚至於要推國相讓。釋尊志在修道，婉言謝絕，立即他往，頻王挽留無效，曾有「若道成者，願先見度」之約。

釋尊成道，僧團初成立，釋尊帶著上千比丘重返王舍城，頻婆娑羅王予以盛大的歡迎會。當他把釋尊迎入王宮，釋尊受過供養，為他說法之後，他曾躊躇滿志的說：「當我還是太子的時候，我有五個心願，一者希望能夠灌頂為王，二者希望最高的聖者來到我的國家，三者希望能夠師事最高的聖者，四者希望聖者為我說法，五者希望能夠領悟聖者所說的法，而今都一一成就了……」

頻婆娑羅王獻出了城外的竹林，作為僧團的棲止之所，他經常到竹林精舍訪候釋尊，後來釋尊要在靈鷲山另建精舍，他派工為之開闢道路，他和釋尊維持了數十年師友之間的情誼。

然而，到了他的晚年，一場宮廷政變，卻為兒子幽禁起來。他想到釋尊為他說過的法教：天地、日月、須彌、大海。沒有不變易的，有成必有敗，有盛必有衰，有合必有離，有生必有死……

據說，目犍連和富樓那兩位尊者，奉釋尊之命，以神通力進入王宮，到達頻婆娑羅王的幽禁之處，為他說法，稱：「世尊讓我告訴你，業力所招感的色身，總要承受業報。修道者最要緊的就是消滅業報，獲得解脫。被囚禁的人，像是失去自由，受到束縛。其實沒有被囚禁的人，同樣的為權力、名位、財富、美色所束縛。娑婆世界有如一座大監獄一樣，人人皆是囚徒。世尊說，稱念阿彌陀佛的聖號，發願往生西方極樂世界，那是一個自由解脫的安養國土。」

就這樣，頻婆娑羅王在幽禁中潛心念佛，安詳的往生了。

——發動政變、囚禁父王的阿闍世王，據說後來痛自悔改。他生了病，由釋尊為他醫好，他也皈依了釋尊。《長阿含》中的《遊

行經》上說：

> ……時阿闍世王，命婆羅門（指其出身的種姓）大臣禹舍，
> 而告之曰：爾詣闍堀山，至世尊所，持我名字，禮世尊足，
> 問訊世尊之起居……

　　後來釋尊涅槃，大迦葉集五百長老結集，也是在阿闍世王的
支持下完成的。

　　繼恆河南岸的摩揭陀國發生政變之後，恆河北岸拘薩羅國也
發生了政變。我們沒有辦法考證出這些事件的時間，但無疑的，
這些都是釋尊晚年——入滅前幾年的事。

　　拘薩羅國的波斯匿王，年與釋尊同歲。他和釋尊初次見面時，
年輕氣盛，曾和釋尊有過一番辯論，但以後他皈依釋尊，視釋尊
如師如父。三十多年間，和釋尊維持著深摯的情誼——關於波斯
匿王和釋尊間的小故事，前文已屢有介紹，此處不再贅述。

　　然而，很不幸的，他到晚年，遭遇到和頻婆娑羅王相似的命
運。他的兒子毘琉璃太子發動政變，奪取了王位。據說，年邁的
波斯匿王出奔到迦毘羅衛國，獲得「政治庇護」。未久就病死異鄉，
釋迦族念在舊日情誼，以王者之禮予以厚葬。

　　釋尊晚年，王舍城的迦蘭陀長者，舍衛城的須達多長者，都
早已辭世了。釋尊的姨母，大愛道比丘尼，也先釋尊入於涅槃。
耶輸陀羅比丘尼，也證得聖果，在釋尊大般涅槃的前兩年入滅。
釋尊的獨子羅睺羅，出家後十多年，在三十歲不到的時候就逝
世了。

　　世事無常，生命無常——有成必有敗，有盛必有衰，有生必
有死，有合必有離。這是萬法的法性——緣起。無常的法則，雖
釋迦牟尼世尊亦無以例外。

第十八章 大般涅槃

一、迦毗羅衛的滅亡

隨著歲月的消逝，漸漸的，釋尊進入老耄之年了——不是嗎？釋尊快八十歲了。快八十歲的老人，難免沒有病痛，釋尊晚年患風濕痛，佛經中屢記有釋尊「告阿難陀，我今背痛，汝可……」釋尊要阿難把袈裟折疊起來，墊在背下以減輕疼痛。

本來，四大和合的色身，終有衰老的一天，如果釋尊不老、不死，那麼，「緣起」的理論將被推翻，「無常」法印也不能成立。所以，老、病與死，法爾如是，雖釋尊亦無以避免。不過，臨到晚年，一連串的打擊與挫折，使釋尊的晚年顯得落寂異常。

使釋尊晚年心情落寂的大事，第一是迦毗羅衛國的滅亡，釋迦族為人殘殺；第二是幾位大弟子——包括羅睺羅在內——先釋尊而逝，使釋尊不能不感到傷感。茲先由釋尊的祖國迦毗羅衛滅亡說起：

釋尊二十九歲出家，三十五歲成道，成道後五、六年，第二次返回故鄉時，淨飯王已是八十多歲的老人了。數年之後，淨飯王病重，釋尊趕回家鄉，釋尊在病床前為淨飯王說法，王乃證阿羅漢果，合掌含笑而逝。淨飯王逝世後，迦毗羅衛的國政，由甘露飯王的長子摩訶男繼任。

早在拘薩羅國的波斯匿王未繼任王位之前，曾向釋迦族求婚。

釋迦族自詡為日之種姓——太陽之裔，驕傲自大，不肯把王族女子下嫁別族。但又以拘薩羅國國勢強盛，不敢拒絕，那時，王族中的摩訶男大將——就是後來繼位的摩訶那摩王，想出了以桃代李之計。他以家中的女奴茉莉，偽稱是自己的女兒，嫁給了波斯匿王子。波斯匿王子未久繼位為王，女奴也就成了茉莉夫人——女奴，自然是賤民階級出身。

波斯匿王對茉莉夫人十分寵愛，茉莉夫人生有一子，就是後來的毘琉璃王。毘琉璃王為太子時，有一次波斯匿王命他到迦毘羅衛外家習騎射。那時適值釋尊回鄉之前，族人特建了一座講堂，供釋尊還鄉時說法傳道之用。

——釋尊成道後一共還鄉幾次，不得而知，但在淨飯王逝世後仍回去過，這是可以確定的。這一次回去，也是淨飯王逝世以後的事。

釋迦族人為釋尊所建的講堂，被族人視為聖地，不許閒雜人入內。十餘歲的毘琉璃太子一時好奇，就走了進去，事為釋迦族人所見，認為女奴之子褻瀆了聖地，立即將毘琉璃太子所經之處，挖地換土。十餘歲的毘琉璃太子認為是奇恥大辱，發誓言說：「有一天我要滅掉迦毘羅衛國，殺盡釋迦族。」

大約二十多年後，波斯匿王年已老邁，而毘琉璃太子正當壯盛，他逼迫父王遜位，自己繼位為毘琉璃王。他想起了多年前的誓言，乃整頓四兵，討伐迦毘羅衛。釋尊知道這是因果與業力，難以挽回，但是為了拯救祖國，不能不勉盡人事，故當毘琉璃王向迦毘羅衛進兵時，釋尊獨自一人，在大軍必經的路上，端坐於一株枯樹之下。

毘琉璃王大軍行進間，前哨回報，釋尊坐在道旁枯樹之下。毘琉璃王對釋迦族人雖然深懷恨意，但對已成為覺者的釋尊，仍

然相當尊敬。他策馬至釋尊端坐處，下馬趨前行禮問訊，並說：
「世尊，那邊有很多枝葉繁茂的大樹可以遮蔭，世尊為何坐在枯樹下呢?」

「大王，枝葉繁茂的大樹可以遮蔭，但是親族之蔭更勝樹蔭。」

——釋尊是說，拘薩羅國與迦毘羅衛本是親族之邦，為何要自相殘殺呢?

毘琉璃王雖然暴戾，但也為釋尊沉痛的比喻所感動。他心想為了敬重佛陀，還是暫時收兵，以後再來吧!

釋尊見毘琉璃王大軍折返，他在枯樹下默默的站起來，沒有興奮，也沒有歡喜。他仰望迦毘羅衛方向的長天，心知這是釋迦族人的定業。他落寞的，默然的走返回去。

經典上說，釋尊對於祖國的被攻，如是作了三次營救，但毘琉璃王第四度出兵時，他不能再去阻擋了。毘琉璃王的大軍包圍了迦毘羅衛城，在兵力懸殊的情況下，迦毘羅衛根本無從抵抗，群議不如投降。

此時摩訶那摩王悲痛萬分，自覺愧對族人，他挺身出城，獨自去見毘琉璃王，說道：「拘薩羅國與迦毘羅衛是姻親之邦，在名義上我是你的外祖父，你要殺釋迦族人洩憤，但城中幾萬人一時也殺不完，我求你讓我潛到水中，在我潛出水面以前，允許城中人逃離，等我潛出水面而仍未逃離的人，就任你殺戮。」

毘琉璃王答應了這個條件，摩訶那摩王就縱身躍入一水塘中，毘琉璃王也下令准許城中居民逃離。當城中有不少的人逃出城外時，毘琉璃王奇怪摩訶那摩王何以還不潛出水面，就命人潛入水塘察看。不多久，入水察看的人向毘琉璃王回報：「他不會再浮出水面了，他以頭髮縛結在樹根上，早已死亡多時了。」

摩訶那摩王就是這樣的以身殉族。而城中未逃出的釋迦族人

仍逃不掉被殺戮的命運。經過這次大屠殺後，釋迦族幾至滅族。

二、落寂的晚年

　　釋尊晚年另一件打擊，是幾個大弟子——舍利弗、目犍連、羅睺羅都先釋尊而入涅槃——死亡。

　　羅睺羅是釋尊的獨子，十餘歲出家，禮舍利弗為師，在僧團中做小沙彌。他二十歲成為正式的比丘，以持戒嚴密稱著，在僧團中稱「密行第一」。

　　——羅睺羅的「密行」，是持戒嚴密的密行，與後代大乘佛教中的密宗或禪宗無任何關連。

　　羅睺羅持戒嚴密，修行精進，沒有辜負釋尊對他的期望。可是很不幸的，他三十歲還不到的時候就逝世了。羅睺羅出生於釋尊出家之年，逝世時年未滿三十，這時釋尊年在五十多不足六十之歲。這種年齡死了唯一的兒子，要說釋尊無動於心，毫無悲愴之意，未免不近人情，但釋尊證道證的基本理論就是「緣起」，是「無常」，究竟要比凡夫常人看得開一點。

　　可是到了二十年後——釋尊快到八十歲的時候，在他涅槃前的一年多，舍利弗和目犍連的相繼逝世，使年近八十的釋尊承受到無情的打擊。

　　舍利弗的年齡和釋尊不相上下，也快八十歲了，衰老的色身禁不住歲月的侵蝕，他病了。他稟明釋尊，回到故鄉養病——他的故鄉在摩揭陀國王舍城附近的那羅村，他回鄉時，沙彌均頭在他身邊隨侍。

　　有一天，釋尊在祇園精舍，沙彌均頭捧著舍利弗的遺物——衣和缽，來到園中。阿難出來迎接他，均頭一見阿難尊者，立即

拜倒在地，邊哭邊訴：「大德呀！舍利弗大師去世了，這就是他遺留的缽和衣物。」

阿難迫不及待的帶著均頭謁見釋尊，稟告經過：「世尊呀！這是沙彌均頭，他由摩揭陀趕來，他說舍利弗去世了，他攜來了舍利弗所遺留的缽和衣物。世尊呀！聽到這個不幸的音訊，我禁不住全身顫抖，覺得四方頓成黑暗。」

舍利弗是釋尊座下第一大弟子，是釋尊的得力助手。比丘們都認為，他是未來繼承釋尊領導僧團的人。如今他竟先釋尊而逝，釋尊內心的悲愴可想而知。但是釋尊強忍悲懷，曉諭哭倒在地的阿難說：「阿難呀！我不是平常就教導你們嗎？和心愛的人，總有別離的一天。在這個世界上，沒有一件東西是永久不變的。阿難呀！以一株大樹來說，它的一枝樹枝可能先行枯朽，和這個道理一樣，舍利弗先我而去了，那是世間沒有東西能夠永久不滅的。所以，阿難呀！我不得不對你們說：『必須以自己為洲，依靠自己，不可依靠他人；以法為洲，依靠法，不可依靠其他。』」

——顏淵死，子曰：「噫！天喪予，天喪予。」悲愴之情，溢於言表，舍利弗死，釋尊告訴阿難：「和心愛的人，總有別離的一天。在這個世界上，沒有一件東西是永久不變的。」悲愴之情，藏於內心。人生除了生、老、病、死之苦外，還有愛別離苦，怨憎會苦，「諸行無常」，無常的本身就是苦。

舍利弗逝後不久，噩耗傳來，目犍連也為教殉難了——目犍連晚年，仍然四方行腳，各地傳道。有一次，他獨自經過伊私闍梨山區，為當地的裸形外道發現，他們從山上推下亂石，目犍連無從躲避，被亂石打成肉醬。他是釋尊教團中，以身殉教的第一人。

舍利弗和目犍連，在釋尊弟子中稱為「一雙上首」——是釋尊的左右手。這兩個人相繼逝世，對晚年的釋尊來說，是一個痛

心的打擊。所以過了不久，釋尊在跋者國的郁伽支羅林，恆河岸邊小住，在一個月滿之夜，舉行布薩儀式。釋尊在月光下環視周圍的眾比丘，不見舍利弗和目犍連的面孔，不禁落寂傷感的說：「比丘們呀！自從舍利弗和目犍連逝世以後，這個集會，對我而言，真是空虛不堪，不見他們兩個人的面孔，使我寂寞愁傷。」

釋尊的一生，從不曾有過如此落寂悲傷的話。平常，他總是安慰為悲傷所苦悶的人，予這些人以慰藉和勉勵。而今，釋尊自己落寂愁傷了。不過，釋尊不是沉緬於愁傷的人，他繼續說：「但是，比丘們呀！在這個世界上，沒有一個人，或一件事物，是永久不變的，這才是真理。比丘們呀！大樹也會有幾枝枝幹先行枯萎，和這個道理一樣，他們兩個人先我而去了。因為這個世界上，絕對沒有永久不變的東西。

比丘們呀！所以我說：『以自己為洲，依靠自己，切勿依靠他人；以法為洲，依靠法，切勿依靠其他。』」

——洲，是河中之島，予舟楫以依靠之意。

釋尊在以上兩段教諭中，說的就是「自皈依，法皈依」。這兩段教諭，見於《雜阿含經》，也見於《相應部》經典。

三、七不退轉法

在《長阿含》的《遊行經》、《大般涅槃經》，以及南傳的《長部》經典中，都記載著釋尊最後一次遊化——四方遊行傳道，釋尊遊行傳道的生涯，已度了四十五年之久了。他為了傳播正法的種子，由一個國家到另外一個國家，由一個城市到另外一個城市，由一個聚落到另外一個聚落。雖然如此，但他仍然不辭勞苦，以八十歲的高齡，仍盡最後的努力，繼續遊行傳道——他要北行到

恆河北岸去傳道。

　　釋尊在王舍城將要出發之前，摩揭陀國的阿闍世王，派了大臣禹舍，到靈鷲山精舍來求見釋尊。

　　「世尊呀！」禹舍行過禮，恭謹的說：「大王要我問候世尊。大王決定要討伐跋耆國，關於這件事，要我來請教世尊，有何高見。」

　　這是一個隱藏危機，關係到一個國家存亡的諮詢。

　　這時侍者阿難在釋尊身側，拿著扇了為釋尊搧風。釋尊且不回答禹舍，卻轉頭詢問阿難：「阿難呀！近來跋耆國的人民，是不是還在舉行他們的政治集會？」

　　——跋耆國不是王權政體，是民上的議會政治。政治集會照常舉行，就表示議會政治正常運作。

　　「是的，世尊，我聽說他們現在照常集會，集會的情形也很好。」

　　「是嗎！如果是這樣，跋耆可望繁榮，將無滅亡的危險。但是，阿難呀！他們的人民，是不是還善盡他們應盡的義務？」釋尊又問阿難。

　　「世尊呀！據說跋耆的人民，現在還是同心協力的善盡他們的義務。」

　　「是麼！在人民善盡義務，做好他們應該做的事情期間，跋耆將繼續繁榮，不會有衰亡的憂慮。那麼，阿難呀！他們是不是仍然遵奉著自古傳下來的律法過日子？」

　　「世尊呀！據說他們未背律法，仍然遵從古來的律法。」

　　「是麼！在他們仍然遵奉律法期間，他們必將繁榮，沒有滅亡的憂慮。」

　　像這樣，釋尊又詢跋耆國的人民是否還遵守傳統，是否保護

婦女，是否尊崇宗教，是否崇敬聖者，阿難一一都作了正面的回答。

大臣禹舍被冷落在旁邊了好久，至此才聽出那些話是為他而說的。他馬上合掌恭敬的說：「希有世尊，此七不退法，能具備其一者，已屬難能，而跋耆竟備其七。是其孰可侮哉？吾將回報大王，打消其征伐跋耆之心。」

釋尊對於阿闍世王請教討伐跋耆的事，並沒有直接的說可說否，卻以隱喻方式化解了戰爭的危機。在經典裡，將這次談話的七條內容，稱為「七不退轉法」，這可視為一個國家立國的七個條件。

釋尊將要遊行傳道了，《根本說一切有部毘奈耶雜事》記載著釋尊出發的情形：「爾時世尊，告具壽阿難陀曰：我今欲往波吒釐邑。阿難陀言：如是世尊，即與諸苾芻隨從世尊，發摩揭陀國漸次遊行，至波吒釐邑住制底邊。時彼邑人聞佛來至，悉皆聚會至制底處……」

波吒釐，是恆河南岸的渡口，古今均為交通要衝，釋尊曾預言此處將來會有莫大的繁榮。後來阿育王時代曾遷都於此，就是有名的華氏城。

在波吒釐的渡口上，麇集著很多為釋尊送行的人，摩揭陀國的大臣禹舍也是送行者之一，他隨行在釋尊身後，依依不捨的說：「世尊呀！我想在今天世尊經過的地方造一個門樓，命名為瞿曇門。把今天世尊所渡的渡船場，命名為瞿曇渡船場。」

禹舍面前所立的，是一個高齡八十的衰病老人，身著壞色之衣，手中僅有一缽。他沒有一點權勢，也沒有一點財寶。然而，大臣禹舍，和無數的送行者，都以最誠摯的心情，最崇高的敬意，來為他送行惜別——這就是釋尊，這才是真正的釋尊，為世人所

尊崇的聖者。

千萬個送行者在渡口對釋尊膜拜，眼望著釋尊一行人上了船，渡向彼岸。

釋尊走了，這是他最後一次遊化，從此不曾再回到摩揭陀國來。

四、最後的午餐

釋尊一行渡過恆河，向北進行。他們行程極慢，日行十餘里，終於到達跋耆國的首都毘舍離城，那時進入了雨季，氣候酷熱潮濕，僧伽應該進入雨安居的季節。釋尊命隨行的比丘，分別自行到各地去度雨安居，釋尊帶著阿難，住在毘舍離城外的竹林村大林精舍中。

八十歲的釋尊，在長途跋涉之後，受不了酷熱和霉雨，竟至病倒了——他的風濕病復發，背部疼痛，胃腸也不適。釋尊和病魔鬥爭，以定力克服肉體的痛苦，掙扎了兩三個月，雨季結束，健康漸漸恢復。但是釋尊自己知道，入涅槃已為時不遠了。

一天，病後的釋尊，在樹蔭下設座憩息，在旁隨侍的阿難說道：「世尊呀！慶幸世尊痊癒，在世尊病重的那些日子裡，我有天地昏暗無光的徬徨感覺。但是想到世尊對僧伽的事情，還沒有遺訓，一定不至於就此涅槃，心中才感到安篤。」

阿難的意思，是希望釋尊在寂滅以前，能指定僧伽由誰來繼續領導。

——阿難小於釋尊三十歲，他二十餘歲出家，一直隨侍釋尊，不覺過了二十多年。而今，阿難也五十歲了。

釋尊體會到阿難的意思，針對此點，予阿難以開導：「阿難呀！

你所期待的是錯誤的。僧伽還對我期待什麼呢？我已經從各種角度，把應說的全說了。在我的說教裡面，沒有隱瞞弟子，沒有俗說的『老師還保留一點兒』的祕密奧義。

而且，阿難呀！我不以為我是僧伽的領導者，或是以為所有的比丘都依賴著我；因此，在我死後，並沒有道理由我來指定僧伽的繼承人。」

最後，釋尊強調的說：「阿難呀！你們應該以自己為洲，依靠自己，不要依靠他人；以法為洲，依靠法，切勿依靠其他。阿難呀！現在或者當我去世後，能夠以自己為洲，依靠自己，不依靠他人；以法為洲，依靠法，不依靠其他的人，此人即是僧伽中的最高者。」

——釋尊並未將自己視為僧伽的統治者，他以為僧伽是不必由誰來領導和統治的。比丘依教法而修行，法雖是佛陀所說，卻是眾生自體之所本具，佛陀只是以證悟所得，加以指導說明而已。因此，以自己為洲，以法為洲，那就是「自皈依」、「法皈依」，也就是「自依止」、「法依止」。

釋尊病癒後，各地結夏的弟子也都回來了，他們一行人離開毘舍離，目的地是拘薩羅國的舍衛城。途中經過了班陀村、訶帝村、菴跋村、祥婆村、婆迦市，到達了末羅國的波婆村——由波婆村再向西北走，是拘尸那。由拘尸那分道，一條路可到迦毘羅衛，一條路通往舍衛城。

波婆村有一個佛教信徒，是鍛冶工人純陀。純陀一家人都皈依了釋尊，他聞知釋尊途經該村，為了表示敬意，他備下了豐盛的午餐，請釋尊光臨。

鍛冶工，是勞工階級，釋尊主張眾生平等，愈是為人輕視的工人，愈不能拒絕他的供養。所以，釋尊雖然身體不適，還是到

純陀家中應供。

　　據說，純陀供養的食物中，有一種梵文叫做 Sūkara-maddava 的東西。這種東西，漢譯經典中稱做「旃檀耳」——一種菌類的蘑菇，但亦有說那是一種不老不嫩的野豬肉。那時沙門托缽乞食，施捨者施什麼沙門吃什麼，所以在南傳佛教認為，即使是野豬肉也沒有什麼不對，但這是為中國的大乘佛教所不能接受的。不論是旃檀耳也好，野豬肉也好，在炎熱的夏天吃這種東西，稍不新鮮，都會引起食物中毒。所以釋尊吃了純陀供養的午餐，不久就腹疼如絞。所以就催促著阿難說：「我們到拘尸那城去吧！」

　　在經典中，有一首極為樸素的偈子，來敘述這件事的經過。偈子說：

　　　　我聽說是這樣的：
　　　　吃下了鍛工純陀的供應，
　　　　世尊得了病
　　　　——足以致死的重病。
　　　　吃下了供養的蘑菇，
　　　　得了腹痛的病。
　　　　而瀉肚的世尊說道：
　　　　我們到拘尸那去吧！

　　這兩節樸素的、毫無粉飾的偈子，必是當時各地的弟子們聞到釋尊發病而涅槃，將發病經過的傳聞予以定型，而最後兩句，迄今讀來，猶使人心酸。

五、大般涅槃

　　大般涅槃，是一句中印合璧的話。因為如果說梵語，是「摩訶般涅槃那」，如果說漢譯意義，是「大滅度」、「大圓寂」。如《涅槃玄義》上說：「摩訶此翻為大，般涅此翻為滅，槃那此翻為度，是為大滅度也。」簡單的說，就是死亡，就是逝世。歷來的經典，為了表示對釋尊的崇敬，不說死亡，不稱逝世，而曰「大般涅槃」——偉大的死。

　　釋尊一行人由波婆出發，向拘尸那前進。由波婆到拘尸那，不過一由旬多一點的距離——一由旬，古印度為三十里，大約是十五公里——快要走到拘尸那，已遙遠可望到城牆了，釋尊已用盡了他最後的體力。看到路旁有一片樹林，釋尊說：「阿難呀！我已經疲倦了，到林下休息吧！」

　　阿難說：「遵命，世尊。」一行人到得林下，釋尊說：「阿難，我今背痛，汝將袈裟疊為四重，我欲偃臥以自休息。」這時，釋尊的體力，實有支持不下去的情況。

　　阿難在兩株並排的沙羅雙樹下，鋪上一個簡單的墊褥，釋尊以一件僧伽梨疊起作枕頭，右脅而臥，另以阿難疊的一件墊在背下，以減輕背痛。

　　——《中阿含經》上說，這處樹林名叫牛角沙羅林。經典上所稱的沙羅雙樹，應該是兩株並列的沙羅樹。此沙羅雙樹，因釋尊在此入滅而名垂千古。

　　記載釋尊涅槃的經典，有《大般涅槃經》，《長阿含》中的《遊行經》，長部經典十六，及《根本說一切有部毘奈耶雜事》三六、三七。但是都描述得十分繁瑣，如大地震動、流星晝現、諸方熾

然、諸天擊鼓、樹上開著不時之花、空中馨香隨風飄揚等等。我
們且過濾去這些繁文縟節，平實的敘述釋尊的入滅。

　　釋尊右脇側臥在沙羅雙樹下，隨行的弟子們環繞在他的四周。
釋尊四顧，向他們說道：「比丘們呀！在你們當中，對於教法、僧
伽或實踐的方法，還有什麼疑問的嗎？如果有的話，馬上發問吧！
以免將來後悔著，那個時候為什麼不向師尊問清楚。」

　　但是，四周的弟子們都沉默不語。在釋尊即將進入涅槃的時
候，悲哀和崇敬充滿眾人的心頭，誰還有問題發問呢？釋尊再三
催促，比丘們仍保持緘默。這時侍者阿難趨前回答說：「世尊呀！
我相信沒有那一個比丘，對於教法、僧伽或實踐的方法，還會有
什麼疑問的了。」

　　釋尊面現欣慰，停了一會，又說：「既然是這樣的話，還是由
我來講吧！『世間所有的事相，都是無常的，都是壞法。不可放逸，
努力精進吧！』這就是我最後要說的話。」

　　──《長阿含》的《遊行經》上，記載釋尊最後的話是這樣
說的：

　　　爾時世尊，自四疊僧伽梨，偃右脅如師子王，累足而臥。
　　　時雙樹間，所有鬼神，篤信佛者，以非時花，布散於地。
　　　爾時世尊，告阿難曰：此雙樹神，以非時華，供養於我，
　　　此非供養如來。阿難白言，云何名為供養如來？佛語阿難：
　　　人能受法，能行法者，斯乃名曰供養如來。

　　我們要特別注意後面的幾句話，體會這幾句話背面的意義。
鐘聲梵唄，法器聖音，鮮花供養，焚香禱祝，那只是形式，那不
是供養如來的方法；能接受如來的教法，能實踐力行如來的教法，
才是供養如來。可惜後世的信徒，買櫝還珠，只在形式上做功夫，

而把實踐力行教法置之腦後，真是辜負了釋尊一片苦心。

　　也有經典上記載：釋尊入滅前，曾為一個年已百歲的外道沙門鬚跋陀羅說法，收了最後一個弟子；並且阿難代表眾比丘，提出了四個問題請釋尊解答。即經典上所稱的「四問」：

　　㈠釋尊滅度後，我等依誰為師。

　　㈡釋尊滅度後，我等依何法住。

　　㈢釋尊滅度後，惡比丘如何調伏。

　　㈣釋尊滅度後，經典結集，如何叫人取信。

　　據說釋尊回答的是：一者以戒為師。二者以四念處安住。三者對惡比丘可默擯之。四者一切經典前加「如是我聞」四字。

　　關於這兩件事，前者只是一個臨時插曲。後者，這幾個問題或許是平時個別提出及解答的。不至於在釋尊彌留之際，才提出這些問題。我寧覺得前面的記載——釋尊訓勉眾比丘不可放逸、努力精進、實踐如來的教法這一段話更為翔實生動些。

　　釋尊說完這些話，安詳平靜的進入涅槃。

第十九章 釋尊遺教的結集

一、八分佛骨

　　一代聖哲釋迦牟尼，在拘尸那城外的牛角沙羅林中，於沙羅雙樹下安詳寂滅，經典中說：「大地震動，流星晝現，諸方熾然，於虛空中諸天擊鼓……」

　　——古代經典文學敘述手法，有其一定的型式或規範。譬如說，重大的事情發生了，一定要「大地震動」。現代以主觀的、心理上的方式所要敘述的事物，在經典文學中卻以客觀的、神話式的方式予以敘述。例如釋尊內心發生了善念或信心，則以梵天出現的方式敘述；當釋尊內心有不安的意念時，便以惡魔現身的方法敘述。釋尊誕生時、成道時都有過大地震動；四門遊觀時、成道前戰勝魔軍時，成道後思考是否傳道時都有梵天出現；出家時、成道前都有過惡魔現身，就是這種手法的表現。

　　釋尊入滅，隨侍的弟子多數悲哀異常，但亦有少數證果的弟子，則靜坐冥想，默念釋尊的教法：「有成必有敗，有盛必有衰，有生必有死，有合必有離。」感歎著雖佛陀亦不能逾此法則。

　　這時最重要的事，莫過於釋尊的治喪事宜，但隨侍弟子人手不足，且衣衾棺槨也不是在樹林中可辦到的，必須到城市中找在家信眾的協助，這任務就落在阿難身上。阿難到拘尸那城，把釋尊涅槃的消息通知給城內的末羅族人。拘尸那也是釋尊遊化的區

域，城內的信眾很多，聞得釋尊的噩耗，經典上說信眾們有的披髮擊首，有的捶胸痛哭。這是十分富於人情味的描寫，由此說明信眾對釋尊的崇敬。一陣悲傷後，有人提議趕往沙羅林中為釋尊治喪。於是眾人搜集香末、布帛、棺木等，趕到沙羅林，依照轉輪聖王的禮制，裝殮釋尊的遺體。

這時大迦葉帶著五百比丘在恆河北傳道，聞訊即與眾比丘趕往沙羅林，大迦葉一行尚未到達的時候，釋尊的葬禮已在進行。《根本說一切有部毘奈耶雜事》三十八有如下的敘述：

> 時壯士及四眾等，先用疊絮裹如來體，次以千張白疊周匝纏身，置油棺覆以金蓋，各持香木如法焚燒，火不能著。時阿盧陀告阿難陀曰：雖欲燃火終無著法，問其何故？答曰：斯為諸天不令火著。復問何緣？答曰：為大迦葉波與五百徒眾隨路而來，欲見世尊金色全身親觀焚燎，為待彼故天不令燒，時阿難陀即以此事普告眾知。須臾尊者徒眾皆至，拘尸那城諸人遙見尊者眾來，各持香華種種音樂，詣尊者頭面禮足，時有無量百千大眾，隨從尊者詣世尊所，除去香木啟大金棺，千疊及絮並開解已，瞻仰尊容頭面禮足，於此時中唯有四大耆宿聲聞，謂具壽阿若憍陳如，具壽難陀，具壽十力迦葉波，具壽摩訶迦葉波。然摩訶迦葉波有大福德多獲利養，衣缽藥直觸事有餘。尊者作念我今自辦供養世尊。即辦白疊千張及白疊絮，先以絮裹後用疊纏，置金棺中傾油使滿，覆以金棺積諸香木，退住一面，由佛餘威及諸天力，所有香木自然火起……是時拘尸那城諸貴賤等，共收舍利，盛金瓶中，置七寶輿上，以種種香花幷檀沉水塗香，末香燒香繒蓋幢幡，音聲伎樂廣陳供養，

昇入城中安妙堂上，更復如前盛興供養。

釋尊的遺體，在沙羅林中予以荼毘——火化，末羅族人撿獲舍利，裝入金瓶，供養於拘尸那城的廟堂中。這時釋尊涅槃的消息傳遍各國，於是毘舍離城的離車族，遮羅頗的跋利族，迦毘羅衛的釋迦族，羅摩伽的拘利族，波婆的末羅族，以及毘留提的大梵王，摩揭陀國的阿闍世王等，都派遣使者到拘尸那城，向末羅族要求分得一部分釋尊的舍利，以便建塔供養。但是末羅族回答的是：「世尊垂降此土於茲滅度，國內士民自當供養，遠勞諸君，舍利分不可得。」一概予以拒絕。

就這樣為了給與不給，各國使臣與末羅族展開激辯。摩揭陀國派遣的是一位香姓的婆羅門，他以仲裁人的身分對眾人說：「諸位賢者，我們常年受世尊的教誡，口誦法言，心服仁化。世尊曉示我們容忍之德，我們怎能為爭舍利而共相殘害呢？」

眾人覺得有理，就共推香姓婆羅門與末羅族人協商，將舍利分為八份，由各國使者各領一份，回國建塔供養。事為末羅族人所同意，這就是經典上所說的「佛骨八分」的故事。

——一八九八年，一位名叫樸貝的法國考古學者，在尼泊爾南境的比普拉巴地方，發掘到了一處靈塔的古蹟，其中有一個舍利瓶，為古代陶器，瓶之外側刻有印度古文，意謂：「此係世尊之舍利瓶，係釋迦族人和他們的兄弟姊妹妻子，以信之心安置奉祀者。」

「佛骨八分」的傳說，於此獲得證明。

二、初次遺教結集

在大迦葉帶著五百比丘，為釋尊治喪期間，在場比丘莫不傷感，但這時卻有一個名叫跋難陀的比丘，他是六群比丘中的一個，竟當眾宣稱：「諸位同修們呀！不必悲傷了。世尊在世的時候，時時以戒律約束我們，使我們不得自由。如今世尊不在了，從現在起，我們可以隨心所欲了。」

沉淪於悲傷中的眾比丘，聽了這話都保持沉默，而大迦葉聽到了卻十分憂心，他恐僧團戒律廢弛，「如來甚深妙法成灰燼」，應該以釋尊的遺教，結集制為成典，庶可永久做弟子們的指導。於是在為釋尊治喪完畢後，大迦葉發起為釋尊遺教結集。

大迦葉的意見獲得眾比丘的贊同，也得到摩揭陀國阿闍世王的支持，於是在眾比丘中選出五百位長老，在王舍城郊外毘婆羅山的七葉窟集合，進行「結集」事宜。

說到結集，給我們的印象好像是「編輯」的意思。其實不是，結集梵文的意思是「合誦」──由一個比丘登座，回憶釋尊說過的教法或戒律，一段一段的背誦出來，再由與會的長老們鑑定，如果沒有錯誤，再由大家「合誦」一次，就算是「定稿」，這就叫結集。

原來釋尊住世時，遊化四十五年，但只是「說法」，並未「著書」。因為那時印度尚沒有書寫的工具，所以釋尊並沒有留下片紙隻字的書面記錄。並且，釋尊住世時代，印度主要的語言有十多種，而地方方言在百種以上。釋尊說法，是觀機逗教，視聽者的程度，以說理、譬喻、寓言、故事等方式說出來。用的語言，有時用雅語──當時語言的一種，中國稱之為梵語者──但更多的

時間使用俗語和方言——釋尊也鼓勵弟子們用俗語方言傳道。又
因當時無書籍講義可閱，所以傳道時除了散文外，再加上韻文式
的偈、頌，揚聲唱出來，以便於聽者記憶。像這樣說說唱唱，以
口傳耳的傳下來，傳來傳去，會不會傳得走了樣呢？這是無以避
免的。關於這一點，留待後文再述。

　　第一次結集，時在西元前四八六年。傳說釋尊涅槃之日，為
中國曆法的二月十五日，而結集是在釋尊涅槃後九十天「揭幕」，
由大迦葉任「主席」，先結集毘奈耶——戒律。這是以持律第一的
優波離為上座，大迦葉以戒律的各條目提出來質問優波離，優波
離應答，誦出各條目的內容，及制時、制處、因緣、對機、犯戒
等，在座長老鑑定無誤，再由五百大眾合誦，算是「定稿」。

　　次結達摩——法。由多聞第一的阿難為上座，大迦葉就達摩
的條目提出質問，由阿難應答，誦出說時、說處、因緣、對機、
說法、領解等，在座長老鑑定無誤，再由五百大眾合誦，至此認
定是佛所說，算是「定稿」。

　　第一次結集，結出毘奈耶、達摩二部分——就是律與法。結
出的法，後世稱為經，就是後來漢譯的《四阿含經》。阿含是梵音，
譯為「無比法」，意思是沒有可以與此類比的妙法。《四阿含》的
名稱是《長阿含經》、《中阿含經》、《增一阿含經》、《雜阿含經》。

　　漢譯的《長阿含經》二十二卷，內有三十經；《中阿含經》六
十卷，內有二二二經；《增一阿含經》五十一卷，內有五十二品；
《雜阿含經》五十卷，內有一三六二經。

　　第一次結集結出的律，稱為《八十誦律》。因為優波離誦律時，
每日升座誦出律條，前後歷八十次誦完，故名《八十誦律》。到後
來的《四分律》、《五分律》等諸律，皆由此分立，此根本律就不
存在了。

這次結集，是佛入滅後首次結集，結集時間為三個月，所以後來稱此為第一次結集或窟內結集，亦稱五百結集或上座部結集。

何以稱為「上座部」呢？這是與後來的「大眾部」相對而言。原來當時的五百結集，參與斯選的，都是學德並重的上座長老。而未入選的比丘約有千人之數，亦別為集會，以婆師伽為上首，另行結集。據說結出了經藏、律藏、論藏、雜藏、禁咒藏五種。因為這次結集是大眾同聚一處而誦出的，所以稱為「大眾部結集」，亦稱窟外結集。

——佛教經典的「經」，梵語修多羅，修多羅是線的意思，線能貫華，經能貫法，故以線為經。經，是漢譯經典用的字彙。律，梵名毘奈耶，譯曰滅，滅三業過非之義。別名優婆羅叉，譯曰律，毘奈耶之教能詮律，故名曰律。第一次結集結出的，是修多羅藏、毘奈耶藏，加上後來的阿毘達磨藏，合稱三藏。阿毘達磨，是論——論諸法之義的意思。

三、原始佛教與部派佛教的分野

印度的佛教史，自西元前六世紀佛教創立，到西元後十一世紀間佛教滅亡，前後為時約一千五百年左右。如果加以區分的話，一般都分為四個階段。佛住世時及入滅後一百年左右，稱作原始佛教；佛入滅後一百年至五百年間——約為西元二世紀初，是小乘部派佛教時代；佛入滅六百年至一千二百年間——約為西元二至八世紀，是大乘佛教時代；西元八世紀至十一世紀，可稱為大乘密教時代。

原始佛教時代，是指釋尊住世時期及釋尊滅度後五代傳承這一段時期。釋尊滅度後，僧團由大迦葉領導。大迦葉苦行第一，

以身作則，且齒德俱尊，眾無異言。二十年後，大迦葉傳法於阿難，阿難這時已七十多歲，他多聞第一，眾人翕服；這以後，阿難傳法於末田地，末田地傳法於商那和修，商那和修傳法於優婆鞠多，百年之間，五師相傳，法水一味，僧團也維持著釋尊住世時的教風，但在釋尊滅度後一百一十年——西元前三七〇年前後，佛教開始了第一次分裂。

　　而在這百年之間，中印度的國際情勢也發生了極大的變化。摩揭陀國國勢日強，先後併吞了拘薩羅、跋耆等國，原來受摩揭陀國支持的佛教，也隨著摩揭陀國疆域擴充而隨之擴展，並且擴展到西方的摩陀羅國。

　　這時，恆河北岸的毘舍離城，和毘舍離北邊的跋耆城，這兩個地方的比丘，往往做出違犯戒律的行為。尤其是在街頭募化的比丘，於每月八日、十四日、十五日幾天，持缽盛水，向路人募化。口稱投錢入水者，可獲吉祥。路人有投錢者，亦有非議出家人不該貪取金錢者。據說西方的耶舍長老途經該地，見狀不以為然。因為按律出家人是不該受蓄錢財的。耶舍向募錢的比丘加以勸告，眾比丘不聽，反而共逐耶舍。

　　事實上，這些比丘違律的行為不止這一件，共有十條之多，《五分律》中記載有「十事非法諍」的內容：

　　㈠鹽薑合共宿淨　照戒律，比丘乞食，是為維持生命，若有膡餘，就應轉施別人。這些比丘主張鹽和薑合共的食物，可以留到第二天再吃。

　　㈡兩指抄食淨　照戒律，比丘過午不食，這些比丘主張過了正午，日影偏斜在兩指以內時仍可以飲食。

　　㈢復坐食淨　照戒律，一次吃過後不得再吃第二次。這些比丘以為，吃過後還可以再坐下來吃一次。

㈣越聚落食淨　午前吃過後，若外出經過聚落，村人供食，應照餘食法轉施別人。這些比丘主張可以再吃一次。

㈤酥油蜜石蜜和酪淨　照戒律，比丘過午不食。這些比丘以為，酥油蜜、石蜜及酪等，過午可以做飲料喝。

㈥飲闍樓伽酒淨　照戒律，酒為五戒之一。這些比丘以為飲釀而未熟的酒──闍樓伽酒，不算犯戒。

㈦作坐具隨意大小淨　照戒律，製作坐具大小有定制。這些比丘主張坐具大小可以隨意製作。

㈧習先所習淨　照戒律，出家比丘，出家前所習的技藝如樂器棋藝等應該捨棄。這些比丘以為可以照做。

㈨求聽淨　照戒律，凡一切儀式做法，當隨僧眾全體共同行之。這些比丘認為不妨單獨行之，然後再求僧眾允許。

㈩受蓄金銀淨　照戒律，比丘不受蓄錢財。這些比丘認為可以受而蓄之。

以上十條，照戒律說，違犯者都是不淨。而這些比丘認為是「淨」，這就是化非法為合法。那時佛滅未久，竟有比丘提出這種主張，使上座部的耶舍長老既驚且悲，他奔走各地，親訪諸長老說明此事。西部的諸長老一致遙相譴責這些非法的比丘。而東部比丘也遙相聲辯，這樣就形成了東西對峙的局面。而西部譴責的都是上座長老，東部毘舍離和跋耆城被譴責者則是大眾部比丘。

後來雙方協議，在毘舍離的大林重閣講堂，重開結集大會，會誦戒律，以論決是非。這次結集，與會者七百人，由耶舍長老主持，雙方各舉出四人為審辯，會中誦出戒律，逐事審辯，結果斷定毘舍離和跋耆城眾比丘為非法。於是上座部獲得勝利。這次結集，從地點說稱之為「毘舍離結集」，亦稱七百結集。

這次結集的決議，是上座部長老決定的，據說持反對意見的

大眾部就另外集會一處，另行結集，有比丘上萬人參加，後來稱此為「大結集」。大結集這一說法，出於南方所傳。由於七百結集外另有大結集，從此上座、大眾兩派正式分裂，原始佛教也於此結束，佛教進入部派時代。

　　毘舍離城的第二次結集，是原始佛教與部派佛教的分野。

　　另有一說，謂佛教分裂，是阿育王時代的「大天五事諍」所引起的後果——北傳的《異部宗輪論》持此說。但阿育王時代的第三次結集，已有許多部派名稱存在，所以此說不能成立。

　　佛教分裂，自表面說是「十事非法諍」所導致的，其實這其間也關涉到東西兩方僧伽對佛法理解上的分歧。由於篇幅所限，於此不再細述。

四、第三、第四次遺教結集

　　部派佛教，開始於佛滅度後一一〇年(西元前三七〇年前後)，到西元一五〇年前後大乘佛教興起止，為時約五百年。在這五百年間，佛教分化得相當厲害，最後竟分裂為二十個派別之多。這其間，釋尊遺教又經過了兩次結集。

　　第三次遺教結集，是在佛滅度後二百三十五年（西元前二五一年）舉行的。這距第二次結集又過了一百二十多年。這時是孔雀王朝時代（西元前三二七年），亞歷山大大帝入侵印度，大軍抵達印度河，然後引兵西返。這一來，在伊朗高原和中亞細亞一帶，出現了許多希臘人的殖民地。十年後（西元前三一七年），旃陀羅笈多推翻了難陀王朝，建立了印度史上有名的孔雀王朝，並出兵把希臘人驅逐到西方，而統一了中印度和北印度。到了西元前二六八年，旃陀羅笈多的孫子阿育王即位，他更四出征伐，擴大版

圖，國土南至印度南端，北至喜馬拉雅山，東至印度洋，西至阿富汗及阿拉科西，成為印度史上最大的帝國。

阿育王即位之初，暴逆無道。後來皈依佛教，施行仁政，並獎勵佛教。他曾親赴各地朝拜聖蹟。近代考古學家發現，在尼泊爾迦毘羅衛城舊址處，遺留刻有銘文的石柱，就是阿育王朝拜釋尊誕生地時所立的。

由於阿育王崇信佛教，所以佛教在這一時代十分隆盛。阿育王對僧伽的供養也十分豐厚，致一般外道窮於衣食者，也改換僧裝，混入僧團，一方面獲得衣食供養，同時把外道的教義混入佛教經義中，作破壞佛教的工作。這一來佛徒被誘入邪見者甚眾，使佛教陷入混亂狀態。而混亂的中心是在摩揭陀國的雞鳴大寺，因為這是僧伽集中的地方。

在佛教內部紛爭期間，使僧團中最重要的說戒儀式——布薩，也因而中斷了七年之久。阿育王有鑑於此，他想要辨別邪正，淘汰外道，乃有第三次結集之舉。據《善見律》卷二所載：

> 王白諸大德，願大德布薩說戒，王遣人防衛僧眾；王還入城。
>
> 王去以後，眾僧即集眾六萬比丘，於集眾中，目犍連子帝須為上座，能破外道邪見徒眾，眾中選擇知三藏，得三達智者一千比丘，一切佛法中清淨無垢。
>
> 第三次結集法藏，九月日竟，名為第三次結集。

第三次結集，是在華氏城——即早年的波吒釐——舉行，這是阿育王的新國都。由目犍連子帝須主持。有千名精通三藏的比丘參加，在會中重誦出三藏。據說在這次結集時，目犍連子帝須以會中辯論的記錄，編輯為一部《論事》，總計有千條之多，記下

了正反面辯論的意見。其間有二百六十條傳了下來。這時佛教已分裂為許多部派，《論事》中已有化地部、犢子部等部派名稱的出現。

——第三次結集，唯南傳佛教記載，北傳則無。按這次結集，是南傳上座部間的事件，其他部派，或不知其事，或知而不甚注意，故沒有記錄。

在釋尊滅度後六百年間，還有一次第四次結集。這是部派佛教說一切有部所傳。玄奘三藏的《大唐西域記》中亦有記載，其大致經過如下：

釋尊滅度後六百年，是印度貴霜王朝迦膩色迦王時代，迦王崇信佛法，曾日請一高德比丘入宮說法，而同一經題，說者多有相異之處。王以此詢問脅尊者，脅尊者答曰：「去佛日遠，各異部漸以己見滲入佛典，現當重新結集以正其義。」

王深然其言，乃於迦濕彌羅建立伽藍，集五百阿羅漢與五百菩薩（即五百大德比丘與五百在家優婆塞），以世友菩薩為上首，造出注釋三藏文各十萬頌——即《優婆提舍》十萬頌以注釋經藏，《毘奈耶毘婆娑》十萬頌以注釋律藏，《阿毘達磨大毘婆娑論》十萬頌以注釋論藏。這次結集有了文字記錄，迦膩色迦王以赤銅為鍱，鏤刻論文，封存於石函之中，不許妄傳國外。

——後來《優婆提舍》和《毘奈耶毘婆娑》均失傳，《阿毘達磨大毘婆娑論》傳下來，由玄奘三藏譯為漢文，二百卷，現存。

五、四次結集的檢討

釋尊的遺教，於其滅度後五百餘年間，經過了四次結集，按說釋尊住世時說過的「法」與「律」，於此應該粲然大備，絕無訛

誤了吧！事實不然。何以故？後文再述，我們先看這四次結集。

第一次結集：時間，西元前四八六年。地點，王舍城。主持人，大迦葉。參加者，五百上座比丘。結集時間，三個月。這次合誦出「法」與「律」——當時尚沒有三藏的名稱——法是《四阿含經》，律是《八十誦律》。

第二次結集：時間，西元前三七六年前後。地點，毘舍離城。主持人，耶舍長老。參加者，七百比丘。這次只是重誦律藏。

第三次結集：時間，西元前二五一年。地點，華氏城。主持人，目犍連子帝須。參加者，一千比丘。這一次是重結法藏與律藏，並有了論藏——《論事》。

第四次結集：時間，西元一○○年前後。地點，迦濕彌羅。主持人，世友。參加者，五百比丘、五百優婆塞。這一次造出了注釋經、律、論的《大毘婆娑論》等各十萬頌。

這四次結集，在時間上前後五百餘年，在人數上計有三千餘眾。這會發生些什麼問題呢？問題有下列數點：

㈠釋尊住世時，印度尚未有書寫的工具，所以釋尊說的法或制的律，都是以口傳耳的傳誦下來。這樣輾轉口傳數百年，會不會有遺漏、錯誤，或傳得走了樣呢？由《付法藏因緣傳》中這個故事可見一斑：

> 阿難遊行，至一竹林，聞有比丘誦法句偈：「若人生百歲，不見水潦鶴，不如生一日，而得覩見之。」
>
> 阿難語比丘：此非佛語，汝今當聽我說：「若人生百歲，不解生滅法，不如生一日，而得了解之。」
>
> 爾時比丘，即向其師說阿難語，師告之曰：「阿難老朽，不可信矣！汝今但當如前而誦。」

㈡經典之有文字記錄，約為第三次結集之後，第四次結集之前——西元前一百年間的事，距佛之世已四百餘年。佛住世時，當時有十多種通用語言，百餘種地方方言。經過數百年的演變，到用文字記錄時，和佛住世說法時，語言文字上會不會出現若干差異？

㈢南傳佛教，是第三次結集之後，阿育王派遣「九師傳道」，由王子摩哂陀和王女僧伽密多傳到師子國——後來的錫蘭，現在的斯里蘭卡。當時用的是何種語言，不得而知。到二百餘年後，即西元前末年，才用當時的錫蘭語筆錄下了摩哂陀口傳的三藏。又過了數百年——即西元五世紀中葉，中印度大學者佛音到了錫蘭，把錫蘭語的經典譯為巴利文，並加上他自己的註解。這就是南傳佛教巴利文的聖典。像這樣輾轉的口傳筆譯，是否全能保持釋尊說法時的原意？

㈣第一次結集，是大迦葉主持的，印順導師在《唯識學探原》一書中說：

> 釋尊……像這樣的經過了四十五年的教化，它的遺教、景行，有誰能把它記得完全無缺呢？佛入涅槃以後，弟子們頓失了指導者，迦葉們為了要使佛法長在世間，不致於人去法滅，才共同結集佛法。這個功績，當然非常偉大。但這次結集，時間只有三個月；參加結集人數，又只有五百（或說千人）；並且還是偏於摩訶迦葉一系的。像這樣匆促的時間，和少數人的意見，想使所結集的達到滿意的程度，當然是不可能的，它的遺漏與取捨的或有不當，也可想而知。

如果大迦葉結集尚有這麼多的缺點，那麼以後數次結集，其

遺漏、訛傳就更可想而知了。這其間又加上部派分裂的因素，除了取捨的當與不當，為了符合本派的理論，必然有增刪的情況。這與釋尊所說的法距離就更遠了。

　　㈤北傳佛教以中國為代表，中國漢譯的原始佛教經典，有《四阿含經》，《小乘律藏》，和並不完全的論藏。

　　漢譯的《四阿含》，是從各部派經典中雜湊出來的。中土的譯經師，多數是西域沙門，而不是天竺沙門，這中間就又多了一層轉譯。印度解釋法義的規範，是「六離合釋」。中國譯經的規範，有「四例譯經」、「五種不翻」。經過種種規範，層層轉譯，是否又拉遠了譯本與原本的距離？所以東晉道安法師對譯經有「五失本三不易」之歎，不是無的而發的。

　　以上的諸種檢討，目的絕不是在貶抑原始經典的價值。而是說，今日流轉下來的原始經典，並不全是釋尊說法時的原有面目。我人於讀經典時，還要下一番分析的功夫，才能從其中辨別出佛說的原始意義。

第二十章　正法永住

一、部派佛教時代

釋尊滅度後一百一十年左右，由於第二次遺教結集導致佛教分裂，分為上座部和大眾部兩部——其實也就是保守的和前進的兩派，佛教就由原始佛教進入部派佛教時代。

上座部的上座做何解釋呢？原來是以「法臘」——出家久暫來區別的。由初出家到九年以內名為下座；出家十至十九年名為中座；出家二十年至四十九年名為上座。若法臘在五十年以上，則為一切沙門國王之所尊敬，就稱為耆舊長老了。

至於大眾部的大眾二字，在第一次結集時就已經出現了。大迦葉與五百上座長老在七葉窟內結集，未參與斯選的比丘千人，另行結集，當時就稱為大眾結集。

佛教分裂為上座部和大眾部後，暫時維持了一段平靜。但大眾部的比丘，凡俗者多，學德俱佳者少，且思想趨於進取，與上座部分裂後，未及百年，以學理見解不同，因之又分裂出「一說部」、「說出世部」及「雞胤部」。

一說部的教義，謂世出世法，為一假名，無有實體。以說唯一假名，故名一說部；說出世部，謂世間法但有假名，出世間法則皆實有，故名說出世部；雞胤部，梵名憍矩胝部，是從部主之姓以立名。

　　數十年之後，大眾部中先後又分出了多聞部和說假部。多聞部，意謂其部主廣學三藏，博學多聞，故名多聞部。說假部，謂世出世法中，皆有少分是假，故名說假部。再過了數十年，大眾部中又分出了制多山部、西山住部、北山住部。這次分裂的原因，是聚居於制多山的大眾部比丘，一日重論「大天五事」，再起爭議，遂分裂為三。辯論勝利者仍居制多山，屈居下風者一遷西山，一遷北山。至此，大眾部分裂出八部，加本部共為九部，如下表所示：

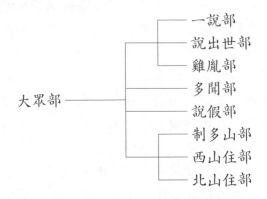

大眾部
　　一說部
　　說出世部
　　雞胤部
　　多聞部
　　說假部
　　制多山部
　　西山住部
　　北山住部

　　上座部本來是繼承大迦葉的遺教，首弘經教，次弘律論。根本分裂百年左右，上座部長老迦多衍尼子主張首弘論藏，經、律為次，以此與上座部分裂，自成一部，稱為說一切有部。而原來的上座部，仍遵迦葉遺教，先經後律後論，以後因遷入雪山之故，轉名雪山部。

　　數十年後，又從說一切有部中分出犢子部。未幾又從犢子部中分出法上、賢冑、正量、密山林四部。

　　犢子部是以部主之姓立名，教義獨說「有我」，後世稱之為附

佛法外道。法上部之立名，係以該部之法，為法中之上者，故名法上部。賢胄部部主係賢阿羅漢之後裔，故稱賢胄部。正量部，謂其自立的法義，審量無邪，故名正量部。密山林部，係以居處立名。

　若干年後，說一切有部中又分出化地部；未幾又自化地部中分出法藏部。化地部部主，原是國王捨國出家，弘揚正法，化其所統之地，故名化地部。法藏部，係以部主之名立名；又此部謂法藏有五，曰經、律、論、明咒、菩薩。

　佛滅後第三百年末，復從有部分出一部名飲光部，此部亦以部主之名立名，最後又自有部中分出經量部。經量部之宗義，唯以經為正量，不依律、論，凡所引據，以經為證，從其所宗法，故名經量部。

　上座部屢經分裂，勢力大衰，其弘化地區為說一切有部所取代，乃轉移入雪山，轉名雪山部。

　上座部分裂的情形，如下表所示：

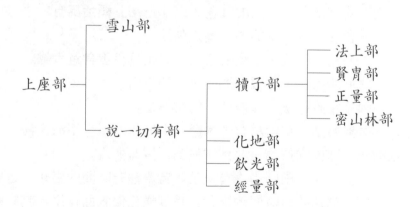

　上座、大眾兩部一再分裂，由佛入滅後二百年至四百年間，

上座部分裂為十一部，大眾部分裂為九部，一般稱之為小乘二十部。上座部最初分出的是說一切有部，學者多認為說一切有部的教義，是小乘佛教思想的代表。

　　佛入滅後三百年間，上座部的迦多衍尼子，為對抗大眾部盛倡新說，強固本部理論根據，主張以論藏為本位。他造《阿毘達磨發智論》，組織有部教義，是為有部開山祖。而《發智論》亦為有部的基本理論，此外尚有六論亦為有部之所依。即《阿毘達磨集異門足論》、《阿毘達磨法蘊足論》、《阿毘達磨施設足論》、《阿毘達磨識身足論》、《阿毘達磨品類足論》、《阿毘達磨界身足論》。

　　後代論師，以《發智論》為身論，以六足論助成身論。以上七論，是有部的根本宗義。後來在迦膩色迦王時代第四次結集，即是以六論為旁依，細釋《發智論》，編纂成《阿毘達磨大毘婆娑論》。

　　《大毘婆娑論》全書分為雜、結、智、業、大種、根、定、見蘊八篇，發論特色為發展有部的多元論，成立三世實有，法體恆有，肯定萬有之多元的實在。以「五法」概括萬有：

　　㈠**色法**　有形象的物質謂之色法。

　　㈡**心法**　即我人主觀的心識，有眼耳鼻舌身意六識。

　　㈢**心所有法**　從屬心識而發生的作用。

　　㈣**不相應行法**　非色非心的有為法。

　　㈤**無為法**　宇宙萬有的本體，即無作為不生不滅之法。無為法有三，即虛空無為、非擇滅無為、擇滅無為。

　　以上五法，前四者為有為法，有為法有時間的變化，是迷界的現象。諸法雖有時間的變化，然其變化僅表面作用，其實體並無變化。又其作用雖有過去、現在、未來的區別，其實體上並無此區別，此即有部三世實有法體恆有之說。吾人為此有變化的有

為法所拘束迷惑，當勤求解脫之道，解脫了有為法，便是無為法悟的境界。

二、大乘佛教時代

在西元第一世紀初葉以前，是原始佛教和部派佛教時代。原始佛教和部派佛教，在教義上屬於一個體系，到後來的大乘佛教興起以後，則被貶為小乘佛教。

所謂大乘小乘的乘，是運載的意思。小乘有如小車小船，只能運載自己由生死苦惱的此岸，到達覺悟解脫的彼岸；大乘有如大車大船，能運載眾多的人由生死煩惱的此岸，到達覺悟解脫的彼岸。

事實上，大乘佛教，是在小乘佛教的基礎上開發興起的，並且在大乘佛教興起後，小乘佛教也並沒有因此而泯跡。它與大乘佛教並行存在，南傳佛教仍是小乘佛教的傳道區域，南傳佛教並不以小乘佛教自居，他們仍維持部派佛教時代的名稱：「上座部佛教」。

在大乘行者認為，小乘之所以為小乘，在於其思想保守——對經典的解釋墨守成規，對戒律的守持一成不變。而大乘之所以為大乘，是佛教中一些思想開明人士的理念。他們認為，與其詮釋經典文字表面的意義，無寧去探討文字背後的精神，這是大乘思想興起的原因。

在原始佛教和部派佛教時代，僧團是佛教的中心，在家信眾是護持僧團的。而大乘佛教以為，即使是在家信眾，也同樣可以傳播正法，延佛慧命。於是根源於釋尊的慈悲觀，從而產生了實踐釋尊慈悲行的理想人物——菩薩。到後來，菩薩與六波羅蜜思

想相聯結，這就構成了大乘佛教的中心德目。

大乘佛教的興起，與部派之爭亦有若干關連。在當時的小乘二十部中，以上座部的說一切有部教義組織最為完備，而弘傳區域最廣。大眾部為對抗有部的法體恆有，而揭示空義，主張萬法皆空。所以最早出現的大乘經典是《大般若經》一系的空宗經典。因此，大乘佛教的興起，大眾部的學問僧有其推動的作用。

大乘思想醞釀於西元世紀開始前後，到了迦膩色迦王時代，馬鳴菩薩拉開了大乘佛教的序幕。據鳩摩羅什所譯的《馬鳴菩薩傳》，謂他原本是中天竺出家的外道沙門，後來依長老脇為師，博通眾經，才辯蓋世。迦膩色迦王伐摩揭陀國，攜以俱歸，乃於北天竺廣宣佛法。他著有《佛所行讚》、《金剛針論》，一般認為他是早期提倡大乘運動的人。

大乘思想興起後，繼之大乘經典相繼問世。其中最早出世的，是《大般若經》——以說六波羅蜜中最基本的般若波羅蜜為主，是將菩薩實踐的究極置之於般若的基礎上。繼《大般若經》之後，《法華經》、《華嚴經》，以及淨土經典相繼問世。大乘思想興起於西元開始之前，而大乘經典的出現，是西元第一、二世紀間的事。到了西元第二、三世紀間龍樹菩薩出世，顯示了大乘佛教的飛躍進展。

龍樹於西元二世紀中葉，出生於南印度的婆羅門家庭。自幼於婆羅門的教義無所不學，後來依佛教有部出家，但不滿於部派佛教的教義，而四出遊歷，尋求大乘經典，最後終於體會出大乘佛教的義理。他有感於大乘中未發明的義理尚多，乃創作出了許多大乘論釋，敷演大乘經典，發揮其中妙義。他的著作極多，古來有千部論主之稱，而其中《中論》、《十二門論》，破內外大小之教理異執，顯無所得空及非有非空的中道。後來被尊為空宗——

中觀學派的始祖。

龍樹以後，有所謂瑜伽師者——以禪觀的實踐為主的比丘出現，後來衍化為唯識觀的獨特觀法。而其理論依據為《解深密經》和《瑜伽師地論》。《瑜伽師地論》據說是彌勒菩薩所著，此外他還著作了《金剛般若論》、《大乘莊嚴論》、《辨中邊論》、《分別瑜伽論》。亦有認為彌勒是否為歷史實有人物，殊成疑問，五論或為無著論師所著，而假託彌勒之名者。

無著是北印度人，其生卒年代約為西元三九〇至四七〇年間。他出生於婆羅門家庭，成長後入化地部出家，修學小乘，後讀大乘經，大有所得，而轉弘大乘。他著作有《顯揚聖教論》，係闡述《瑜伽師地論》的教理；及《攝大乘論》，闡述阿賴耶緣起。無著有弟世親，出家於說一切有部，博通小乘經典。他曾匿名到迦濕彌羅學習阿毘達磨一系理論，回鄉後為人宣講，並著《俱舍論》。後來受其兄無著之影響，乃捨小入大，著造許多論釋，以宣揚大乘。他的著作中，以《大乘五蘊論》、《百法明門論》說明宇宙諸法；以《唯識二十頌》、《唯識三十頌》闡述唯識哲學，這樣就建立了瑜伽學派——法相唯識的理論體系。此後二百餘年，無著世親一系的學說，成為印度大乘佛教的主流。

西元五世紀初，印度佛教在笈多王朝的支持下，建立了那爛陀寺，以後那爛陀寺成為大乘佛教研究發展的中心。西元六二九年，自長安出發到印度遊學的玄奘三藏，曾在那爛陀寺戒賢法師座下學習唯識一系理論。五十年後，自海路西行求法的義淨法師，也在那爛陀寺學習過。

大乘佛教，自龍樹、提婆之後，以無著、世親時代發展到最高點，此後即無以為繼，而漸趨衰微。到了第七世紀末葉，密教開始盛行，自第八世紀到十一世紀四百年間，完全是密教活動的

時代。到了十一世紀後半期，由突厥系回教徒所建立的古爾王朝的軍隊席捲北印度，一二○二年兵抵孟加拉，焚燒寺院，殺害僧侶。僧侶四出逃亡，至此印度佛教也就滅亡了。

三、南傳佛教與北傳佛教

　　近代歐洲的佛教學者，以印度為中心，把佛教區分為南傳佛教和北傳佛教。南傳佛教，最早是以錫蘭為中心，包括著現在的泰國、緬甸、寮國、柬埔寨等地區；北傳佛教，最早是以中國為中心，包括著現在的西藏、日本、韓國等地區。所謂南傳北傳，只是地理上的區別，並不是以大小乘為區別。大致上說，南傳佛教比較近於原始佛教，他們自稱為上座部佛教，而北傳佛教大多屬於大乘佛教。

　　南傳佛教以錫蘭為中心，錫蘭之有佛教，始於西元前三世紀中葉阿育王在位時代。據說第三次結集之後，阿育王派遣「九師傳道」──派出九組人赴國內外各地弘傳佛教。其中派往師子國──後來的錫蘭，現在的斯里蘭卡──的一組，是由摩哂陀長老率領。摩哂陀是阿育王之子，於上座部出家，所以傳入錫蘭的是上座部的經典。當時孔雀王朝國力強盛，師子國是孔雀王朝的屬國，所以不到一年之間，師子國就成為佛化國家。

　　摩哂陀長老在錫蘭傳教時，仍是以口傳口的說誦，並沒有文字記錄。到二百餘年後，才以文字筆錄下了摩哂陀長老的口誦三藏。到西元五世紀中葉，中印度大學者佛音到了錫蘭，他把錫蘭文的三藏經典譯為巴利語，並且加以注釋，這就是流傳到現在的《巴利文聖典》。

　　《巴利文聖典》，也分經、律、論三藏。其內容如下：

律藏

　㈠戒本篇——經分別：1.波羅夷——破門罪；2.波逸提——
　　　贖罪

　㈡戒因緣篇——犍度：1.大品——大集；2.小品——小集

　㈢律藏後篇——附屬

經藏（又稱巴利五部）

　㈠長部經典——三十四經

　㈡中部經典——一五二經

　㈢相應部經典——十七六二經

　㈣增支部經典——十一集，九五九七經

　㈤小部經典——含《法句經》等十五分

論藏

　含《法集論》、《分別論》、《界論》、《雙論》、《發趣論》、《人
設論》、《論事》七種。

藏外

　含《彌蘭王問經》、《大王統史》、《小王統史》、《島王統史》、
《淨道論》、《善見律註》六種。

　北傳佛教，是以中國為中心。佛教之傳入中國，約在西漢末
年——西元世紀之初，經由西域傳入中國。而佛經的翻譯，一般
認為以安世高為始。安世高是安息國的王子，據說他讓國於叔，
出家學道，博通經藏，遍歷諸國，於漢桓帝建和三年——西元一
四八年抵洛陽。

　世高才悟機敏，未久即通習華語，於是宣譯眾經，於漢桓帝
建和至漢靈帝建寧年間，二十餘年中，譯出小乘經典百餘部——
自然是指單經而言——唯大部散佚，今僅存五十五種，如《佛說
四諦經》、《八大人覺經》、《八正道經》等，經名見《大藏經》目錄。

晚於安世高的譯經師，為支婁迦讖、安玄、竺佛朔、支曜等等。中土譯經事業，自漢魏、兩晉始，歷經南北朝、隋唐至北宋仁宗景祐末年止，為時約近千年。其間天竺、西域來華的譯經師一百三十餘人，中土譯經師三十餘人，合計為一百七十餘人。共譯出佛經兩千餘部，七千餘卷，唯此乃存佚真偽重複等合計而言，刪除重複佚傳者，約得經千部，五千餘卷。觀宋代開寶藏收經一〇六七部，五〇四八卷可知。

唯這千部經典之中，屬於原始佛教的，除去單經重譯者外，只有《四阿含經》和《小乘律》，其名目如下：

漢譯《四阿含》

㈠《長阿含經》：二二卷，三〇經，後秦罽賓沙門佛陀耶舍口誦，涼州沙門竺佛念筆譯。

㈡《中阿含經》：六〇卷，二二四經，東晉罽賓沙門僧伽羅叉口誦，僧伽提婆筆譯。

㈢《增一阿含經》：五一卷，四七二經，東晉罽賓沙門僧伽提婆譯。

㈣《雜阿含經》：五〇卷，一三六二經，南朝劉宋天竺沙門求那跋陀羅口宣梵本，寶雲筆譯。

此外尚有別譯《雜阿含經》十六卷，三六四經。

漢譯律

㈠《四分律》六〇卷

㈡《五分律》三〇卷

㈢《十誦律》六一卷

㈣《摩訶僧祇律》四〇卷

㈤《根本說一切有部毘奈耶雜事》五〇卷

在全部《大藏經》中說起來，原始佛教的漢譯經典比例非常

小，《大藏經》中大部分都是大乘經典。在中國大小乘十宗中，小乘只有成實、俱舍二宗，並且維持的時間不大久，早已失傳。

若與南傳佛教的巴利五部比起來，《四阿含》加別譯《雜阿含》共二四五二經，巴利五部共一七五六〇經，在量的方面相差甚遠。巴利五部是西元前三百年中葉傳到錫蘭，比較更接近原始佛教面貌，《四阿含》是西元四世紀末至五世紀初才在中國譯出來，是自各部派佛教的經中雜湊起來，這其中不僅有部派佛教的色彩，同時也有了大乘佛教的色彩——如《增一阿含》中有「菩薩」、「六度」、「法身」等用詞，這就與原始佛教的思想有了距離。雖然如此，不過若以漢譯《四阿含》和巴利五部對比研究，仍以這些經典比較能真實的反映原始佛教的教義。

四、正法永住——但已受到扭曲

釋迦牟尼世尊，以不世出的聖哲，六年苦行，證悟真理，創立了理性、和平的宗教——佛教。兩千五百年來，佛教的教團雖然由原始佛教分裂為部派佛教，由部派佛教演變為大乘佛教，以至於印度密教及印度本土佛教滅亡。然而，薪盡火傳，法燈無盡，釋迦牟尼說的正法，已經由印度傳佈於世界各地，成為世界性的宗教。釋尊的正法，永住世間。

印度貴霜王朝時代，迦膩色迦王以同一經題，諸比丘講經多有相異之處，迦王乃問脅尊者，尊者答曰：「去佛日遠，各異部漸以己見滲入佛典，現當重新結集以正其義。」脅尊者是佛滅度後五百餘年的人，那時佛經中已滲入了部派歧見，而今去佛兩千餘年，中間經過由部派佛教演變為大乘佛教；由印度的佛教傳到西域，再由西域傳入中國。而佛教經典，經過輾轉傳譯之後，這其間，

是否能完整的保存釋尊言教的真面目，是值得深入探討的課題。

不錯，薪盡火傳，法燈無盡，正法永住世間。只是現在住世的正法，已經不是原始的正法，而是受到扭曲的正法。這種情形，尤以大乘之國的中國為然，何以見得呢？我們試以事和理兩方面，來探討中國的大乘佛教。茲先自理的一方面說起：

㈠**大乘貶抑小乘**　原始佛教以後的僧團，雖然有過分裂，各具宗義，但思想上究竟與釋尊的言教相接近。及至大乘思想興起，大乘經典出世，發展為菩薩乘——大乘佛教，這不但拉遠了與原始佛教的距離，並且給早期佛教加上了一個貶抑性的名稱——小乘。認為小乘修行，為的是「自度自利」；拔一己之苦，得一己之樂。這一點，不夠公允。

釋尊住世時，四十五年遊化，他本人固然是席不暇暖，度化眾生。而僧團中的比丘眾，同樣是四方傳道，弘揚正法。釋尊訓誡弟子：「一條路不必走兩個人」，那是要他們個別分途傳道，以發生更大的影響。僧團中的富樓那，為了到西方邊鄙之地傳道，他抱定決心，縱受辱罵或刀杖加身，他傳道的初衷不退；目犍連晚年出外傳道，為外道襲擊，他竟以身殉，這豈能說小乘行者只是為自度自利呢？如果小乘行者果真自度自利，佛法就不會傳到後世了。

㈡**菩薩貶抑阿羅漢**　釋尊住世時代，阿羅漢是最高的聖果，釋尊本人也稱「大阿羅漢」。阿羅漢是破除一切煩惱，一切漏盡，永入涅槃，不再受生的聖者。而修菩薩行者貶之為「自了漢」，斥之為「焦芽敗種」。這樣說來，則舍利弗、目犍連、大迦葉、阿難陀等聖者，豈不全成了焦芽敗種的自了漢？

大乘行者自詡為發菩提心、行菩薩道的菩薩。若果然是地上的見道菩薩，呵斥小乘猶有可說，若是初修行的因位菩薩，則怎

可有此憍慢之心，貶抑小乘聖者?

事實上，由大乘興起至今，不計其數的修行菩薩中，有誰證了果呢?也許時間還未到吧!因為成佛要三大阿僧祇劫的時間呢!證入八地修習位，也要兩大阿僧祇劫啊!

㈢**遙不可及的目標**　依照大乘經典的理論，由初發心以至成佛，要三大阿僧祇劫的時間。

劫的梵語 Kalpa，音譯劫波，略稱曰劫，意為長時;劫有大劫、中劫、小劫之分。阿僧祇劫，據《瓔珞經》說:有八百里立方的大石，每一百年天人下降一次，以其所著淨居天衣拂過石面一次，直至此石磨滅為止，為一大阿僧祇劫，又名為「拂石劫」，其實就是無限的長時。

如果說，成佛要三大阿僧祇劫，則成佛只不過是驢子眼前的胡蘿蔔，是永遠達不到的目標。可是，釋尊住世時，無數弟子都證了阿羅漢果。目犍連皈依釋尊後，七天就證了果，舍利弗十五天證了果。大迦葉皈依釋尊，第八天證了果。當然，他們都有多年修持的基礎;阿難陀證果最晚，他侍佛二十七年都不曾開悟，佛入滅後，首次遺教結集時也證了果。

如果說，乘了大乘的大車大船，永遠到不了目的地，我們何如改乘小乘的小車小船?

㈣**無住處涅槃──不入涅槃**　本來，涅槃就是解脫，《巴利文聖典》中說:「涅槃是徹底的斷絕貪愛;放棄它，摒斥它，遠離它，從它得到解脫。」又說:「熄滅貪愛，就是涅槃。」釋尊在《增一阿含經》中說二種涅槃，是有餘涅槃和無餘涅槃。經文說:「彼云何名為有餘涅槃界?於是比丘，滅五下分結(貪、瞋、身見、戒取見、疑五種煩惱)，即彼涅槃界。……於是比丘，盡有漏，成無漏，意解脫，智慧解脫;自身作證，而自遊戲生死已盡，梵行已立，

更不受有，如實知之，是名為無餘涅槃界。此二涅槃界，當求方便至無餘涅槃界。」

　　原來修道的目的，為的就是涅槃──解脫。釋尊也鼓勵弟子修道證果，證得涅槃。但是大乘佛教在無餘涅槃之後，加上「無住處涅槃」──不入涅槃。所謂：「以有大智，故住於生死；為有大悲，故不住於涅槃，以利樂盡未來際有情。」亦即所謂：「地獄未空，誓不成佛；眾生度盡，方證菩提。」

　　事實上，宇宙無邊，眾生無量，生死輪迴，永遠沒有度盡的一天。眾生度不盡，即永遠不入涅槃。不入涅槃，不是釋尊的本懷──釋尊住世說法時，不曾說過成佛要三大阿僧祇劫，也不曾說過要弟子不入涅槃。修道本是為了證果，如果不證果，是為了什麼？

　　㈤陳義過高，徒成空論　　大乘佛教為修菩薩道者定下高不可攀的目標：如成佛要三大阿僧祇劫，如無住處涅槃，如「若不燒身臂指供養諸佛，則非出家菩薩」等等。甚至於大乘六度，亦有值得商榷之處。以布施而言，布施要「三輪體空」，菩薩行者義當如此。布施「衣食珍寶」，身外之物亦不足惜。布施「國土妻子」就有問題，國土為國人所共有，豈可隨便布施？妻子有甚獨立的人格，若妻子修布施行，是不是也可把丈夫布施出去？至於說布施「肢體骨肉，頭目髓腦」。試問有什麼人能做得到呢？陳義過高就徒成空論了。

　　釋尊住世時，為皈依者說「三論」──戒論、施論、生天論。其中施論是財施、法施、無畏施，那才是平實可行的布施。

　　其次，我們再就事的方面來檢討中國的佛教，佛教傳入中土，迄今已將近兩千年。這其間，經過魏晉南北朝時代佛經的翻譯，法義的傳播，在社會上奠下了基礎。到了隋唐時代開花結果，有

了豐碩的收穫。大乘八宗次第建立，教理宗義粲然大備，完成了具有中國特色的佛教，法燈傳遞，以至今日。然而，我們「買櫝還珠」，傳下了佛教的軀殼，失去了佛法的精髓——我們誤解了佛教，扭曲了正法。何以見得？茲以下列數事為例：

㈠**佛陀是「覺者」，不是上帝**　釋迦牟尼佛陀是一代聖哲——是覺者，也是智者。他有如中國的孔子，有教無類，是人間偉大的教化師。但由於後世經典的聖化（尤以後出的大乘經典為然），及後代弘傳者的誤導，使一般善男信女，誤以為佛陀是神——對人間具有賞罰禍福權力的神。這是最大的誤解，如果佛陀具有賞罰禍福的權力，則佛教的基本理論——緣起、三法印、四聖諦，以及業力論等——將全被推翻，佛教也就變成「神」教了。

——佛陀出現於世，不是以他的神通力來懲惡獎善，而是以他體悟所得的真理——正法，來教化世人，使世人「受法」、「行法」，而轉迷成悟，求得智慧與解脫。

㈡**佛教泛民俗化，扭曲了正法**　佛教在中國千餘年來，始終是高僧大德、學者名士的佛教。而民間佛教，只是一種泛民俗化的佛教，那是在眾多神祇中，多了一尊阿彌陀佛、觀世音菩薩、地藏王菩薩的雕像。每日間燒香膜拜，目的不是求智慧、求解脫，而是求福、求壽、求子、求財；求現世利益、求死後安樂、求來生福報。這與釋尊言教的精神就完全背馳了。

——依照釋尊的教義，一個人「能受法、能行法」，「以己為洲、以法為洲」，自然會獲得佛陀的庇佑；而不是祭祀禮拜、燒香許願，來求得佛陀的庇佑。

㈢**重視死人服務，忽略生者教化**　釋尊住世時，四十五年遊化，席不暇暖，他只是度化眾生，不是度化眾鬼。而中國佛教，千餘年來，因與民俗宗教合流，使純淨的佛教成為神佛不分的鬼

神信仰，因而流為專為死人服務的宗教。於是超度、薦亡、誦經、禮懺就成了葬儀中必具的儀式；拜梁皇懺、設盂蘭盆會、做水陸道場，就成了佛門重要的事務，這名之曰「做佛事」，而真正的「佛事」，反而置之腦後了。

　　——按：梁皇懺、盂蘭盆會、水陸道場等這一套度鬼的儀式，始作俑者是梁武帝蕭衍。蕭衍這個人，在歷史上評價並不高，對佛法也沒有正知正見。他度僧造寺，汲汲於計較個人功德。他三度捨身同泰寺，每次都要群臣以億萬金錢贖回來。群臣不耕不織，何來億萬金錢？這是變相鼓勵剝削百姓。南北朝時代，人民生活水深火熱，蕭衍不救生人，卻度死鬼。尤其是所謂「梁皇懺」者，是為超度他那性酷而妒的妻子郗氏所制定的，這是蕭姓家事，與佛門何干？而佛門卻奉為千古圭臬，這寧非咄咄怪事？

　　㈣捨近求遠，釋迦牟尼被遺忘了　原始佛教時代，只有一位佛陀——釋迦牟尼佛陀。他是由人成佛，成為人間的、歷史上的佛陀。及至大乘佛教興起，大乘經典相繼出世，由一佛發展為多佛思想——十方三世諸佛。這樣一來，在大乘之邦的中國，我們信仰的不是釋迦牟尼佛陀，而是十方三世，其他世界的佛陀。

　　於是，由古至今，中國流行的經典，多是《般若》、《法華》、《華嚴》、《維摩》，以至於《淨土》、《涅槃》、《方等》密教等經，說空說有、如幻如化；但極難看到釋尊的言教、《四阿含經》等原始佛教的經典。我們修行，修禪修密修淨，就是沒有修釋尊的教法、四聖諦和八正道的。我們每日燒香膜拜十方三世的佛陀，而遺忘了我們歷史上實有的、由人成佛的佛陀——釋迦牟尼被我們遺忘了。

　　㈤買櫝還珠，徒留下佛教的軀殼　釋迦牟尼住世時代，僧團中的比丘，三衣一缽，日中一食，林下一宿，不為物累，目的是

為了修道與弘法。佛教傳入中國，中國沒有印度那種托缽乞食的社會背景，一開始就有了寺院。這以後，歷代的佛教，就以建塔造寺為佛教的象徵。歷史上如南北朝隋唐時代，社會上窮極奢侈的建塔造寺且略而不論，即以今日社會所見，區區臺灣一隅之地，有寺院三千餘所，這固然是佛法隆盛的象徵；但反過來說，如果徒有軀殼，沒有內涵，就難免使社會人士誤以為宏偉壯觀的寺院，雕塑印製的佛像，鐘聲梵唄，和尚尼姑，趕經拜懺，超度薦亡，以至於種種儀式繁瑣的法會，就是佛教的全部了。——而釋尊的正法被忽略了。

中國的佛教，不但失去了原始佛教時代的精神與特色，並且流入民俗化，變成神佛不分，度鬼重於度人的宗教。正法被扭曲了，釋迦牟尼被遺忘了，我們自稱為釋迦牟尼弟子的佛門四眾，是否應深加檢討與反省呢？

五、讓我們回歸到原始佛教

釋迦牟尼住世時代的原始佛教，沒有神格崇拜，沒有鬼神信仰，沒有超度亡魂、趕經拜懺，沒有巫卜符咒、算命占相，也沒有繁瑣的祭祀儀式。那時的僧伽——教團，是佛教最質樸純淨的時代。

釋尊遊行教化，對人說法時，其態度真摯、內容平實，他是隨機施教，於不同的環境，不同的對象，以不同的語言——雅語、方言、俚語等，說出聽者能了解且能奉行的「法」。釋尊說法，隨處皆是道場。於城市中、於聚落中、於街頭、於林下，皆是他說法的場所，並不一定要在宏偉的講堂中。

釋尊說的法，每一段都很簡短。當時印度沒有書寫的工具(《貝

葉經》是佛滅後數百年才出世的），全憑口耳相傳，說得太長了，
沒有人記得住。所以《雜阿含》中的經，短者數十字，長者數百
字至千餘字。除了「說」以外，並常用偈頌以韻文唱出來，以便
於聽者記憶。也不時加上譬喻、寓言和小故事，以增進聽者了解。

　　那時僧團中的比丘，生活十分簡單，三衣一缽，日中一食，
林下一宿。當然，釋尊住世時已經有了「精舍」——如竹林精舍、
祇園精舍等。但那是在雨安居的時候，集中修道時用的，而不是
長久居住的。雨安居之外，比丘仍然是行腳、乞食、修道、弘法。
那時的比丘，沒有繁瑣的事務及物質之累，所以能專心修道，許
多佛弟子都證了果。

　　釋尊住世時，他的基本教法——不與外道相共的教法，只是
「緣起」——包括著生命緣起的十二緣生觀，和由緣起開展而來
的三法印、四聖諦。釋尊常常要求弟子們，要不斷的去學習四聖
諦，要理解它、實踐它。如果真正理解、實踐了四聖諦，由八正
道就可以通往涅槃——證得阿羅漢聖果。

　　釋尊入滅前，諄諄的告誡弟子，要「以己為洲、以法為洲」——
那即是「自皈依」、「法皈依」。釋尊此處說的「法」，指的就是四
聖諦。四聖諦是釋尊言教的代表，而八正道就是通往涅槃的大道。

　　現在，讓我們再回顧一下四聖諦和八正道，以見釋尊說法的
中心和目的：

　　釋迦牟尼說法，是以人生問題和擺脫人生苦惱為中心，而以
覺悟解脫為目的。那就是說：人為什麼有種種痛苦和煩惱？這即
是所謂「苦諦」；造成痛苦和煩惱的原因是什麼呢？是由於貪愛和
欲望而起的種種索需的行動。貪愛的產生，是由於無知（癡），貪
愛的欲望得不到滿足，又會產生瞋恚。所以貪、瞋、癡是一切痛
苦的根源，這即是所謂「集諦」；如何才能擺脫這些痛苦，達到徹

底的覺悟和安樂？這即是所謂「滅諦」；擺脫痛苦，達到覺悟解脫
的途徑是修道——修八正道，這即是所謂「道諦」。所以釋尊告誡
我們：「苦應知，集當斷，滅應證，道當修。」這就是釋尊教法的
代表：「四聖諦」。

至於達到覺悟解脫的八正道，是正見、正思（正思維）、正言
（正語）、正行（正精進）、正治（正業）、正命、正志、正定。《雜
阿含》五〇七經，釋尊對諸比丘說：

> 若比丘諸惡不善法生，一切皆以無明為根本，無明集、無
> 明生、無明起，所以者何？無明者無知，於善、不善法不
> 如實知。有罪、無罪，下法、上法，染污、不染污，分別、
> 不分別，緣起。非緣起不如實知，不如實知故，起於邪見；
> 起於邪見已，能起邪志、邪語、邪業、邪命、邪方便、邪
> 念、邪定……如實知者，則是正見；正見者，能起正志、
> 正語、正業、正命、正方便、正念、正定。
>
> 正定起已，聖弟子得正解脫貪、恚、癡；貪、恚、癡解脫
> 已，是聖弟子得正知！我生已盡，梵行已立，所作已作，
> 自知不受後有。

八正道是以正見為中心，而是以正定為終點。釋尊告訴我們：
由正定——通過四禪八定的修行，可以解脫貪瞋癡諸煩惱的纏縛，
而證得涅槃。

讓我們根據《阿那律八念經》，再回顧一下八正道的條目和詮
釋：

> 何謂道諦？謂八直道，正見、正思、正言、正行、正治、
> 正命、正志、正定。

何謂正見？正見有二，有俗有道。知有仁義，知有父母，
知有沙門梵志，知有得道真人，知有今世後世，知有善惡
罪福；從此到彼，以行為正，是為世間正見；已習四諦，
苦習盡道，已得慧見空淨非身，是為道正見。
正思亦有二：思學問，思和敬，思戒慎，思無害，是為世
間正思；思出處，思忍默，思滅愛盡著，是為道正思。
正言亦有二：不兩舌，不惡罵，不妄言，不綺語，是為世
間正言；離口四過，講誦道語，心不造為，盡無復餘，是
為道正言。
正行亦有二：身行善，口言善，心念善，是為世間正行；
身口精進，心念空淨，消蕩滅著，是為道正行。
正治亦有二：不殺盜婬，不自貢高，修德自守，是為世間
正治；離身三惡，斷除苦習，滅愛求度，是為道正治。
正命亦有二：求財以道，不貪苟得，不詐紿心於人，是為
世間正命；已離邪業，捨世間占候，不犯道禁，是為道正
命。
正志亦有二：不嫉妬，不恚怒，不事邪，是為世間正志；
離心三惡，行四意端，清淨無為，是為道正志。
正定亦有二：性體淳調，守善安固，心不邪曲，是為世間
正定；得四意志，唯空、無想、不願、見泥洹道，是為道
正定，是為道諦。

　　八正道，不僅是出世的解脫法，同時也兼顧世間善法。它使
佛教信徒依世間正道而堂堂做人，進而依出世正道而證得涅槃。
前者可稱之為世間倫理學，後者則是出世解脫學。
　　大乘佛教說：有八萬四千解脫法門，唯其法門太多，使我們

初學佛的人眼花撩亂，不知由那個門進入才好，《大藏經》中有上萬卷經典，說空說有，如幻如化，使我們愈讀愈糊塗。尤其是現在社會上，邪說充斥，佛魔不分。我們如果一步走錯，就陷入無底的深淵。

　　朋友們！何不讓我們重回歸於原始佛教，親沐釋迦牟尼的教法，讀《四阿含經》，修四聖諦法，由八正道而走向解脫之路呢？

附　錄

釋迦牟尼家系表

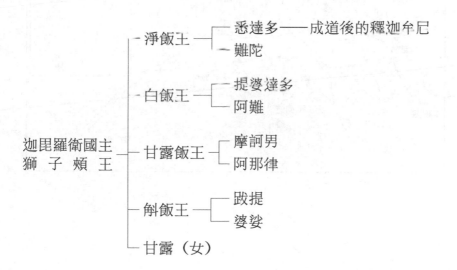

釋迦牟尼遊化區域示意圖

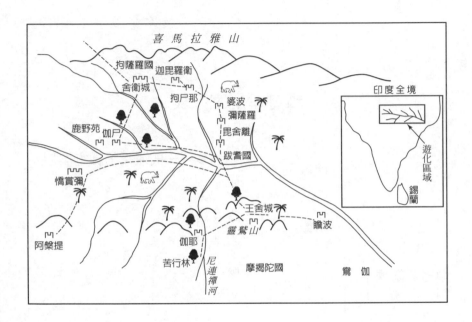

人名索引

末伽梨瞿舍離　六師外道之一，主張無因論，認為人生苦樂非由
　　因緣，唯由自然。

尼拘盧陀竭波長者　他是摩揭陀國的大富豪，是大迦葉的父親。

尼乾陀若提子　六師外道之一，為當時耆那教的教主。他出身王
　　族，以十二年苦行達到「全知者」的境界。

尼樓　鬱摩王庶子。

甘蔗王　傳說中釋迦族的祖先。

甘露　傳說中淨飯王的妹妹。

甘露飯王　淨飯王之三弟，有子摩訶男和阿那律，阿那律從佛出
　　家。

目犍連　出身婆羅門種姓，與舍利弗同時皈依釋尊，為釋尊的左
　　右手。為十大弟子之一，稱神通第一。

目犍連子帝須　他是阿育王之弟，出家為比丘，第三次結集，由
　　目犍連子帝須為上座。他曾請阿育王，令王子摩哂陀、王女
　　僧伽密多出家。後來摩哂陀和僧伽密多到師子國傳道，也是
　　出於目犍連子帝須的勸導。

世友　佛滅後六百年間出世，迦膩色迦王時代第四次佛經結集，
　　由世友主持。

世親　梵名婆藪槃豆，生卒年代約在西元四二〇年至五〇〇年之
　　間。他是無著之弟，初學小乘，後受無著之影響，改小歸大，
　　建立了唯識學理論。

白飯王　淨飯王之二弟，有子提婆達多和阿難，二人都隨佛出家。

玉耶女　舍衛城須達多長者幼子之妻，自幼驕縱，婚後輕慢夫婿，
　　不敬翁姑。經釋尊教誡，為說正法，玉耶悔改，皈依釋尊。

六　畫

安世高　安息國太子，捨位出家，漢桓帝建和年間至洛陽，宣譯
　　眾經，改梵為漢，先後譯經一百七十六部，現存於《大藏經》
　　者五十五部。

七　畫

伽蘭仙人　釋尊於訪阿羅邏仙人後，所訪問的修道者，他修的是
　　非想非非想定。

伽耶迦葉　優婁頻羅迦葉的弟弟，與其二位兄長同時皈依釋尊。

均頭　隨侍舍利弗尊者的小沙彌。

車匿　釋尊為太子時之馬伕。

妙賢　大迦葉的妻子，曾從裸體外道出家，受到侮辱，最後皈依
　　釋尊，由大愛道比丘尼為其剃度，證了阿羅漢聖果。

戒賢　他是印度十大論之一護法的弟子，西元第七世紀時，他在
　　摩揭陀國那爛陀寺宣揚法相唯識之學。唐玄奘三藏西行求法
　　期間，曾在那爛陀寺從戒賢受學五年。

佛音　西元五世紀間人，把錫蘭的三藏經典譯為巴利文，即現今
　　的南傳聖典。

刪闍耶吠羅胝子　六師外道之一，他是既不肯定亦不否定的詭辯
　　論者。

八　畫

阿育王　印度創立孔雀王朝之旃陀羅笈多王之孫，西元前二七〇
　　年頃，統一全印度，保護佛教，使之宣流各地。第三次經典
　　結集，即在阿育王時代舉行。

阿那律 甘露飯王幼子，從佛出家，即七王子之一，因過度用功
致雙目失明，為十大弟子之一，稱天眼第一。

阿難陀 一稱阿難。白飯王幼子，從佛出家，為佛侍者二十七年，
是十大弟子之一，號稱多聞第一。

阿闍世王 摩揭陀國頻婆娑羅王之子，頻王晚年，阿闍世幽囚父
母，自立為王，後以害父之罪，遍體生瘡，至佛所懺悔始癒。
終佛之世，對佛十分恭敬。

阿私陀仙人 釋尊初生之時，阿私陀仙人到王宮中為之占相，稱：
「若在家者，必為轉輪聖王，若出家者，則成就一切智慧，
利益天人。」仙人，是對修行人中齒德俱尊者的尊稱。

阿羅邏仙人 釋尊初出家，在摩揭陀國所訪之修道者，他修的是
四禪天定。

阿夷多翅舍欽婆羅 六師外道之一，他是靈魂與業報否定論者。

長生 鬱摩王之長子。

長老脇 馬鳴菩薩之師，因與馬鳴辯論獲勝而收為弟子。

長爪梵志 梵志，是外道志求梵天之法的人；長爪梵志，以不剪
指甲而得名。他是舍利弗的母舅，本名摩訶俱絺羅，是外道
中有名的論師，後來皈依釋尊出家。

舍利 舍利弗之母，因眼似舍利鳥，故名。為婆羅門學者。

舍利弗 出身於王舍城附近的婆羅門家庭，父名優婆提舍，母名
舍利。舍利弗初投六師外道之一的刪闍耶吠羅胝子學道，後
遇烏斯西那比丘說「緣生偈」，而皈依釋尊，為十大弟子之一，
稱智慧第一。

竺佛朔 天竺沙門，漢靈帝年間來洛陽，譯有《道行經》、《般若
三昧經》等。

金毘離 釋迦王族中的青年，與跋提等一同出家。

波斯匿王　拘薩羅國國王，與釋尊同歲，釋尊初到舍衛城，王與
　　釋尊辯論思想問題而結成好友，給予教團以絕大的支持。他
　　一生視釋尊如師如父，為釋尊住世時最支持佛教的兩位國王
　　之一（另一位是頻婆娑羅王）。

波闍波提夫人　淨飯王妃，釋尊之姨母，淨飯王病逝後，夫人率
　　釋迦族五百婦女出家，為僧團中比丘尼第一人。

九　畫

耶舍　波羅奈國迦尸城俱梨迦長者之子，是釋尊在鹿野苑，繼度
　　化五比丘之後，最初度化的出家弟子。

耶惟檀　傳說為悉達多太子之妃。

耶舍長老　《四分律》中名曰耶舍伽那子，於佛滅後百年出世，
　　為摩揭陀國華氏城鵠園寺上座，主持毘舍離城第二次結集。

耶穌基督　世界四大聖哲之一，創立基督教。

耶輸陀羅　釋尊為悉達多太子時之妃子，生子羅睺羅，後與波闍
　　波提夫人同時出家。

迦旃延　釋尊座下的十大弟子之一，號稱「論議第一」。

迦多衍尼子　是迦旃延的另一譯名。

迦蘭陀長者　住在王舍城外迦蘭陀竹園附近的一位長者，傳說由
　　他施捨財物，在迦蘭陀竹園內建了精舍。

迦膩色迦王　印度貴霜王朝的名王。他系出大月氏國，其祖丘就
　　卻征服印度，建都迦濕彌羅，迦膩色迦繼位，注其全力弘傳
　　佛教，與阿育王並稱為佛教護法的二位名王。第四次佛經結
　　集即在迦王時代舉行。

毘舍佉　舍衛城的優婆夷，家貲富有，曾請求釋尊，供應比丘八
　　事。舍衛城外的鹿母講堂，也是她捐獻給僧團的。

毘琉璃王　拘薩羅國波斯匿王的太子。波斯匿王晚年，毘琉璃太
　　　子發動政變，自立為王。波斯匿王流亡國外，毘琉璃王出兵
　　　滅了迦毘羅衛國。

毘輸安咀羅太子　《本生經》中的故事，這位太子性喜布施，又
　　　名布施太子。

禹舍　阿闍世王的大臣，婆羅門種姓，常代表阿闍世王去探候釋
　　　尊。

茉莉夫人　原為釋迦族摩訶男大將家的女奴，波斯匿王為太子時，
　　　向釋迦族求婚，釋迦族自以為種姓高貴，不願以王女下嫁，
　　　偽稱茉莉為摩訶男之女而下嫁，這在佛經上稱為「勝鬘夫人」。

祇陀王子　拘薩羅國舍衛城的王子，有謂是波斯匿王之兄，有謂
　　　是波斯匿王的太子，須達多長者向他購買土地，他捐出了土
　　　地上的園林以共成「祇樹給孤獨園」的功德。

染欲、悅人、可愛樂　魔王波旬的三個女兒。事實上，這是經典
　　　文學上象徵的筆法，描寫內心的欲念。

十　畫

孫陀利　外道買通孫陀利到祇園精舍聽佛說法，後來把她殺害，
　　　誣為僧團所為。

孫陀利姬　傳說中難陀的未婚妻子。

唐玄奘　唐代高僧，曾留學印度十七年，返國後譯經一千三百餘
　　　卷。

俱梨迦長者　波羅奈國迦尸城的大富長者，他繼其子耶舍之後皈
　　　依釋尊，佛經上稱他是「優婆塞第一人」。

馬鳴菩薩　《佛所行讚》的作者，他初為摩揭陀國的出家外道，
　　　世智辯聰，善通議論，約比丘辯論，皆為所屈，最後負於長

老脇，禮長老為師。

純陀　住在波婆村的一個鍛工，他是釋尊的皈依弟子，釋尊最後一次遊化時，吃了他供養的「旃檀耳」，因食物中毒而大般涅槃。

脅尊者　梵名波栗濕縛，是《付法藏因緣傳》中的第十祖，他勸請迦膩色迦王結集佛典。這次結集歷時十二年，造出《優婆提舍》、《毘奈耶毘婆娑》、《阿毘達磨大毘婆娑論》各十萬頌。前兩種已失傳，《大毘婆娑論》現存。

旃陀羅笈多　西元前三百二十年頃，於印度創立孔雀王朝。

十一畫

婆娑　斛飯王幼子，從佛出家，即七王子之一。

婆蹉　外道思想家，曾向釋尊問以：如來死後，其解脫心之有無問題。

婆師伽　釋尊滅度後，大迦葉領導五百上座比丘在王舍城七葉窟結集，傳說未能參加結集的上千比丘別為集會，以婆師伽為上首另行結集，稱為窟外結集，亦稱大眾部結集。

婆伽陀比丘　《四分律》上說：婆伽陀比丘因酒醉而衣缽狼藉，釋尊親自汲水為他洗浴乾淨。

婆羅豆婆遮　是婆羅門十姓之一，在原始佛經中，很多婆羅門都叫這個名字（其實是姓氏）。

婆浮陀伽旃延　六師外道之一，他是唯物論者，否認善惡業報。

鹿王　傳說為悉達多太子之妃。

鹿野　傳說為悉達多太子之妃。

斛飯王　淨飯王之四弟，有子跋提和婆娑，二人都隨佛出家。

淨飯王　釋迦牟尼之父，迦毘羅衛國國主。

都提迦葉　優婁頻羅迦葉的弟弟，與其兄同時皈依釋尊。

商那和修　又譯為舍那波私，阿難的弟子，末田地傳法於商那和
　　　修，由商那和修領導僧團。

十二畫

跋提　斛飯王長子，從佛出家，即七王子之一。

跋難陀　佛涅槃時，揚言「今後可以隨心所欲」的惡比丘。

跋伽仙人　釋尊初出家，首先到苦行林中所訪之仙人。

跋陀羅尼　傳說為釋尊之啟蒙教師。

跋迦梨老比丘　跋迦梨病了，自知不起，請人告知釋尊，希望見
　　　釋尊一面。釋尊去看他，開示他說：「你看我這老耄的軀體是
　　　沒有用的，你要知道：『見法者即見我』。」

須菩提　釋尊座下的十大弟子之一，號稱「解空第一」。

須提那　僧團中的青年比丘，是毘舍離城外迦蘭陀村一位長者之
　　　子，因回家省親，為妻子所誘而毀了戒體，後來他向釋尊懺
　　　悔，釋尊為僧團全體著想，由此開始制定戒律。

須達多長者　他是拘薩羅國舍衛城的大富長者，他為人樂善好施，
　　　經常濟助貧困孤獨之人，地方人稱他為給孤獨長者，他是舍
　　　衛城祇園精舍的捐助者。

富樓那　釋尊座下的十大弟子之一，號稱「說法第一」。他一生遊
　　　化，四方傳道。

富蘭那迦葉　六師外道之一，是徹底的倫理懷疑論者。

善生　住在王舍城的一個青年，他奉父遺命，每日禮拜六方，釋
　　　尊為他說禮拜六方的意義，《中阿含》中的《善生經》記載此
　　　事。

善覺王　拘利族天臂城城主，釋迦世尊之母舅。

無著　梵名阿僧伽，生卒年代約在西元三九五年至四七〇年之間。他是大乘有宗——瑜伽行學派的創始人。

喬比迦　傳說為悉達多太子之妃。

提婆達多　白飯王長子，從佛出家，即七王子之一。後來欲爭教團領導權而背叛釋尊。

十三畫

道安　東晉時人，常山扶柳衛氏子，十二歲出家，過目成誦。遊方入鄴，禮佛圖為師。晉寧康元年避石氏亂，率弟子四百餘人至襄陽。太元四年，秦主苻堅迎至長安弘化。

義淨　唐京兆大薦福寺比丘，高宗咸亨二年，年三十七，取路南海赴印度求法，歷時二十五年，經三十餘國，武后嗣聖元年還洛陽。

十四畫

僧伽密多　阿育王之女，十六歲出家，後來隨其兄摩呬陀長老到錫蘭傳道。

十五畫

摩訶男　甘露飯王長子，繼淨飯王執掌國政。

摩呬陀　阿育王之子，二十歲出家，禮目犍連子帝須為師。後來阿育王為使佛法廣為弘傳，派遣九批傳教人員，分赴國內外各地傳道。摩呬陀和王妹僧伽密多南下師子國（錫蘭島）傳道，錫蘭之有佛教以此為始。

摩耶夫人　釋迦世尊之母，生世尊後七日病逝。

摩男俱利　五比丘之一。

摩登伽女 一個首陀羅種姓出身的少女，因愛戀阿難，釋尊說：
「要做阿難的妻子，必須先出家一年。」她果然出了家，她修
行精進，沒有多久，她的情欲之心已經平靜下來了。

憍陳如 釋尊在苦行林中修行時，隨侍釋尊的五侍者，以憍陳如
為首。釋尊成道，首先度化之五比丘。故憍陳如在僧伽中法
臘第一。

蓮花色比丘尼 是釋尊座下弟子，釋尊自忉利天下降，蓮花色欲
先迎佛。

十六畫

龍樹 西元第二世紀中葉，生於南印度婆羅門家庭，他是大乘學
說的創始人，中國人尊之為「八宗之祖」。

戰遮 亦有譯為旃闍的。《大智度論》上稱她是：「婆羅門女，帶
盂謗佛。」

穆罕默德 創立伊斯蘭教。

輸那比丘 輸那比丘在靈鷲山的樹林裡修行，他因為用功過於偏
激，因而不能達到悟境。釋尊為他說彈琴的譬喻——琴絃在
鬆緊適中時才能發出好的音色，他依之修行而達到悟境。

頻婆娑羅王 釋尊初出家，摩揭陀國之國王，小於釋尊五歲，給
釋尊教團予以極大的支持。釋尊成道後，在王舍城建立下傳
道據點——竹林精舍，即得之於頻王的幫助。

十七畫

優波離 迦毘羅衛國王宮中的理髮匠，出身於首陀羅種姓的賤民，
後來從佛出家，成為十大弟子之一，稱「戒行第一」。

優陀夷 迦毘羅衛國淨飯王的倖臣，釋尊成道後第六年，在舍衛

國祇園精舍，淨飯王派他去請釋尊返國，他見釋尊後，也出
了家。

優婆鞠多　又譯曰優波笈多。佛入滅後一百年出世，為《付法藏
因緣傳》的第五師。

優婆提舍　舍利弗之父，為婆羅門學者。

優婆先那比丘　釋尊住世時證阿羅漢果之比丘，為毒蛇所噛，毒
氣周佈全身，而他諸根調寂，並稱：「因悟五根，非我及我所，
肉體之死，殆無所關。」

優婁頻羅迦葉　迦葉是婆羅門十姓之一，不是名字。這位姓迦葉
的，住在伽耶城東南，尼連禪河畔的優婁頻羅村，故名優婁
頻羅迦葉。他是事火外道，有弟子五百人，在摩揭陀國極有
聲望。他有兩個弟弟，各有弟子二百五十人。釋尊度化這三
兄弟皈依，對初期教團極有幫助。

彌勒　彌勒菩薩住於兜率天內院，傳說曾應無著之請，在中天竺
阿瑜遮那講堂，為無著講《五部大論》。亦有學者認為應該有
一個歷史上的彌勒，為無著所師承。

十八畫

瞿夷　傳說為悉達多太子之妃。

瞿師多長者　他是憍賞彌國的大富長者，他皈依釋尊，為釋尊在
瞿師多園建造精舍。

額鞞　釋尊最早度化的五比丘之一。他的名字有譯為烏斯西那者，
有譯為阿示者，亦有義譯為馬勝比丘者。他曾為舍利弗說「緣
生偈」，舍利弗因之得法眼淨。

十九畫

難陀　淨飯王幼子，於佛是同父異母弟，從佛出家。

難陀波羅　尼連禪河畔的農家牧牛女，釋尊在苦行林中修行時，
　　她曾供養釋尊乳糜。

羅陀　釋尊住世時的弟子，性情率直，時常向釋尊問道。《雜阿含》
　　卷六有他的記載。

羅睺羅　釋尊獨子，十餘歲出家為沙彌，二十歲受比丘戒，為十
　　大弟子之一，稱密行第一。

二十畫

釋迦牟尼　世界四大聖哲之一，創立佛教。

釋提桓因　佛經中記載，欲界第二天——忉利天的天王名釋提桓
　　因，亦有譯為釋迦羅因陀羅者，略稱釋帝或帝釋，也是佛經
　　中時常出現的天王。

蘇格拉底　世界四大聖哲之一，古希臘大哲。

二十一畫

魔子薩陀　魔王波旬之子。

魔王波旬　佛經上稱之天魔，為欲界第六天之主，釋尊成道前，
　　波旬帶領魔軍去破壞釋尊成道。

鬘童子　《箭喻經》上說，有一個捨棄外道皈依釋尊的比丘，名
　　叫鬘童子，他向釋尊請問「十四無記」的問題，釋尊為他說
　　《箭喻經》——中了毒箭的人，醫治箭毒為第一要務，研究
　　何人所射及箭的構造等等並不是最重要的。

二十二畫

鬚跋陀羅　是一個年已百歲的外道沙門，傳說釋尊在涅槃前曾為
　　他說法，收他為最後一名弟子。

二十九畫

鬱摩王　傳說中釋迦族的祖先。

鬱陀伽仙人　釋尊出家時的修道者，傳說釋尊曾去訪問過他。

◎ 天台哲學入門　新田雅章／著　涂玉盞／譯

天台宗是成立於隋代的佛教宗派,之所以名為天台,是因集其教學大成的智者大師於天台山宣教。智者大師從「迷」到「悟」兩個核心概念來教示大眾,一方面給迷的眾生指示悟的境界,一方面也說示抵達悟境的方法或過程,甚至也論述悟境本身內容,將中國佛教的止、觀、教融為一體,構成一完整的佛教宗派。

◎ 佛教入門　三枝充悳／著　黃玉燕／譯

佛教一直以宗教的立場來開導大眾,使人得到精神安慰。再加上佛教能建立思想,使其成為人們實踐的支柱,這更對各種優異文化的形成、深化、發展等,有很大的貢獻。本書全部圍繞在「何謂佛教」這個主題上,對於佛教入門所必須述及的各種問題,以平實的文字做忠實的敘述,使佛教的整體面貌得以開顯。

◎ 頓悟之道:勝鬘經講記　謝大寧／著

如果眾生皆有無明住地的煩惱,是否有殊勝的法門可以對治呢?本書以「真常唯心」系最重要的經典——《勝鬘經》來顯發大乘教義,剖析人間社會的結構性煩惱,並具體指出眾生皆有如來藏心;而唯有護持這顆清淨心,才能真正斷滅人世煩惱,頓悟解脫。

◎ 佛言佛語——佛教經典概述　業露華／著

　　要了解佛教，必須要知曉中國佛教。而要知曉中國佛教，則應對中國佛教的經典有一定的認識。但佛教經典浩如煙海，除一些佛門高僧外，一般人很少能遍閱藏經。為此，本書主要對佛教經典，特別是對中國佛教的經典作一些歷史性及概要性的介紹，使讀者閱讀本書後，能對佛教經典的產生、內容及在中國社會的流傳情況有更深的了解。

◎ 何謂禪　鎌田茂雄／著　昱均／譯

　　生活在現世的人們，忙碌異常，有如走馬燈似地不停的工作，最後面臨死亡。此時，我們應該安靜地凝視自己的身心，傾聽它們的需求。禪，不僅可以解開心的煩惱，更能調適身體的問題；簡單地說，禪可以匡正生活。若您想使身體保持理想狀態、心胸悠然寬廣，不妨就由閱讀這本禪書開始吧!

◎ 改變歷史的佛教高僧　于凌波／著

　　佛教的種子傳入中國之後，所以能在中國的土壤紮根生長，實在是因為佛門高僧輩出。他們藉由佛經的翻譯及法義的傳播來開拓佛法，使佛教蓬勃發展。當我們追懷魏晉南北朝時代的佛教及那個時代的高僧時，也盼古代佛門龍象那種旺盛的開拓精神可以再現，為佛法注入新的生命。